ASAHI SENSHO
朝日選書 1014

新危機の20年
プーチン政治史

下斗米伸夫

朝日新聞出版

目次

第7章　2018年以降の課題　277

終わりに――コロナウイルス危機と憲法改正の行方　319

章扉写真

第１章　ボリス・エリツィン（右）とウラジーミル・プーチン（モスクワ、2000年5月7日）Photo by Antoine Gyori-Corbis/Getty Images
第２章　ミハイル・ホドルコフスキー（モスクワ、2004年7月12日）Photo by Oleg Nikishin/Getty Images
第３章　G8サンクトペテルブルク・サミットでのG8首脳（サンクトペテルブルク、2006年7月17日）Photo by Gilles BASSIGNAC/Getty Images
第４章　プーチン（右）とドミトリー・メドベージェフ（モスクワ、2008年4月15日）Photo by Epsilon/Getty Images
第５章　ソチ冬季オリンピックの閉会式（ロシア・ソチ、2014年2月23日）Photo by Ryan Pierse/Getty Images
第６章　ローマ教皇フランシスコ（右）とプーチン大統領（バチカン市国、2013年11月25日）Photo by Vatican Pool/Getty Images
第７章　「東方経済フォーラム」で安倍晋三首相（当時）と握手するプーチン大統領（ロシア・ウラジオストク、2017年9月7日）　写真：朝日新聞社
終わりに　中国の習近平国家主席（右）とプーチン大統領（中国・北京、2016年6月25日）Photo by Pool/Getty Images

凡例

本書で引用しているプーチン大統領をはじめとする要人の発言は、大統領府のサイト http://kremlin.ru/ やロシアの各紙でロシア語、英語で確認できるので、特に引用を明記していない。また主要人物については初出のときは姓名と出生年をウラジーミル・プーチン（1952—)、といった形で明記している。2度目以降はイワノフ（セルゲイ、ビクトル）など同姓が複数ある場合以外は、姓のみを書いている。

歴史的個人については生没年を表記している。個人名の初出のあとは生没年を省略している。固有名詞や制度についても多くは伝統的な表記を採用している。たまに本書固有の表記を使っていることは了解いただきたい。またNATOなども初出のときのみ北大西洋条約機構といった表現を使い、その後はNATOと略している。

その意味でロシア政治に頻出している略語表を例示的に示しておく。

CIS	独立国家共同体
CSTO	集団安全保障条約機構
EU	ヨーロッパ連合
FSB	連邦保安庁
IMEMO	世界経済国際関係研究所
KGB	ソ連邦閣僚会議付属国家保安委員会
KPSS	ソ連共産党、1952年まで全ロシア共産党（ボリシェビキ）
MGIMO	モスクワ国際関係大学
OSCE	欧州安全保障協力機構
SCO	上海協力機構

文中で参照している雑誌等は以下のように略している。媒体名の後は、日、月、年の順番で発行日を表記している。最後にページ数を表記している場合もある。

AF	Argumenty i Fakty（週刊誌『論拠と事実』）
AN	Argumenty Nedelya（週刊誌『今週の論議』）
E	Ekspert(Expert)（週刊誌『エクスペルト』）
GR	Gazeta.ru（ネット新聞『ガゼータ』）
Iz	Izvestya（日刊紙『イズベスチア』）
K	Kommersant（日刊全国紙『コメルサント』）
MK	Moskovskij Komsomolets（日刊紙『モスコフスキー・コムソモレツ』）
MT	The Moscow Times（日刊英語新聞『ザ・モスクワ・タイムス』）
NG	Nezavisimaya Gazeta（日刊紙『ニェザビーシマヤ・ガゼータ』）
PK	Politicheskii Klass（月刊誌『政治階級』）
RG	Rossiiskaya Gazeta（日刊紙『ロシア新聞』）
RIAN	Russian Information Agency Novosti（リア・ノーボスチ通信社）
V	Vedomosti（ビジネス日刊紙『ベドモスチ』）
VA	Voice of America（ボイス・オブ・アメリカ）
Z	Zavtra（ロシア民族派日刊紙『明日』）

新危機の20年
プーチン政治史

下斗米伸夫

序章

本書はウラジーミル・プーチン（1952―）大統領のもとのロシア連邦を、主としてロシア政治史、特に内政と外交との連繫という視点から記述したものである。ただし不断に変化する現代史の常として厳密な時系列の記述というよりは、政治学的な論点にも多少ふれた。

1999年末にボリス・エリツィン（1931―2007）大統領の後継者として指名され、2000年3月大統領選挙を経て5月に大統領に就任してから20年が過ぎた。プーチンは20年1月15日、ドミトリー・メドベージェフ（1965―）首相を解任すると同時に憲法改正を提起、任期切れの24年以降は大統領につかないと明らかにした。このことでポスト・プーチン問題がいよいよ課題になろうとしているかに思われた。プーチン自身、改正の趣旨についてロシアは今後とも「大統領国家」であると公言した。

もっともその後の憲法改正をめぐる審議では、3月11日の議会討論という土壇場で大統領任期の撤廃が提案、そして採択された。女性議員で宇宙飛行士だったバレンチナ・テレシコワ（1937―）の提案だった。このことにより大統領任期をめぐる憲法の規定は、国民投票で採択された結果リセットされ、後継者がプーチンその人であるという「永遠のプーチン」（独・ツァイト紙）の可能性すらまったくないわけではなくなった。

その場合、いったい何がプーチンの時代だったのか、ロシア大統領とははたしてイェール大学のティモシー・スナイダー教授のいうようにアドルフ・ヒトラーばりのファシストなのか（Snyder: 61）、それともヘンリー・キッシンジャー博士が指摘したようなドストエフスキー的な人物なのか。あるいはいまでもスターリン主義的チェキスト（政治警察）なのか。この人物が現代史に登場したとき以来の設問がいまも問われている。

新型コロナショックが世界を席巻し、いつ終わるかはわからないがポスト・コロナ時代のグローバル政治を議論するに際しても、この問題をめぐる基本的な認識の整理が必要となっている。冷戦終焉とソ連崩壊後の世界とロシアの変化をどうみるかという大きな問題が深く絡む。

筆者は、1985年にペレストロイカがはじまって以来、同時代としてのソ連の改革と崩壊、ロシア連邦の転換を追いかけてきた。この間、研究対象は周知のように世界史を書き換えるような変容を伴った。その分析も方法も、そして記述も当然にも変わってきた。

もちろん日本にもロシアにも、そして欧米諸国にもプーチンとその時代についての研究がある。21世紀ロシアにかんする著作でも、初期のチェチェン紛争やユーコス事件、2008年のジョージア紛争や14年からのクリミア併合、あるいは一部で新冷戦とも呼ばれる米ロ関係を含む東西関係をめぐって、ジャーナリストや研究者によって優れた著作も出版されている。

同時にプーチンとプーチン体制をめぐる認識も、かつてのソ連をめぐる議論と同様、場合によってはそれ以上に分岐しているかもしれない。というのもソ連時代、特に後期には各国ともそれなりのソ連研究というものがなされ、それをめぐるイデオロギーや特有の偏差を含めた理解がそれなりに存在してきたとすれば、現代のロシア研究をめぐっては、そのようなスタンダードが本国も含めて存在しないといっても過言ではないからだ。

ロシア政治への関心も、少なくとも2014年のウクライナ危機までは低下していた。ところがロシアそのものの変化は、政治経済の「移行」から、歴史研究、宗教の復権、マスコミの変容、旧ソ連諸国との関係、そして安全保障といったように、これまた著しいものがある。しかもそれをみる視点は外側からだけでなく、しばしば内側もまた分極化しており、なかなか統一した像を結ぶことがないのも現状である。

ソ連崩壊後のロシアと日本を含む世界との関係にはジグザグがあった。個人的にも印象深い変化があった。なかでも1996年はじめの英国オクスフォード郊外ディッチリーで開かれた国際セミナーを思い出す。G7のための専門家会合という設定だった。ちょうどロシア外相が親欧米派のアンドレイ・コズイレフ(1951—)からエフゲニー・プリマコフ(1929—2015)に代わったときだった。ロシアからは、ソ連期の大物ビャチェスラフ・モロトフ(1890—1986)外相の孫である政治学者ビャチェスラフ・ニコノフ(1956—)が出ていた。そこでの主要な議論は、ソ連崩壊後の市場改革と民主化の行方であった。全体的認識は、90年代になってIMFなどが推進してきた急進的民営化がややいびつな「市場経済」を生み出している、といったものであった。オリガルフと呼ばれる金融的な寡頭支配の体制が生まれている、西側はもう少し慎重な接近が必要だと筆者は理解した。

しかしこの理解は誤っていた。直後にスイスのダボス会議に共産党のゲンナジー・ジュガーノフ

（1944―）党首が参加し、大統領になったら「社会民主主義」的政策を目指すと言った。このとき、ここに参加していたボリス・ベレゾフスキー（1946―2013）など7名ほどのオリガルフは金権選挙を決意、人気の低落したエリツィンを再選させ、彼の権力を支えることを目指したのである。半年後彼らの賭けは勝利した。思えばこの勢力がさらに3年後、首相となったプーチンを大統領候補とし、2000年のプーチン政権の成立と展開に直接影響を与えたのである。

もっともこのとき「階級としてのオリガルフ」はすでになかった。一部は1998年金融危機回避とコソボ紛争で名をはせたプリマコフ首相派（ルシコフ・モスクワ市長）を推すグループは、エリツィンと「家族」系のベレゾフスキーらと激しく争った。この間をぬってチェチェン紛争で名をあげた無名の首相、元東ドイツKGB職員出身のウラジーミル・プーチンの後継政権が成立する。

ロシア政治の最大の論点は革命の指導者ウラジーミル・レーニン（1870―1924）がかつて定式化した「誰が誰を」倒すかという問題であるが、この「オリガルフと国家」との闘争は、ベレゾフスキーらの亡命、ミハイル・ホドルコフスキー（1963―）とプーチンの闘争となった2003年のユーコス事件で一つの頂点を迎える。政治の世界は党派対立の世界でもある。そこにおけるエリツィンからプーチンへの権力の継承、そこでのオリガルフの神話と現実をどう歴史的に解明するかは、現代ロシア政治を解明する最大の論点の一つでもある。

またロシア政治の問題は優れてグローバル秩序とも関係する。冷戦後のユーフォリア（幸福感）に酔った米国の指導者が、特に北大西洋条約機構、つまりNATO東方拡大を進めたことがロシア、特にプーチン政権誕生とその展開に大きく作用した。冷戦終焉とドイツ統一、そしてソ連崩壊に際し、ジョージ・H・ブッシュ米大統領は議論があったNATOを維持した。それでも東方拡大は論外であった（Gorbachev:298; Genscher）。それどころか、ロシアにおいてもNATO参加論まで、メドベージェフ大統領時代にも存在した。他方2008年4月ブカレストのNATO会議では、ウクライナとジョージアへの拡大を将来的に進めることとした。

その後どうしてこの関係が暗転し、東方拡大によって東西関係がどうして悪化したかを一義的に明らかにすることは別の研究が必要とされよう。プーチン政権当初、米国国務省政策企画局長としてロシアのNATO加盟を提案した外交官のリチャード・ハースも指摘するように、もし拡大がなかったらロシアとの関係はどうなっただろうかと議論をはじめている（Haass: 96）。もちろん歴史にifはないといったのはソ連史家E・H・カーであった。

しかしロシアの内政を、外交との関係、国際政治の角度からみるに際し、1993年に発足した米国政権が、親米派であったロシア連邦の外相の目からみても、「皮肉で、プラグマチックで小物」（コズイレフ）のビル・クリントンの政権であったことは、この評価がはたして正当かは別として、ロシアにとっても、その後の国際秩序にとっても不運なめぐりあわせとなった。

日本や欧米での主流的なプーチン・ロシア理解は、ソ連復帰か否か、ロシア愛国主義といった歴史的尺度で考えるものが多い。しかしロシア人の尺度はもう少し長く、しばしば帝政以前のロシアを含めた歴史的次元で考えている。それは17世紀以前のロシアとポーランドといった帝政以前にさかのぼる「歴史の古層」も関係する。このようにソ連崩壊とともにロシアでは市場移行や、民主化と並んで宗教的歴史的アイデンティティ希求が高まり、帝政、あるいはそれ以前のロシアへの回帰がある。

これに伴い正教とカトリックの区別も顕著に響きだした。これがキエフ・ルーシを共通の祖とする兄弟関係のはずのロシアとウクライナだけでなく、バルト諸国などのナショナリズムにも反映してきた。ソ連崩壊後のロシアの外交戦略にとって最大の関心となったのは、この「ポスト・ソ連空間」をめぐる関心であったからである。

ソ連崩壊で1992年以後は外国になったとはいっても、ロシアにとってのこれら「近い外国」には歴史的経緯から複雑な地域がもともと存在していた。クリミア半島は54年までソ連邦のなかのロシアだったし、ジョージア戦争のきっかけとなったアブハジアは、イスラム圏としてジョージアよりもロシア寄りであった。レーニン、特にスターリンが便宜的に引いた旧ソ連の地域区分に従って旧共和国が「国民国家」に転成したことで、同時に「未承認国家」問題が生じた（廣瀬）。

なによりソ連崩壊の直接的原因は、1991年8月クーデター後のロシア＝ウクライナ関係である。ロシアにとってウクライナとは何か、ウクライナにとってロシアとは何か、これは一義的な答えのない複雑な問題である。筆者が92年から2年ほどハーバード大学ロシア研究センターで研究したとき、同大学には別個にウクライナ研究センターがあった。そこで32から33年のウクライナの飢饉研究をおこなっていたことはよく知っていたが、クリミアからコサックまですべてがウクライナであるという民族主義の議論に驚いたことを思い出す。

まもなくこの議論はウクライナ民族主義をめぐるモスクワ内部、ウクライナ内部での論議や対立、そして米ロ関係の大きな亀裂となりだした。クリミア半島と黒海艦隊をめぐる長い対立はいちおう1997年に決着したかにみえたが、2004年のオレンジ革命は10年後のクリミア紛争のはしりとなった。

２００５年にプーチンがソ連崩壊は破局だったと述べたとき、西側では、「旧ソ連復活」であるという批判が生じた。この地域全体のヘゲモニーをめぐる対立が米国とロシアとの間に生まれ、それはそれぞれの国内政治とも連関／共振しつつ、紛争へとエスカレートしだした。こういった問題にチェチェン紛争だとかユーコス事件など、プーチン体制をめぐる東西間、米ロ間、そして米欧間での認識の亀裂が関係しだす。

しかもそのような紛争地域は、イデオロギー終焉後のアイデンティティ危機とも深く関係する。東方正教とヨーロッパ・キリスト教との区別、「文明の衝突」を１９９３年に指摘したのは米国の政治学者サミュエル・ハンチントンであった。同時にキリスト教世界だけでなく、イスラム世界との亀裂も絡んだ。

このことは冷戦後の東西関係を決定的に転換させた２０１４年2月からのウクライナ危機以降、いっそう明確になった。19年のウクライナでのウラジーミル・ゼレンスキー（１９７８―）大統領登場以降、モスクワとキエフ（キイフ）の関係は多少改善に向かっているようにもみえるが、米ロ関係は依然として冷戦後最悪の水準にある。中ロ接近と米中「新冷戦」ともいわれる状況のなかで、世界はコロナ後の世界秩序をどう構想できようか？

大きな亀裂が生じていたことはいうまでもない。ロシアをめぐる研究者の認識枠も、人にもよるが相当違っている。「ロシアは信じるかどうかだ」という19世紀ロシアの詩人フョードル・チュッチェフ（１８０３―73）の主張がもっともらしく思われるような知的状況となっている。

ロシア政治と政治史を専門として研究してきた筆者が、このような状況に多少とも貢献ができるとすれば、次のような事情が指摘できる。というのも筆者は半世紀ほど、ソ連からロシアへ変転する政治と歴史を研究対象としてきた。ソ連崩壊後30年ほどは、対象は主としてロシアとなった。そのころからようやく自由に交流できるようになったロシアの政治家や学者、ジャーナリストを中心に彼らと自由に議論をし、意見や情報を交換、また紹介もしてきた。

重要なのは世論動向である。ペレストロイカ以降は自由化されたものの、各種マスコミには政府系を含む各種のオリガルフといった所有者によってそれぞれ偏りが出ている。それらを理解しながら日本のマスコミ・研究者もロシア政治の状況を観察し、また政権寄りから反対派までの知識人たちと持続的に交流してきたという経緯がある。この間政治学者やジャーナリスト、評論家も彼ら、彼女らのそれぞれの立場も状況によって変わってきた。旧共産党やリベラル派からロシアの政策と変化を批判的にみるものもあれば、国家主義派や体制内リベラルのブレーンとして政権中枢を含む方向づけに関心を示す政策型知識人も出ている。

たまたま、1999年から新聞社で客員論説委員として政治学者ではえがたい知見も得、また2004年から両国政府の日露賢人会議の日本側委員として、また07年からはプーチン大統領を囲むバルダイ会議メンバーとして交流できたことは、この時代の変化を垣間見、その変貌を理解する絶好の機会ともなった。またこの10年ほどは日本国際問題研究所のロシア研究チームの主査でもあった。同時に11年3月11日の東日本大震災後、五百旗頭眞教授と語らってロシアのモスクワ国際関係大学（MGIMO）の朝鮮学者でもあるアナトーリー・トルクノフ学長らのいろいろな立場の日ロ関係に関わる知人・友人と歴史対話を始め、15年に日ロ同時出版、そして19年秋には英文出版を果たしたことも大きな要素となった。その意味では冷戦後、特に21世紀のこの20年ほどのプーチン・ロシアのもとでの変容を概括的にまとめたものが本書である。もちろんすべての記述や評価は筆者のものである。もっとも日ロ関係を含めた国際関係は、本書では内政に関係する限りでのみふれていることをお断りしておきたい。

その内政の理解でも本書では、政治制度、特に大統領制と首相、議会の関係にも基本的な注意が払われている。ソ連崩壊後、エリツィンのもとで1993年末までに憲法制定が進んだ。その過程では厳密にいえば憲法上は権限のないエリツィン大統領が、最高会議（ソビエト）を10月に解散し、2年前の同志であるアレクサンドル・ルツコイ副大統領（1947―）とルスラン・ハスブラートフ（1942―）最高会議議長らを武力で抑圧した（下斗米99、溝口）。制度建設者と革命家との二つの役割は必ずしも一致しない。

ソ連崩壊後、それを構成した制度の崩壊が進み、そうしたアモルフ（不安定）な政治状況のもとで民営化が進むと、マトリョーシカ人形のように党官僚の権力は微分化された。これにソ連型の特有な「第二経済」といった非公式な権力組織が絡み合った。もとの管理者、地方共和国の独裁者、そして半犯罪的勢力が権力と所有を争った。こういったエリツィン政治自体は本書の課題ではないが、強い大統領と強い議会・首相、議会や地方政治をめぐるエリツィンからプーチン政権での内部の政治的議論がわからないと、プーチンの権力欲で説明する単純化の落とし穴にはまりかねない。

ロシアはたとえていえば巨大なタンカーである。すぐには急転回できない。しかもそれは一度座礁経験があるだけに、余計注意深くもなっている。そのようなロシアが経験した2000年からのプーチン時代の20年余、その変動の内外へのインパクトを振り返って考察した。カーの名著に肖《あやか》って『新危機の20年』と題したゆえんである。

2020年5月7日（プーチン大統領就任21年目の日に）

下斗米伸夫

第1章　エリツィン時代の終わり

エリツィン時代の諸段階

１９９９年12月31日、ロシア連邦最初の大統領、エリツィンは任期を半年残して辞任することを表明した。憲法の規定に従って、かねてから後継者と表明していたプーチン首相にすべての大統領権限を移した。ロシア政治史上、クレムリンの最高権力者が憲法やルールに従って自発的に辞任する例はかつてなかった。同時にプーチンは、権力移行の条件でもあったが、エリツィンとその家族の引退後の無答責を最初の大統領令で決めた。政府の豪華な別荘ゴルキ－9の利用も認められた。

ロシア政治、特にその指導的政治家の評価は常に論争的である。それでもこの人事は「文明的な権力の移行」を口にしてきたエリツィンにとって、ロシアの安定を促すこととなったとはいえよう。20世紀、特に前半のロシア政治を彩った革命やスターリンの飢饉と粛清、戦争、冷戦といった歴史的変動、その政治的集約でもある権力交代をめぐるドラマはようやく多少は制度化とまではいえなくとも安定化し、権力をめぐる血なまぐさい紛争は過去のものとなった。

そのエリツィンが世界レベルの政治家として輝きだしたのは、ソ連末期、特に大統領ミハイル・ゴルバチョフ（１９３１－）へのクーデターに体を張って抵抗した１９９１年8月であった。その前年の90年6月12日にはロシア連邦の主権をロシア最高会議の議長として宣言したが、翌年の同日に最初の大統領選挙でロシア初の民選大統領となっていた。この結果、モスクワにソ連大統領ミハイル・ゴルバチョフと並んで、ロシア大統領エリツィンが並び立つという危機が生じた。

その2カ月後に起きたソ連副大統領ゲンナジー・ヤナーエフ（1937—）らの国家非常事態委員会によるクーデターに文字どおり体を張って抵抗、それを失敗させた。その結果、宿命のライバルでもあったゴルバチョフ大統領やソ連共産党の時代を終焉させた。彼を支えた国務担当書記ゲンナジー・ブルブリス（1945—）、アナトーリー・チュバイス（1955—）、そしてエゴール・ガイダル（1956—）といった急進的なロシア独立派、そして市場経済派の考えに従ってソ連邦の時代を終わらせたのである。

こうして1991年末のソ連崩壊を導いたエリツィンだが、92年からは後継国家としてのロシア連邦の独立を進め、急進的市場改革、そして民主化を呼号した。だがその彼が90年代の課題としてきた民主化と市場改革は、結論的にはうまくいかなかった。もっともこのことを自覚していたのはエリツィン自身である。99年末の辞任演説で「明るい未来に一挙には行けなかった」と国民にわびた。この「明るい未来」とはソ連期の表現では共産主義を指したが、彼はそれを単純にひっくり返せばいいと考えていた。

それでは、ちょうど8年にわたったエリツィン改革をどうみることができようか。この8年間は三つの時期に区別することができるし、また必要であろう。

第一期は、1992年はじめ、文字どおりロシア政治の第一人者となってから、93年の憲法危機、旧最高会議の強行的な解散を経て、12月のロシア連邦憲法の制定と国民投票、議会選挙にいたる時期である。市場と民主主義への移行のユーフォリアがあった。90年代はじめガイダル首相代行らによる「ショック療法」として著名となったが、この計画は米国ハーバード大学のジェフリー・サックス教授らにより提唱され、国際通貨基金（ＩＭＦ）や米国政府の援助政策もロシアへ影響を与えた。ロシアでこの考え方を実行に移したのは、サンクトペテルブルクの経済学者チュバイス、そして首相代行だったガイダルだった。なかでもチュバイスは80年代はじめ、まだ禁じられていた市場志向の経済学者を10から15名組織し、ソ連崩壊時には民営化をＩＭＦと交渉した責任者だった。彼の愛読書がトロツキーの『我が生涯』、特に少数エリートからなる組織論であったことは象徴的でもある（Aven13: 99）。共産党の政治局に代わった、せいぜい十数名程度の金融的オリガルフの寡頭支配を作り上げた。

そもそも原案が悪かったのか、それともロシアの実情が違っていたのか、あるいは一種の「合成の誤謬」が生じたのかは議論があろう。民営化にもミハイル・マレイ（１９４１―96）の提唱した漸次的な案も存在していた。しかし現実には１９９０年代当初から旧来の制度の崩壊と腐敗、新しい制度の脆弱さ、権力からの遠心力や地域の自立が顕著となった。この間をぬってひ弱な政権によるいわゆる新興財閥、オリガルフへの利権のインサイダー取引、「ロシア大安売り」、貧富の格差の拡大といった結果を伴い、ユーフォリアはきわめて短期に終わった。市場化、民主化への急進改革政府は、ビクトル・チェルノムィルジン（１９３８―２０１０）の現実主義政府へと変わった。ソ連期の70年代に共産党重工業部でガス担当であったこの人物は、80年代に自分が監督していたガス工業部門を、ガスプロム（ガス産業）という名のコンツェルン、巨大にして多国籍な企業体に変えた。

１９９３年12月には大統領令によって「金融産業集団」の創設が決まり、当初20ほどの企業、銀行が登録された。２年後には法律となったことで、その後はオリガルフと呼ばれるようになる集団の法的基盤が整い、98年には72集団が登録された（Chernikov: 12）。このなかにも、ノメンクラトゥーラと呼ばれたソ連的エリートが横滑りすることで国営企業が民営化されたものと、新興企業との違いがあった。前者の代表例は首相を出したガスプロム社であるが、これに対しソ連末期から新興金融・銀行集団の萌芽的なものが急速に発達した。後者でもロシアの政治学者オリガ・クリシャタノフスカヤ（1954—）が「コムソモール経済」と呼ぶような、共産党支配の周辺の若手集団が台頭した（Kryshtanovskaya: 297）。モスクワ市フルンゼ地区のコムソモール（共産主義青年同盟）を基礎とした科学技術集団から出た「メナテプ」グループのホドルコフスキーは後者の例である。彼らはバウチャー民営化で急速に金融グループとして立場を強めた。この間93年秋の武力による最高会議の解散は、米国クリントン政権の祝福を受けたものの、改革派としてのエリツィン像を傷つけた。

オリガルフ

第二期は、1994から98年8月までの、「カオス的改革」の相対的安定期であって、政治経済面では、いわゆるオリガルフと呼ばれる金融産業集団が本格的に台頭、ロシア政治を動かす動力源となった。世紀末ロシアでは新興の金融資本が産業資本を飲み込みはじめる。95年の「担保債権民営化」、96年大統領選挙でのオリガルフによるエリツィン候補への支援と7月の大統領再選、その後の病気の進行、銀行間戦争と98年8月の金融危機、といった時期である。とりわけ90年代半ば以降政治的に顕著となったのは、金融・情報などを掌握し、政権中枢と石油など資源輸出産業にも影響を行使しだしたオリガルフであった。

このオリガルフという言葉はもともと古代ギリシアの哲学用語で、本来は貴族制に対比される、否定的な腐敗した寡頭支配を意味する（Fortescue）。当時の西側やロシアの「改革派」の支配的理念とは、民営化を賞揚した英国『フィナンシャル・タイムズ』紙のモスクワ支局長だったジョン・ロイドが数年後に反省を込めて書いたところでは、「たとえ（ソ連国有）資産を泥棒の手に渡したとしても、国家の手に残すよりいい」ということであった。このたとえは、しかし比喩では済まなかった。実際、本当に泥棒まがいのオリガルフたちに国家資産を渡してしまうことで、西側も民主主義も、そしてなによりロシア世論での改革そのものを毀損する結果になった（Lloyd: 18）。

本書ではこの多義的な用語オリガルフを、金融産業集団全体よりも政治的に傾斜した政商的性格を持つ集団を指すこととする。というのも当時のチュバイス副首相の進めた民営化とは、同時に、あるいはそれ以上に1996年のエリツィン大統領再選キャンペーンのための二段階戦略でもあったからである。チュバイスはこの急速な民営化の政治目的が「1996年選挙での共産党の決定的破壊」という意図を隠さなかった（Sakwa09）。まず短期のうちに「ロックフェラーかカーネギー並みの」資本家＝オリガルフを作り、第二に、彼らの資金を選挙に動員する、という戦略であった（Hutchins with Korobko）。

その出発点は1995年3月31日、政府ビルである白亜館のロシア首相チェルノムィルジンを訪問した3名の金融資本家、つまりウラジーミル・ポターニン（1961―）、ホドルコフスキー、そしてアレクサンドル・スモレンスキー（1954―）の交渉であった。彼らは「担保債権オークション」という方式で政府に18億ドルを融資し、代わりに優良な国家企業の株式を担保としてとった。主導者のポターニンは、外国貿易省幹部の息子でオネクシム銀行を創った人物だが、ノリリスク・ニッケルという国有優良企業の安売りの勝者となった（Klebnikov: 200）。ホドルコフスキー率いるメナテプ社は、いまや50億ドルの資産価値のある石油会社ユーコスを3億ドルで入手した（Coll: iv[1]）。そして元犯罪人ともいわれたＳＢＳアグロ銀行のスモレンスキーは、95年8月にできた垂直統合型企業「シブネフチ（シベリア石油）」を得た。

　後者の本当のオーナーとなったのは実はベレゾフスキーであった。ソ連末期に数学者から、自動車販売のロゴバズ社を立ち上げ、ホドルコフスキーとメナテプ銀行の助けを借りてメルセデスやボルボの販売を同社のシンボルとした。その宣伝放送を契機になによりも重要なのは、第一チャンネルと呼ばれた旧ソ連国営放送を民営化させ、１９９４年末から公共放送ＯＲＴとして経営権を事実上握るなどマスコミを自己の傘下に収めたことである（Klebnikov: 145）。正確にはＯＲＴの株式49パーセントを32万ドル（約3億２０００万円）で入手した。これとワンセットであったのはロゴバズ社がシブネフチを事実上入手したことである。これらにはエリツィンや「家族」、特にアレクサンドル・コルジャコフ（１９５０―）警護局長の支援があった（Aven17）。公共放送ＯＲＴの第一副理事長となったベレゾフスキーがエリツィンの選挙に電波を利用することとセットであった。こうして政治権力に当初は食い込み、その中枢を握ることにより、民営化の法外な富と権力を、しばしば非合法な手法でもって得た。彼の「帝国」の富は98年までにロシアの富の半分にもなったとも評価された。財産とは盗みだといったのはフランスの社会主義者シャルル・フーリエであったが、ベレゾフスキーらオリガルフは単にレント・シーキングによって国家の富を奪取し利益を得ただけでなく、さらに居直った。ロシア国家は貧しくなったが、それはベレゾフスキーら一部オリガルフが巨万の富を得たことと反比例していた（Klebnikov）。

ロシアの富の源泉となったエネルギー部門、特に石油ではルクオイルを作ったアゼルバイジャン人指導者、ワギト・アレクペロフ（1950—）や、ガス部門では首相を兼ねたチェルノムィルジン率いるガスプロム社が急速に世界的大企業となっていた。金属工業でも鉄鋼、アルミやニッケルといった超過利益を得ることができる部門では旧国営企業の民営化が二束三文で進められた。特に安価な電力を利用できるアルミ業界などは犯罪集団を含めた利権の草刈り場となった。

なかでも債権担保による民営化とは、許可されたごく少数の金融集団のために国家が奉仕することにほかならなかった。財政危機に悩む政府に指定の金融集団が資金を提供する。担保流れの資産はそのままオリガルフのものとなった。アリファ銀行のピョートル・アベン（1955—）は指摘した。「ロシアでは富豪は任命制である」（安達）。この企画によりシカゴ学派の新古典主義経済学を応用したらロシアに「シカゴ・ギャングが生み出された」と揶揄された。

これらは究極のインサイダー取引にほかならない。世論からはきわめて不人気だった。このことは1995年12月下院選挙で、いったん歴史のごみ箱に入りかけた共産党の復活と伸張、政権党の敗北になった。世紀の大安売りと評されたこの政策による政権とオリガルフの腐敗が西側メディアでも報道された。実際序章でふれた96年はじめの英国ディッチリーでの専門家会議でも、民営化が異常な富の集中を図ることで改革を挫折させることへの危惧が聞かれた。

そうでなくともクリントン米民主党政権が進めたNATO東方拡大によって、親欧米的なロシア外相コズイレフは解任され、それを批判してきたプリマコフが外相に任命されたのが1996年1月はじめであった。直後におこなわれたスイスのダボス会議ではロシア共産党のジュガーノフが乗り込んで民営化の不条理を訴え、「社会民主主義」政権を作ると公言した。支持が急落したエリツィン政権の崩壊も危惧された。95年選挙の敗北後はエリツィンでなくガイダルを大統領候補にする動きもあったが、これではジュガーノフが楽勝することになり、エリツィン以外はない（Aven17）。

こうして1996年の大統領選挙を前に、オリガルフは利益が相反するにもかかわらず政治的には結束を固めた。17世紀ロマノフ王朝直前の大動乱期に現れた「7人の貴族（ボヤール）」をもじって、「7人の銀行家」とも呼ばれた金融集団は、エリツィン再選に選挙資金を拠出することをダボスで決めた。まとめ役はベレゾフスキー（ロゴバズ社）で、ほかにホドルコフスキー（メナテプ社）、アベン（アリファ）、ミハイル・フリードマン（アリファ）、ウラジーミル・グシンスキー（モスト社）、スモレンスキー（SBSアグロ）、ポターニン（オネクシム）らである。

なかでも彼らと大統領府長官のバレンチン・ユマシェフ（1957—）やエリツィンの次女タチアナなど「家族」との連携が重要となった。彼らは3月に選挙の延期を進言したオレグ・ソスコベッツ（1949—）第一副首相らの公式選挙対策委員会とは別個に独自の選挙対策本部を作り、特にベレゾフスキー影響下の公共放送ORT、そしてグシンスキーの民放NTVを使ってテレビやマスコミをエリツィン選挙のために利用した。4月末にはベレゾフスキーの提案で「13名の訴え」という金融集団による対立緩和を求めるアピールがなされた。こうして1996年大統領選挙では大統領専用機が現金を運ぶような金権選挙となった。エリツィンは6月の一回戦では勝てなかったものの、コルジャコフやソスコベッツ第一副首相などは直後に解任された（Pechenev）。こうして7月の決選投票でエリツィンはジュガーノフ候補に辛勝した（得票率50・8パーセント）。政治学者ア・イリインはその後の政治学会で「自由とは放埒《ほうらつ》、選挙とは買収である」と指摘した（Rossiya: 181）。

決選投票直後のエリツィン「家族」の祝勝会は大統領邸ではなく、ベレゾフスキーの招待によりロゴバズ社接待所でおこなわれ、エリツィン一族も赴いたと護衛のコルジャコフは回想する（Korzhakov: 387）。このことが示すように実質的な勝者はベレゾフスキーであった。もっともこのころの彼の立場は神話化されていると娘婿のユマシェフは指摘する。選挙まではエリツィンとは2回会っただけ、個別に会うような立場ではなかった。しかし再選を果たしたエリツィンは病弱で、オリガルフは論功行賞による政権への関与を深めた（Aven17）。ベレゾフスキー本人は、一時後継者の話もあった民族派のアレクサンドル・レーベジ将軍（1950―2002）のもとで安全保障担当の副書記となったが、軍などとの調整不足でチェチェンの危機を増幅させた（Klebnikov）。ホドルコフスキーはニジニ・ノブゴロド州知事だった、これまた後継者の一人と目された副首相ボリス・ネムツォフ（1959―2015）や若手エネルギー担当相セルゲイ・キリエンコ（1962―）のもと、燃料エネルギー省の次官を兼ねていた。そうでなくとも1995年のノリリスク・ニッケルのポターニンへの売却、97年のスビャージ・インベストをめぐる一部企業への特権供与、オリガルフ相互の銀行間戦争は政権腐敗、なにより国家統治と財政危機をさらに深刻化させた。

第三期に起きた1998年8月の金融危機は、ルーブリが4分の1に減価、それまでの市場経済への内外の不信を決定的にした。なかでもオリガルフの再編成を促した。スモレンスキーのSBSアグロなどの銀行は破産した。98年4月に35歳でチェルノムィルジン首相の後を継いだキリエンコの若手テクノクラート内閣はわずか4カ月で倒れた。これに対し野党的議会に軸足を置いた、かつてゴルバチョフ側近だった国際専門家、プリマコフ首相の率いる内閣ができる。彼はきわめて短期で危機から回復させた。しかしエリツィンと「家族」と呼ばれるようになったオリガルフの勢力は再度権力を取り戻すべく内閣交代を経て、元東ドイツ勤務のＫＧＢ職員だったウラジーミル・プーチンを後継者と定め、ついには99年末にエリツィンは大統領を辞任することになった。なお本稿では、90年代後半にエリツィンの次女タチアナとその夫で大統領府長官を務めたユマシェフ（任期１９９７―98）を狭義の家族、それ以外のベレゾフスキーなどのオリガルフを含めた場合「家族」と表記する。

そうでなくとも１９９０年代後半までに形成され、現在にいたるロシアの政治経済制度は、何か単一のモデルから説明できるものではなく、ソ連崩壊と市場の創成をめぐる保守と革新の混成した体制であった。『ボリス・エリツィン体制』を書いた政治学者リリア・シェフツォバ（１９４９―）はエリツィン体制とは民主主義、権威主義、オリガルフの寡頭支配のハイブリッドだと指摘した(Shevtsova)。経済面でも、軍産部門などの旧ソ連国有経済の残滓と、金融、サービス部門での新興市場経済の台頭、そして石油・燃料エネルギーなどでのノメンクラトゥーラを含めた民営化型企業、「赤い地主」といわれた旧コルホーズ関係者の農業、バーター取引が主要な金属機械などでの「バーチュアル経済」、マフィアの地下経済などが混在となった。いきなりグローバル経済にハードランディングするなか、あらゆる政治経済勢力が崩壊した国家をめぐる利益を求めて生き残りを図ろうとした。

その中心にあったのはエリツィン大統領の動向である。「ポピュリズム」という概念をロシア分析に使うとしたら、むしろ制度が機能不全で民衆の志向や期待をめぐって野心的な指導者たちが争ったエリツィン時代こそその頂点であった。ゴルバチョフとソ連共産党の支配が崩壊し、かといってこれに代わる新しい制度群はできなかった。ロシアの政治学者イーゴリ・クリャムキンやシェフツォバが指摘したように、エリツィンこそこうした間隙をうめたポピュリスト政治家であった。民主化と市場経済への空約束をめぐる政治過程の進行のなかで、彼自身の政治的寿命も尽きはじめた[2]。いな尽きていた政治的命運をオリガルフが裏から支え、自己利益を図っていたということだった。

実際1990年前後からのエリツィンのチームでは、スベルドロフスク人脈といった、個人的忠誠を誓う側近を重視した。それでも93年秋の政治的対立は、ソ連崩壊以前は彼を支えたルツコイ副大統領やハスブラートフ・ロシア最高会議議長ら、もとの身内との内戦に等しかった。これが96年の再選後はオリガルフを含めた「家族」といわれる関係者による支配へと次第に変わっていく。ベレゾフスキーはオリガルフという名の金主の中心に位置し、エリツィン再選の過程で、娘のデャチェンコなど家族を通じて大統領へのアクセスを得た。権力へのアクセスはそれ自体が権力となった。依然として旧ソ連地域まで影響を持ったORTという公共放送を私物化できたことも大きかった。もちろんガイダルら若手の学者官僚、民主化の同伴者としての知識人らの人脈も時に重視はしたが、これもいつでも切り捨て可能な、独自基盤を持たない人物であった。そうでなければ共産党の重工業部門に統合された金属機械やエネルギー部門が巨大な多国籍化するコンツェルンとして、新ロシア政府機構と併存していた。なかでも民営化のチャンピオン、チュバイスは97年末に出版をめぐる醜聞で政府を離れたが、統一エネルギーシステム社（電力）を支配した。エリツィンの肉体的衰えの見えた90年代半ばからは、「家族」と呼ばれる政商的金融集団の支配などネポティズム（縁故主義）の性格を強めた。

それには理由があった。市場改革とは共産党ノメンクラトゥーラから反社会集団にいたる多様な主体が国有財産を民営化する際に、その利益を貪ることだった。ペレストロイカとソ連崩壊で自由化され、権限を得た管理者たちが、国有財産を民営化するのでなく、prikhvatit（奪取）し、統制下に置いた。そこから「奪取資本主義的」性格が生まれたと米国のロシア学者セーン・グスタフソンは『ロシア的資本主義』で指摘した（Gustafson）。

この結果現れたオリガルフは、ＩＭＦなどの市場改革を主導したガイダルやチュバイスなどの理論家からすれば、市場改革への過渡的とはいえ積極的な担い手であるが、実際にはエネルギーなど優良な国有資産をインサイダーが横領し、脱税し、しばしば海外へ資本逃避を図るものにほかならない。逆にこれに対する統制を強めようとする国家・治安機関の動きが、「不公平」であるという世論に支えられて出てきた。検事総長ユーリー・スクラトフ（１９５２―）はこの中心にいたが、彼はスキャンダルで消えた。

エリツィンとロシア政府（１９９０―99）

政治は重要であった。国家の崩壊は進行したが、これに代わる、あるいは支える制度の形成は遅れた。なによりエリツィンの政治には安定性というものが欠けていた。１９９1年7月にロシア大統領となって以降退任する99年まで、エリツィンは首相を8人、政府のコマンドを11回も代えた。最初のイワン・シラーエフ（1930―）政府議長、つまり首相から数えて、エリツィン、ガイダル、チェルノムィルジン、キリエンコ、臨時代行チェルノムィルジン、プリマコフ、セルゲイ・ステパーシン（1952―）、そしてプーチン、である。

ソ連末期、エリツィン大統領のもとで最初のロシア首相となったのは航空機産業担当相としてロシア政府に入ったシラーエフであった。彼の顧問で医師出身のバレリー・ボロンツォフ（1938―）の回想的著作『無権力の回廊のなかで』は、権力の内側からみたエリツィン政権の朝令暮改ぶりを示している。春になるとエリツィンは若手改革派を登用したが、秋には議会対策もあり、旧来のチェルノムィルジンやプリマコフのような旧体制の老人が返り咲くのが常だった（Vorontsov: 1041）。初代のシラーエフ首相自身、8月クーデター崩壊後のエリツィンの無責任なソ連崩壊やショック療法に抗議したことで人気は高まったものの、解任を強いられた。その後はエリツィン自身が首相職を1992年6月まで担当した。

その後に新しく任命した若手急進改革派のエゴール・ガイダルの内閣にいたっては最初から「カミカゼ」内閣といわれ短期決戦を想定した任命であり、とても自由主義改革を大統領が本気でやるとは思えなかった。ガイダル自身は著名な児童文学者アルカディ・ガイダル（1904―）の孫、ちなみにガイダルは仮名で、本名はゴリコフ、アルザマスからやってきたArkadyという意味の略語である。1980年代科学アカデミーの経済部門にあったが、ペレストロイカのさなか市場改革で急進化する『コムニスト』、そして『プラウダ』の経済部門を経る。このとき西シベリアのガス部門の独占的管理をめぐってチェルノムィルジンと論争を繰り広げた。その後ソ連崩壊直前にはロシア経済改革担当の副首相、新政府の財務担当などを歴任し、「ショック療法」を提唱した。

もっともこの政策には、同じエリツィンの取り巻きでもルツコイ副大統領やハスブラートフ最高会議（ソビエト）議長らからの批判も激しくなり、1992年6月から首相代行職にあったが12月までというわずか半年という短期に終わった。ガイダルはその後民間の移行期経済のシンクタンクを主宰し、93年には議会の「ロシアの選択」党の指導者となったが、2009年に亡くなるまで急進市場派の立場から発言した。その後は論敵の「穏健改革」派チェルノムィルジンの内閣が続いた。1993年秋の最高会議ビル襲撃という事件もこのエリツィン周辺の内紛が原因であった。

最長となった首相はチェルノムィルジンで、1992年から98年にかけての5年間だった。彼はオレンブルク州コサックの出身、同州のガス部門から70年代末に共産党中央委員会重工業部を経て石油ガス相、89年に「ガスプロム」という国有ガスコンツェルンの管理者となる。92～93年にかけてこの組織は株式会社化する。ソ連崩壊直後には本人は燃料エネルギー担当副首相として、パイプラインを通じて旧ソ連以外をもつなぐガスプロムの独占的地位を保障していた。この会社は当時の慢性的財政赤字の政府に代わって、事実上政府の「第二の財布」になった。臨時首相期を含め、恣意的な大統領のもとでチェルノムィルジンが長く首相にとどまった理由は、膨大な自然独占のこのガス・石油ロビーの影響がソ連崩壊後強まったからであった。事実93年、貧困にあえぐモスクワ市民は突如モスクワ南西部に建設された摩天楼というべきガスプロム本社ビルに驚かされた。旧ノメンクラトゥーラ出身のチェルノムィルジン首相と新興金融民営化のチャンピオン、チュバイス第一副首相のコンビは、しばしば北朝鮮のチュチェ体制をもじって「チェチュ」体制と揶揄された（下斗米99：101）。

他方ショック療法と呼ばれた急速なロシアの民営化論は政府内でも、カザフスタンの冶金部門から出たソスコベッツ第一副首相やコルジャコフ警護局長らの批判派を生み出した。政府で資産管理にあったウラジーミル・ポレバノフ（1949—）副首相が書いた『大いなる欺瞞のテクノロジー』では、2000億ドル相当の企業500社が72億ドルで「大安売り」されたと、チュバイス型民営化を批判した（Freeland）。

ちなみにエリツィン時代はオリガルフの政治的役割に隠れてシロビキの役割が無視されがちだが、大統領警護局長のコルジャコフやFSBのミハイル・バルスコフ（1947—）のようにエリツィン個人の意向を挺して「改革」のブレーキ役を果たしたことも見逃せない。コルジャコフはKGB職員としてエリツィンの警護担当になったのをきっかけに、8月クーデター後はロシア連邦の警護、つまり大統領の個人警護隊を組織、1993年の白亜館攻撃などにも参加した。人気のなくなった96年の大統領選挙は延期すべきとも大統領に迫った。この世界に多いロシア正教会の異論的伝統派、敬虔な古儀式派信徒でもあった。

民営化によって、汚職と腐敗のなか、国有資産は新旧エリートで分割された。その後この改革路線がどういう経過をたどったかはよく知られている。安全保障会議副書記となってチェチェンを混乱させたベレゾフスキー、1996年には第一副首相となって金融を担当したオネクシム銀行のポターニンといったオリガルフの政権中枢への関与と民営化の推進、97年の銀行間戦争、そしてキリエンコ首相時の98年夏の金融破綻、といった経路である。この間の対立の激しさは契約殺人の増大が物語る。

検事総長によれば95年55件であった契約殺人数は97年には110件と倍加した（Skuratov）。

この間チェルノムィルジンは、エリツィンが心臓手術をおこなった1996年11月、数時間大統領代行に任命された。大胆さで知られるコサック出身のこの人物は、検事総長スクラトフの観察ではエリツィンとも唯一論争できる人物であった（Skuratov）。しかし麻酔から覚めたエリツィンが最初におこなったのは大統領権限を取り戻すことであった。同時にエリツィンの将来を見据え、「家族」と呼ばれたエリツィンの次女タチアナ、その夫のユマシェフ大統領府長官、オリガルフのベレゾフスキーらの非公式な権力集団の影響が強まった。その目的には後継者探しもあった。

そのさなかに起きたのが1994年12月に大統領が許可した第一次チェチェン戦争であった。これに対抗して武装勢力によるスタブローポリ州でのブジョンノフスクの病院占拠事件（95年6月）が起きた。事件を起こしたのは武装したイスラム急進派で、96年にロシア軍のロケット攻撃で亡くなったジョホダル・ドゥダエフ（1944―96）大統領の対抗馬、シャミーリ・バサーエフ（1965―2006）である。チェルノムィルジン首相は、武装勢力との交渉を選択、人質は釈放されたが、この結果チェチェン勢力が大手を振って首都などに進出した。彼らと付き合いの深いベレゾフスキーのロゴバズ社は犯罪集団とも提携した（Klebnikov: 12）。その後はイスラム急進勢力が台頭するなか、96年8月ハサビュルトでロシアの安全保障会議書記のレーベジとチェチェン側のアスラン・マスハドフ（1951―2005）将軍とが合意、ロシア軍は撤退した（Bugai）。この間チェチェンで97年1月の大統領選挙で選ばれたマスハドフは独立期に国防相から95年に首相となった人物だったが、96年8月のハサビュルトの停戦合意で5年間独立を棚上げした後、内紛で影響力を失った。このことが急進武装勢力や外部勢力の介入を容易にした。

なによりも1998年8月金融危機により通貨安定を基礎としたそれまでの路線は破綻した。ロシアでの1月はじめの政府系VTsIOMの世論調査でも、エリツィンに対し、67パーセントが否定面が多いと評価し、肯定的というのは15パーセントでしかなかった。92年に典型的にみられたロシアの国際社会への急速な統合は、98年8月金融危機で崩壊した。その後のプリマコフからプーチンにいたる政治過程については次章で議論されよう。

エリツィンとその時代の評価

こうして8年余のエリツィンによるロシア統治は終わった。エリツィンは、それから7年後の2007年4月23日に76歳で亡くなった。エリツィン大統領とその時代をどう評価すべきなのであろうか。ソ連・ロシア史では、ある時代の評価についての切り口を提供してくれるのは、世論でも歴史家でもなく、しばしばその次の政権担当者、後継指導者である。スターリンの歴史的評価がフルシチョフによる「批判」でかなりの程度方向づけられたように、プーチンがエリツィンをどう評価するかは注目だった。そのプーチンは、さっそく1999年12月末、最初に体系的な政策を発表した、いわゆるミレニアム論文で、90年代のエリツィン時代を17年革命後の時代と比較し、「双方とも、分裂と内部的離間の時代」であったと述べている。ここには17年のレーニンであれ、91年のエリツィンであれ、プーチンの革命批判の哲学が出ている。2000年7月の大統領教書演説でも「10年前我々はロマンチックでナイーブであった。いまこの幻想を捨てなければならない。経済改革と社会領域、そして民主制度作りで、トンネルからの脱出口を示さなければならない」とも語った。

ソ連という歴史的存在を終わらせたものの、ロシアの改革を途中で投げ出した人物への毀誉褒貶《きよほうへん》はもちろん多様である。ソ連末期からの独立系高級紙『独立新聞』の編集長ビタリー・トレチャコフ（1953—）は、エリツィンをレーニンと並ぶ20世紀の天才政治家と名づけた。もっとも改革を始めたことで既存のシステムの枠を越えたのはゴルバチョフであって、エリツィンはそれを受け継いだにすぎないといえなくもない。

つまり、ブレジネフ期はスベルドロフスク州第一書記という地方党官僚、ペレストロイカ初期にモスクワ市政に登用されたポピュリスト的改革派、1987年の辞任劇など予測不能な異議申し立て者、突然の反体制的民主主義者、「真の」民主主義者、91年の人気ある大統領、8月クーデターでは命を賭して民主化にかける革命家、12月のソ連崩壊の張本人、ロシア期になっては急進的民主主義派、権威主義的国家主義者、単なる酒飲みにいたるまで、実に多様である。すべてをあわせれば機会主義者ということになる。そしてこれらの特徴づけにはもっともな理由があろう。この時代と人の複雑さを理解するにはハーバード大学のティモシー・コルトン（1947—）による伝記が注目にあたいしよう（Colton08）。

しかしエリツィンに一貫した切り口がなくはない。一つは、建設というキーワードであろう。エリツィンがウラルの建設部門の働き手からキャリアを積んだことである。スベルドロフスク州共産党第一書記という軍産複合体の拠点での経歴である。このメタファーでいえば、エリツィンは建設よりも、その準備段階というか、破壊が得意であったということである。

なによりもエリツィンにとって最大の破壊の対象となったのはソ連邦である。プーチンは2005年4月の大統領教書で「ソ連崩壊は世紀最大のカタストロフィー」と言って西側の論者を驚かせた。もっともこの言葉はウクライナの政治家が言ったものであり、しかもプーチンはその後に「ソ連崩壊を理解しないのは頭がない」と付加することが通常だった。それ以上にこの演説の主眼はロシアがヨーロッパであるということであった。このソ連崩壊こそ、生活水準の低下に苦しむロシアの多くの市民にとって十分には理解されなかったのである。このことは、この時間の経過にもかかわらず、世論調査などでほぼ一貫している。

したがってこれがエリツィン評価に関わってくる。エリツィンが1991年、クーデター後の10月に休暇明けから復帰して、国務担当書記ブルブリスらとともに進めたロシア独立論を、筆者は「ロシア一国主義」と呼んでいるが、12月1日のウクライナ独立の国民投票にはじまる動きから8日にはベロベージュでのスラブ系3共和国のソ連邦離脱によるソ連崩壊につながった。実はこの過程自体、反対派の論評や側近の回想はあっても、まだ史料は明らかになってはいない。

もちろんエリツィンにとって、ソ連崩壊を通じゴルバチョフをクレムリンから追放し、代わって主人となることを目指すという動機は明確だった。このような個人的野心が働いた。側近からその反対派に転じた最高会議議長ハスブラートフも、ソ連崩壊のニュースをそうとは知らず議会交流で訪れたソウルで聞いて驚くことになる（Khasbulatov: 467）。このことから、ソ連擁護派や、ゴルバチョフ系だけでなく、ここの過程でのエリツィンを否定的にとらえる見方はある。だからといってソ連崩壊の評価が、「陰謀」論議のみで解明されえないのも事実だ。

欧米では、むしろ政治学的にこのソ連崩壊に迫る仕事が出ている。ホワイトフィールドの『産業権力とソ連国家』では、ソ連邦崩壊のなか、産業官庁が自立化し、その結果ノメンクラトゥーラ民営化が進んだとの指摘がある。ガスプロムやルクオイル社創設の例にみられるように、ソ連末期の現業官庁のトップが自ら「管理しているものを所有」する形で「民営化」した例である。スティーブン・ゾルニクも、新制度学派の観点から、ペレストロイカ、そして崩壊期の官僚制統制の崩壊とその再編成という観点から分析している（Solnick）。ノメンクラトゥーラ民営化のその後の展開を考えても、ソ連崩壊が彼らの個人的、ないし集団的利害に寄与したことは疑いない。

この過程はロシアだけでなくソ連末期のほかの共和国、特にウクライナも同様であった。ソ連期に伝統的なロシアの北部軍産複合体に対して、スターリン後期からウクライナ南部の軍需産業がミサイルや核兵器などを担い、フルシチョフ、ブレジネフなどのエリート集団の母体となったことはよく知られている。エリツィンとともにソ連崩壊を進めたレオニード・クラフチュク（1934—）ウクライナ初代大統領など民族派党官僚だけでなく、彼と対抗した保守的なウクライナ軍産複合体とエリツィン政権との関係も同様であった。

ソ連崩壊も彼らの動向が大きかった。8月クーデター派（国家非常事態委員会）には、元ゴルバチョフの盟友で最高会議議長アナトーリー・ルキヤノフ（1930—2019）を次期指導者にしようとする連邦維持派がいた。なかでもスタニスラフ・グレンコ（フレンコ・1936—）第一書記のようなウクライナの軍産複合体はソ連維持派の中核であった。彼はドネツィクの機械工業から1990

年7月にウクライナ共産党第一書記になった。しかし8月クーデターの失敗によりエリツィンとロシアによる追及を恐れたウクライナ保守派はグレンコを先頭に一晩にして民族独立派になった。こうして24日にウクライナ・ラーダ（最高議会）は一致して独立を宣言した。彼らと連繫したエリツィンはソ連とゴルバチョフの権力基盤をロシアだけでなく、ウクライナでも崩すことができた。

とりわけユジマシ（南部機械）などの軍需産業のソ連崩壊時の動向が決定的に重要となった。1994年に2代目ウクライナ大統領となった同社の元所長レオニード・クチマ（1938—）の経歴がこのことを物語っている。実はウクライナ語もあまりしゃべれなかったクチマが大統領にチャレンジしたときはロシアの支援を受けた（Korzhakov: 212）。背景にロシア語で放送された公共テレビORT、つまりベレゾフスキーの支援が働いたと英国のウクライナ専門家もいう（Wilson: 269）。

ソ連の建設部門はいうまでもなく、計画経済の一部であり、時期とリソースが限定された部門であった。時間という要素は特に重要である。計画経済ではノルマの期限内完遂は絶対の要請であるからだ。建設部門ではこの要請を満たすことは、調達の遅れなどで難しいだけに、時間の政治学はエリツィンにとっての強迫観念となった。

1991年末のソ連崩壊は、スケジュールをにらんだエリツィンの時間の政治学という角度からみて興味深い。エリツィンや彼を支持した軍人パーベル・グラチョフ（1948—2012）らは、盗聴を恐れ屋外で車輪に座って極秘裏にソ連崩壊を進めた。「車輪作戦」と名づけられた作戦では、12月1日のウクライナ独立国民投票から、ソ連邦解体で合意した8日のベロベージュ会談、軍の取り込み、CIS形成といった計画を着々実施、ゴルバチョフ大統領を年末の25日、きちんと辞任へ追い込んだ。92年からはじまるロシア連邦でのショック療法という改革のためであった。

エリツィンの退出、つまり1999年12月末日の辞任劇もまた時間の政治が働いた。仕事の期限内達成の例である。これはコードネーム「新年」と呼ばれる作戦にそったものだったといわれる。『独立新聞』によると、破壊が得意で建設は苦手、というソ連崩壊をすすめたエリツィンへの批判をかわすため、99年12月8日にベラルーシとの国家連邦条約に調印した。この新連邦の調印日がソ連崩壊を決めたベロベージュ会議の当日であることに注目したい。プーチン首相にチェチェンを力で押さえ込むよう指示、14日に人事を内示し、19日の下院選でのプーチン与党の勝利を見届けたうえで31日の辞任表明となった。スケジュールどおりの演出といえよう。

1990年前後からのエリツィンは、スベルドロフスク人脈のような側近を重視した。ソ連共産党の位階制重視とは反対だった。これは第二期後半からは、オリガルフを含む「家族」へと次第に変わっていく。いずれも自己に忠実なチームを重視した。こうして権力へのアクセスを握る者が権力を生む。エリツィン政治には、ゴルバチョフ政権の政治局員だったプリマコフのような独自性を持った人材は例外である。独自の人材を周辺に置かない、というのは、少なくとも第一期はポピュリスト的な、超越的な政治行動をとることを可能にした。このことが直感的決定を容易にさせ、大胆な革命をもたらす基盤となった。だが問題が政治や経済の制度化の時期となる92年からは、このスタイルは裏目に出、しばしば可測性を失わせしめた。

脱共産党と民主化

それでは、エリツィン下のロシアは民主化という角度からはどう評価できようか。たしかにロシアでは、１９９２年以降の結果をみれば民主主義的制度の定着がみてとれる。３度の議会選挙、93年と95年、99年の下院選挙、そして93年の憲法制定国民投票、96年の大統領選挙がエリツィンのもとでおこなわれた。自由なメディアや宗教団体など市民社会の復権はめざましかった。６万４０００とも、10万ともいえるＮＰＯが20世紀末には存在した。政党は一時２００近く存在した。中産階級の台頭もまた98年金融危機が深刻化するものの一定程度はあった。

それでも、エリツィン・ロシアを民主主義社会というにはほど遠い。むしろエリツィンからプーチンへの移行で目立つのは、「操作民主主義」（トレチャコフ）というか、民主化の遅れであろう。あるいは、政治学者シェフツォバのいうように、エリツィン下のロシアは、民主制、権威主義、そして寡頭支配の混在物であるということもできる。政治学者アンドラニク・ミグラニャン（１９５０―）もいうように、ただでも市民社会のひ弱な伝統は、経済改革、経済の二極分化などで分裂した。ひ弱な国家は社会の分裂を防ぐことができなかったからでもある。

ソ連崩壊のなかで共産党官僚制がどう変容したかという論点を無視して、エリツィンが「全体主義」から「民主主義」へのイデオロギー的転換を促したというのは単純な誤解である。学生時代から党員であったゴルバチョフとは異なり、エリツィンは共産党員となるのも30歳と遅かったが、逆に１

990年にはやばやと脱党した。それからは反共産党をスローガンにした。91年にはロシアでの共産党の禁止、93年の旧議会解体と、96年大統領選挙では、共産党権力の復活を許さない、というのがエリツィンの公約となった。

しかし、エリツィン革命の特色は、同時に指導層がほとんど共産党幹部か、コムソモール関係者であったということでもある。つまり共産党組織がペレストロイカ以来の変動のなか、どう変容したか、エリツィン革命の担い手の多く、そしてホドルコフスキーのようにオリガルフの担い手にも元共産党員が多いということも理解しないと、ロシア民主化の特性はわからない。

ほかの多くのロシア・エリート同様、エリツィンその人が党エリート、つまりノメンクラトゥーラであった。もっとも彼の経歴に留保がなくはない。自伝などが伝えるように、エリツィンはスターリンによって父祖がクラーク（富農）として追放された一族の出である。米国でエリツィン伝を書いたコルトン教授やロシア人作家ミナエフのような伝記作家は彼の一族がウラルに根強く存在していた古儀式派の出身であることも強調している。たしかにエリツィンはアルコールを度を越して摂取したものの、古儀式派の伝統からか、タバコは吸わなかった。もっともスターリン体制への違和感の点なら、同じ1931年生まれで、北カフカスの農民の子であったゴルバチョフ自身を含め、政治局のほかの成員とも異なることはない。ソ連最後の外相エドワルド・シェワルナッゼ（1928—2014）や、保守派の党官僚エゴール・リガチョフ（1920—）にいたるまで、家族に粛清の犠牲者がいない共産党最高幹部は少なかった。

もっともその後の経歴はゴルバチョフと対照的であった。ゴルバチョフはソ連制度のもとでは農業部門という遅れた部門での優等生であったのに対し、エリツィンは、大統領ホームページで、「悪がき」と評されたほど異端的でもあった。現役の20年ほど本もほとんど読まなかったと側近が回想していることは、ブレジネフと同じだ（Korzhakov）。理念という観点からは、ゴルバチョフはソ連崩壊後も人間的社会主義を信奉しているが、エリツィンは反共産党革命を主導したのである。

エリツィンには、しかし皮肉にも、反共産党的ボリシェビキ、とでもいえる側面があることも看過できない。しばしば目的と手段との整合を考えないやり方はボリシェビキ的と評された。これはゴルバチョフが1991年末に権力の正統性を保持していたにもかかわらず権力に執着しなかったのに対し、エリツィンは目的のためには手段を選ばなかった側面がある。91年のソ連崩壊、そして93年の旧議会の強制的解散である。「ボリシェビキには落とせない砦《とりで》はない」といった力ずくの手法を用いたことでもわかる。しかもその成果は、当然にもうまくいかなかった。

この点は、エリツィンが民主主義者だったかという論点にも関わる。はたしてエリツィンは民主主義者だったのか。あるいはロシアに民主主義をもたらすことになったのか。周知のように、ゴルバチョフの選挙制導入によって複数候補制がはじまり、議会内に野党活動がはじまった。このとき共産党批判で在野にあったエリツィンが中心になり「地域間代議員グループ」が登場した。しかしそのとき、アンドレイ・サハロフ（1921―89）やガブリール・ポポフ（1936―）、アナトリー・ソプチャーク（1937―2000）、ユーリー・アファナシェフ（1934―2015）らほかの指導者はエリツィンと同格ではあったものの、エリツィンを指導者にしようとは思わなかった。エリツィンのある種の権威主義を恐れてのことであったといわれる。

制度形成という角度から民主化を考えたときも、議会、複数政党は決してエリツィンの考えたものではなかった。トレチャコフが指摘しているように、民主主義改革で、エリツィンは、ゴルバチョフが提起した問題をよりいっそう鮮明に行動に移したにすぎないともいえる。制度改革でも、エリツィンはたとえば政党制の定着には否定的ですらあった。ゴルバチョフが、共産党に統制されて苦闘することをみてきた彼は、政権党を含め政党形成をむしろ否定的にみた。国父として、政党を超越した存在を目指したというのが正当であろう。

むしろ制度としてのエリツィンの創造物は、彼の1993年憲法がふさわしいのではないか。その強大な権力を配した大統領こそ、権威主義の権化でもあった。エリツィンには権威主義的スタイルがある。プーチンへの権力の継承もそうであろう。そのために反対派への対応には、敵は倒すという哲学はあっても競争者としての意識はなかった。

にもかかわらず、エリツィンは自ら作った憲法手続きに従って、制度によって辞任したという意味では、民主主義というよりも、制度的秩序を重んじた結果となった。たとえ自己の健康と一族の名誉のためとはいえ、合法的指導者として自らの最後の政治行動を行ったとはいえよう。

市場経済への長い道

最後の重要な切り口は市場経済の導入への評価である。ショック療法の名前で知られるようになった急進改革への評価についてである。なによりも、ロシアは1998年8月危機で、エリツィン政権が想定した急速な市場経済、国際経済への統合は失敗した。むしろ、資本なき資本主義とか、「貨幣なき市場経済」（ペトラコフ）とでもいうべき存在ができた。たしかに急速な民営化のなかで、国有資産の民間移転が生じた。しかしそのやり方は、ゴルバチョフやエリツィンが大学時代に学んだ晩年のスターリン経済学の裏返しでしかなかった。つまりスターリンは所有関係、法的関係を変え、私有財産を国有・協同組合所有に変えれば社会主義になるとの考えから、29〜30年代の暴力的で急速な社会主義化を進めた。その結果は、千万単位に及ぶ人的コストを招くことになった。

エリツィン方式の民営化とはこの裏返しにすぎなかった。経済の民営化が、共産党の復権を防ぐという政治的動機もあったのだろうが、国営経済の民営化が野放図に急速に進められた。国有財産が、経営的合理性とか、合目的性を抜きに民営化され、担い手も顧みることなくインサイダー的な民営化を進めた。単純にいえば、現実の所有関係を変えることなく、所有は、紙のうえでのみ「民間」に移された。その結果は、政権の腐敗であり民営化の醜聞であり、そして資本の海外への逃避であった。ギリシアのキプロス島やロンドングラードと呼ばれた英国などへロシアの富が移転した。ロンドンには最盛期30万人ものロシア人が住んでいたという（Hollingsworth & Lanslay）。政治権力と民営化企業の癒着が、「犯罪革命」としての性格を持たせた。

１９９５年からの担保債権民営化はこれを極点まで進めた。スターリンの「上からの革命」では社会主義化がほぼ6〜7年、つまり29年の農業集団化から36年憲法までに社会主義化が達成されたと喧伝された。他方エリツィン型民営化は、ゴルバチョフ末期、80年代末からの「黒い民営化」から96年までに頂点を越えた。96年のエリツィン大統領再選に関与したオリガルフの登場と第二期エリツィン政権はまさにこのような政権のあり方を示した。当時のエリツィン政治体制の特徴は、ベレゾフスキーら寡頭金融集団の「家族」と呼ばれる大統領のインナーサークルで固めたことであった。エリツィンは政党形成など政治の制度化に関心がなかった。理由は、ゴルバチョフがいかにクーデター派など制度利害にがんじがらめにされていたかを知っていたからである。したがって国父を目指すエリツィンは政党を嫌い、代わってそのインナーサークルには、ベレゾフスキーやシベリアの石油王となったロマン・アブラモビッチ（1966—）といったオリガルフも入った。病気がちの大統領に代わって「家族」、オリガルフの天下となったが、欧米諸国は共産党復活を恐れこれに目をつぶった。

しかしそれが、1998年3月のチェルノムィルジン首相更迭から実に1年半で5人も代わった首相人事や、なかでも98年8月金融危機で通貨安定を基礎とした路線は破綻したのである。ショック療法など急速な市場移行、これを支えてきたＩＭＦなどの国際機関による、いわゆる「ワシントン・コンセンサス」は終わった。「ロシアを失わせたのは誰か」という議論が欧米でも出たことでその路線は終わった。

人的減少もスターリン期とは規模も違うものの、生じた。プーチンが年次教書で指摘したように、ロシアの人口は、ソ連崩壊後は毎年75万人ずつ減少した。1992年に1億4830万人であったのが、99年には1億4550万人となっている。ロシアの人口はプーチン期にも引き続き減少し、その底となった2008年には1億4270万人となった。男性の平均寿命にいたっては、92年に62歳から2005年に59歳まで低下、プーチンのその後の経済成長下でもなかなか伸展しなかった。国家財政の破綻が、年金や医療制度を直撃した。1998年には多少回復し61・8歳に戻ったが、99年は金融危機の影響か、再度低下した。

プリマコフ内閣――弱い大統領と強い首相

しかし危機は好機でもある。1998年夏のエリツィン体制の危機のなかで急遽登壇したのがプリマコフ首相の、短いがその後の政治史に「強い首相」というインパクトを与えた統治であった（98年9月―99年5月）。エリツィン期末期の金融危機によって、ただでもひ弱なロシアの体制は脅かされた。エリツィンの市場経済への急速な移行は、とりわけ第二期には本人の病気と周辺の新興財閥の利権争い、いわゆる銀行間戦争が生じるなど、混乱のきわみにあった。政府自身がチュバイス第一副首相も含め、オリガルフ相互の利権争いに終始した。この間徴税制度が未発達であったこともあって財政は常に赤字、優良資産をオリガルフにほとんどただ同然で引き渡すことになってしまった。短期国債が乱発され、利子率はうなぎ登りに上がった。97年末にはアジア経済危機が新興経済を強打しだした。

こうしたなかエリツィンは1998年3月23日に突然首相チェルノムィルジンを解任、代わって35歳の若手キリエンコを起用した。しかし構造的危機は深化、こうして国家財政は破綻し、98年8月はじめにデフォルトを起こした。こうしてキリエンコ内閣は8月23日、通貨ルーブリの大暴落もあって総辞職した。だが代わってエリツィン大統領が首相に推したのは、代わり映えのしない古顔のチェルノムィルジン首相代行で、わずか20日しか持たなかった。なによりもこれは政府危機、つまり政府への信頼の欠如が原因であった。だが危機の本質をエリツィンやクレムリンは理解していなかった。

このときプリマコフ外相が新首相として9月11日に推挙されたのはほとんど偶然であった。行き詰まりかけた首相人事に彼を推薦したのは、野党系リベラル派の「ヤブロコ」の指導者グレゴリー・ヤブリンスキー（1952―）だった。ソ連末期にはじめて市場改革を掲げた「500日計画」の中心人物だが、エリツィンとは異なって、ソ連崩壊を進める意思がなかった。彼とは政治的方向を異にするソ連最後のゴスプラン（ソ連国家計画委員会）議長ユーリー・マスリュコフ（1937―2010）もこの人事を支持した。プリマコフはソ連からロシアに変わる政治状況のなかでうまく立ち回って役割の継続を保証した政治家でもあった。キエフで生まれ、トビリシで育ったこの人物は、もとは『プラウダ』で記者などを兼ねた中東専門家であった。1970年代には科学アカデミー東洋学研究所長として日本を含め世界でも関連の学会・政界との関係も深かった。

ソ連の地域学のなかでも米国研究のような「敵国研究」とは異なり、この東洋学とは帝政時代以来キリスト教の起源でもある中近東から極東までを指した。ちなみに彼の東洋学研究所長時代、学者を大使館に派遣する制度を作り、このとき派遣されたコンスタンチン・サルキソフ（1942―）、ゲオルギー・クナッゼ（1948―）ら日本・アジア学者は、「新しい思考」を日本や朝鮮半島問題で生み出した。なかでもクナッゼはソ連崩壊前からロシア外務省の第一外務次官として活躍した。

プリマコフはゴルバチョフ・ブレーンとなったアレクサンドル・ヤコブレフ（1923―2005）の後をおそって、シンクタンク（世界経済国際関係研究所、IMEMO）の所長ともなった。IMEMOはかつてスターリンも一目置いたハンガリー生まれの世界的経済学者エフゲニー・バルガが作った研究所で、ソ連のなかでは例外的に自由な思考を促した。1988年からはゴルバチョフ時代末期の政治局員となり、湾岸戦争のときにはゴルバチョフ大統領の特使としてイラクに派遣され、サダム・フセインとも知己であった。91年の8月クーデターのときには、ゴルバチョフ最側近の一人としてクリミア半島の大統領別荘の近くのホテルに待機していた。ソ連崩壊以降プリマコフは、エリツィン大統領からも信頼され、ロシアの対外諜報部門のトップとなった。

彼が取り組んだのはNATO東方拡大であった。冷戦後の東西関係にかんする*No Place for Russia*（『ロシアに場所はない』）を書いた米国の専門家ウイリアム・ヒルによると、1992年夏にNATO東方拡大を最初に主張したのは、ポーランド系の戦略家ジグビニュー・ブレジンスキー（1928—2017）であった。翌年にはカトリック系自主管理労組連帯出身の伝説的なレフ・ワレンサ（1943—）大統領ら東欧首脳がワシントンを訪問、クリントン新政権内の最高レベルで東欧加盟の議論が出はじめる。

もっともクリントン大統領や、彼のブレーンで、オクスフォード大学の留学仲間でもあったロシア問題の専門家ストローブ・タルボット（1946—）国務副長官とロシアの関係はうまくいかなかった。彼らの最初の交渉相手だったロシアの親欧米派外相コズイレフですら、クリントン大統領を「絶対的シニカル、現実主義、そして小物」、タルボットを「陳腐で利口でない」、そのうえ自信過剰と酷評しているほどだ（Aven17: 271）。こうしたなかで1993年8月エリツィン大統領がポーランドを訪問したとき、ワレンサ大統領がアルコールをしつこく勧めた席でエリツィンはポーランドのメンバー拡大に異議がないと記者会見で言いかけ、推進派はこのときの発言を論拠とした（Talbott: 96）。ロシア政府は拡大に反対したが、平和のためのパートナーの名のもと、特にボスニア紛争がＮＡＴＯの関与と拡大の口実になりはじめた。

特にクリントンは１９９６年11月、自らの再選のため１０００万人のポーランド・カトリック移民票といった国内政治要因を意識しながらポーランドやチェコ、ハンガリーへのＮＡＴＯの東方拡大を主張した。60年のケネディ、80年のレーガンと米国政治ではカトリック系の票をとる候補が勝つようになった。だが宗教の政治利用、特に正教ロシアとポーランド・カトリックの対立を利用すれば、反作用もある。冷戦のチャンピオンである歴史家ジョージ・ケナン（１９０４―２００５）からはじまり、冷戦史の泰斗ジョン・ギャディス（１９４１―）を含めほとんどの専門家・ジャーナリストが拡大に反対だった（Talbott: 220）。老ケナンは当初は慎重派だったタルボットにロシアとの付き合いは「忍耐だ」と説き、プーチン権力への判断を急ぐなと伝えたが遅かった（402）。初代駐米ロシア大使となったリベラル派の野党指導者でもあるウラジミール・ルーキン（１９３７―）とタルボットが話し合ったとき、ルーキンは米国がセルビアで軍事行動をしたことからＮＡＴＯがロシア周辺で活動を拡大するのではないかと懸念を示していた。90年代はじめのウクライナで核撤去に米国が寛大な援助を申し入れたとき、プリマコフは米国の真意が兄弟国ウクライナを米国主導の陣営として引き入れる試みにあると批判した（Talbott: 78, 80）。けれどもＮＡＴＯは東欧から旧ソ連にまで東方拡大し、２００８年のジョージア危機から14年のウクライナ危機までを引き起こす原因となった。

この事情が対外諜報庁長官プリマコフを政治的に押し上げた。彼はＮＡＴＯ拡大はロシアに否定的な影響を及ぼすという報告を１９９３年11月に公開した（Primakov: 229）。ロシアのＮＡＴＯ加盟など欧米との協調を進めたことから「ミスター・イエス」と呼ばれてきたコズイレフ外相の親欧米方針が行き詰まった。96年1月プリマコフが代わってロシア外相となった。前任者とは反対にユーラシア主義を提唱、なかでもインド、中国の台頭を予測、ロシアの印中といったアジアへの接近をいち早く提唱した。21世紀になってＢＲＩＣＳと呼ばれるようになるこのような世界的潮流の台頭を予想したのも95年ＩＭＥＭＯの彼らの報告書であった。ちなみにこの研究所は２０１８年からプリマコフ研究所と称した。

世界が多極化するというプリマコフや中国の理論は、もとはといえば１９７０年代に、米国のキッシンジャーの理論や外交を研究したソ連の研究機関が提唱してきたことであった。個人的にもキッシンジャーとプリマコフとは親交があったことをキッシンジャーは２０１６年モスクワで回想した。実際この二人は07年からプーチンと米国政府とのトラックⅡ会議を共同主催することになる。

話を１９９８年に戻す。９月11日、こうしてプリマコフは議会の３１５票の支持という多数派の支持で首相となり、反対したのはわずか63票のみだった。議会多数派の支持による首相が生まれたことは、ロシア史上はじめてであった。議会では、ヤブロコ、政治的にはこれと反対の共産党、農業党などが与党となり、チェルノムィルジンの「我が家ロシア」は忠実な反対派となった。こうして「民衆信頼」内閣を旗印に、２カ月以内に状況を安定化させることに成功した。

他方エリツィン大統領への支持はわずか４パーセントと地に落ちた。世論では、エリツィン辞任論がうずまき、他方でプリマコフへの人気が上がった。プリマコフは各派の意見を聞き、なにより信頼醸成に動いた。副首相には共産党員だったマスリュコフが入った。若手改革派のチャンピオンだったアレクサンドル・ショーヒン（1951―）は辞任したが、ボリス・フェードロフ（1958―2008）を登用、バランスをとった。水面下では、チュバイス民営化やオリガルフに批判的なユーリー・ルシコフ（1936―2019）モスクワ市長とプリマコフ首相との関係強化が目立っていた。そうでなくともモスクワ市はクレムリンのおひざ元であるが、「一都資本主義」の中心でもあった。このルシコフ、プリマコフ、そして共産党系実務派の連携は、クレムリン直系のオリガルフにとって打撃となりはじめた。この間ストライキに入っていた鉱山労働者はストを解き、内閣の信頼度を上げた。さらには、プリマコフは、エリツィン大統領が、8月17日のルーブリのデフォルトを知らなかったメンツまで配慮した（Vorontsov: 605）。こうしてプリマコフの国内、国際面での認知度は上がった。このことはロンドン・エコノミスト誌をも驚かせた。11月末、「ロシアを動かしているのはもはやエリツィンではない」と指摘、もし選挙があれば大統領になるのはプリマコフだと論じた。

しかしあくまで大統領は大統領である。そうでなくともエリツィン体制は政治的行き詰まりに直面した。問題を列挙すれば、①エリツィンの統治能力、人気のなさ。人口の8割以上が大統領にマイナス評価をした。②クレムリン政権の頂点から末端にいたる腐敗、などである。なかでも醜聞は国際問題と化し、スクラトフ検事総長もチュバイスなどオリガルフ、特に「家族」の摘発をはじめた。ニューヨーク銀行での資金洗浄醜聞やスイスのマベテックス社のクレムリン改装をめぐる政権腐敗が問題化した。もっともスクラトフ自身も醜聞映像なるものがクレムリン系テレビで放映されるなど報復も受け、1999年はじめに解任された（Skuratov[3]）。

NATO東方拡大もロシアとの関係をさらに悪化させた。新ユーゴスラビアの首都ベオグラードを

NATOが空爆に踏み切ったコソボ問題では、NATO拡大の合意であったロシアとの協議は機能しなかった。そうでなくともコソボはセルビア正教の聖地でもある。ベオグラードの空爆に怒ったプリマコフは1999年3月24日、ワシントン行きの専用機を大西洋上でUターン、訪米をキャンセルすることでソ連崩壊後最初の反米キャンペーンとなった。

だがコソボ問題の先鋭化はイスラム世界での反ロシア主義をもかき立て、チェチェンでのイスラム聖戦派の跳梁《ちょうりょう》につながった。他方米国ではこの問題が、冷戦後の新保守主義、つまりネオコン系論者の跳躍台になったことも重要であろう。1998年にミロシェビッチ政権打倒で政府の弱腰を責めた署名者には、ポール・ウォルフォビッツ（1943―）、ジョン・ボルトン（1948―）ら米国のネオコン系論者の名前があった。なかでも99年4月にはロバート・ケーガン（1958―）という評論家がコソボでのNATOの空爆を支持した（Bacevich: 191）。ちなみに夫人は2014年のウクライナ問題で重要な役割を演じることになる国務省のビクトリア・ヌーランド（1961―）である。この問題とは、ロシアからすれば、イスラム勢力と正教系勢力との対立という中東の宗教的亀裂を、ロシアを含むヨーロッパに持ち込んだに等しかった。違っていたのはそれがクリントン政権によってもたらされたことである。そしてそれはロシア国内にも跳ね返った。チェチェン危機が再燃、聖戦（ジハード）を掲げるイスラム聖戦主義者の北カフカスへの関与を招いた。背景にはサウジアラビア、パキスタン、ヨルダンなどの国際的関与もあった。

こうしたなかプリマコフ首相は1999年5月12日にエリツィン大統領によって突然解任された。プリマコフ政権は危機管理が課題だった。それが達成された以上、プリマコフ首相はエリツィンと

「家族」には不要となりだした。なかでもプリマコフには国営石油企業の構想があり、これは石油企業の民営化を進めたベレゾフスキーやホドルコフスキーらオリガルフの利害とぶつかった。こうして99年のコソボ紛争で対米強硬路線を打ち出した結果プリマコフは解任されたが、強い首相と議会の組み合わせという政治モデルは、ロシア大統領制への揺さぶりともなっただけでなく、実は、ホドルコフスキーの改革案からタンデム（二頭馬車）などその後のプーチン政治の変動を解く鍵ともなったことに注目したい。

事実1999年半ば以降、プリマコフのような学者を大統領候補とし、クレムリンから距離を置くルシコフ・モスクワ市長らは政治ブロック、祖国・全ロシアOVRを作り、連邦主義を掲げるタタルスタン大統領のミンチメール・シャイミエフ（1937―）など地方を中心に支持を伸ばした。イデオロギー政治から解放されたロシアの政治では「プラトン」哲人王というギリシアの政治思想の伝統が甦り、古代ギリシアの政治哲学にいう「寡頭支配＝オリガルフ」への否定的な反発が現代ロシアに復活した。プリマコフとともに首相職を狙う首都の市長ルシコフらの野心を高めた（Pechenev）。大統領エリツィンと「家族」に対抗する彼らの綱領は、首相が憲法上の権能を発揮できる政府を議会とともに作ること、そして大統領は外交と安全保障に限るというものであった。思想的には「新社会主義」を掲げ、中道左派といえた。

なかでもルシコフは1991年8月クーデターのとき、ポポフのもとで副市長として反抗したときの実質的な立役者、ソ連崩壊後に彼に代わって市長となったが、市場改革派でありながらチュバイス民営化の反対派、そしてロシア民族派でもあった。ウクライナ問題でもクリミアはロシアから離れたとしても、独立都市セバストーポリは54年にウクライナには移行しなかったとロシア帰属を主張した(Iz/1/11/96)。なによりロシアの富を独占したモスクワ市のトップとして知識人との関係もよかった。祖国の綱領的文書を書いた際には元安保会議書記のアンドレイ・ココーシン(1945―)、「クラブ93」系の政治学者ニコノフやアレクサンドル・ツイプコ(1941―)、外交官出のエリツィン補佐官だったセルゲイ・ヤストレジェムスキー(1953―)が協力した。彼と組んだ旧独立派のタタルスタン大統領シャイミエフには「いまさらロシアを掲げるのか」という批判もなくなったが、逆にいうとソ連崩壊前後最も潮流の変化に敏感な政治家がプリマコフ陣営に参じた。この党派には地方の反乱という性格があったが、もっともこの風見鶏政治家は99年から大統領府長官となったウラジーミル・ボローシン(1956―)を通じて情報をクレムリンにあげてもいた(Aven17)。

ステパーシン内閣の3カ月

他方、なにより一桁に低下した大統領人気や対外負債の支払いなどプリマコフのあとの人事に時間をかける余裕はクレムリンにはなかった。エリツィンの娘やユマシェフなど家族は当初ニコライ・アクシヨネンコ(1949―2005)交通相を臨時の首相代行に押したが、結局エリツィンが首相代行としたのは、戦後ソ連軍統治下だった旅順で海軍の将校の息子として生まれたステパーシンであった。内務省軍で教育を受けたシロビキ系だが、プリマコフのあとの対外諜報庁長官となった彼はその後法相、内相経験者だった。

ステパーシン内閣はエリツィンと家族の了解では大統領後継候補ではなく、実は意中のプーチンへの臨時的性格の政権であったとみるのはソ連末期からタタルスタンとロシアの関係の深奥を知る政治学者で議員のオレグ・モロゾフ（1953―）である（Morozov: 131）。彼によれば、スクラトフ解任をめぐる1999年3～4月にプーチンが後継者とひそかに決まったという（148）。ステパーシンに長期的展望は期待されなかった。99年5月から8月までの3カ月間首相を務めたものの、「家族」が後継を決めるまでのピンチヒッターだった。チェチェン問題でもイスラム急進主義との戦争をおこなう意思がないとみられ、より決意のある人物に交代となった（Mlechin）。もっともチュバイスは、ステパーシンをプーチンへの代替としてとっておくという考えを持っていた。ステパーシン本人が、プリマコフ、ルシコフとの和解をエリツィンに勧めたことも解任の一因だったと大統領府長官ボローシンは回想する（Aven17）。チュバイスは、エリツィンが家族の意見だけで物事を決めているというのはプリマコフ系のPRにすぎないという。もっともチュバイスがステパーシン案をエリツィンに進言したのは、解任決定の一時間後だった（Morozov: 157）。

8月3日、エリツィンはFSB長官だったプーチンを招いて首相になるかの意思確認を本人にすることなく、ステパーシンを解任、プーチンに後任を託すことを決めた（V.Putin00）。ステパーシンはその後ヤブロコ派の議員だったが、プーチンを支持した（Mukhin02）。会計検査院長、日ロ経済評議会会長としての仕事も担った。

こうしてエリツィン時代は2000年のミレニアムを前に終焉した。後継となるプーチンに期待されたものは、なにより国家統治の安定と回復ということであった。これこそエリツィン時代が軽視したものであった。考えてみればエリツィンは、革命やクーデターなど大政治には強いが、改革と制度形成の時代に求められた政治には絶望的な政治家であったと評することができよう。

第2章　プーチン体制——形成期

プーチン登場

このように1998年から99年にかけてのわずか2年間だけでも、ロシア政治の混乱はチェルノムイルジン、キリエンコ、プリマコフ、ステパーシン、とめまぐるしく変わる異常人事に示された。その最後に、そして「後継者」としてやってきたのが99年8月9日に首相代行として任命されたウラジーミル・ウラジーミロビッチ・プーチンであった。エリツィンは大統領令でプーチンが「社会を統合できる人物」「新しい21世紀に偉大なルーシを刷新する」ことができる人物と特徴づけた。どうやら首相職だけでなく、後継者としての立場も伝えられた。

前日にチェチェンの反政府武装集団がダゲスタン共和国に侵略を開始したことは、FSB長官から首相代行になったばかりの人物登場の象徴的事態であった。プーチンは8月16日議会が正式に承認して晴れて首相となった。エリツィンは同時に議会選挙を12月19日に定めた。テロ対策から議会選挙への政党形成まで、時間はなかった。

このラッキー・ボーイは1996年にクレムリン、つまり大統領府の総務部へ就職、最初に担当したのは中央―地方関係だった。チュバイス系の引きがあった。翌年から大統領府副長官として大統領令の履行を監督、98年7月にはFSB長官にも抜擢される。99年1月にはあまりにソフトだったニコライ・ボルジュジャ（1948―）安全保障会議書記の職務を兼務、コソボでプリュシチナ空港のロシア平和維持軍を指揮した。このとき米国大統領のブレーン、タルボット国務副長官と米ロのニアミスを経験した（朝日新聞国際報道部：２２２）。このとき英国の司令官が「第三次世界大戦をはじめるつもりはない」と仲裁した。

内政面でプーチンのクレムリンのトップへの道に立ちはだかったのは、プリマコフ首相であった。FSB長官となったプーチンに対しプリマコフは、野党指導者ヤブリンスキーが「アメリカ帝国主義のエージェント」だとして彼への尾行を命じたという。このためプーチンは大統領府長官でエリツィンの娘婿、ユマシェフに自身の辞任をちらつかせこの命令を撤回させた[4]。これら人事をめぐる葛藤や反目もあり１９９９年5月にプリマコフは首相を解任された。この新証言は、プーチンが後継問題を模索しはじめた２０１９年末に報道されたが、プリマコフとプーチンとの関係は、精神的な師であると同時に大統領職をめぐるライバルでもあった。

この微妙な関係の間に入ったのはベレゾフスキーであった。もっともベレゾフスキーの政治力、エリツィン後継問題での役割は「神話」だというのは、当時大統領府の経済担当副長官から１９９９年3月に長官となったボローシンである。彼はエリツィンとプーチンという二人の大統領に仕えたが、その間の微妙な権力の移動を大統領府という「反射板」を通じてみていた。クレムリンでのプーチンの台頭にベレゾフスキーは一切関係がなかった。エリツィンは革命の政治家であり、他方プーチンは進化的時代の政治家というのが、ボローシンの見立てであった（Aven17: 298）。なかでもプーチン後継人事に携わったのはエリツィン、ユマシェフ、タチアナ、そしてボローシンであって、ベレゾフスキー説は「神話」と断定する（Aven17: 253; Morozov: 150）。もっとも双方とも相互に利用する関係にあった。ちなみに代行就任直後の大統領としてしてのプーチンへの期待度は１パーセントであった

(Morozov)。

無名のプーチンを押し上げた政治的文脈はチェチェン問題であった。モスクワは主権国家の問題であると3月ごろから強硬姿勢を強めていた。秋に草案が出された「国防ドクトリン」では、テロ対策が安全保障上の重要な課題となった。この問題には消極的なステパーシンに代わって、8月16日正式に首相となったプーチンは、同月19日に現実的生産部門であるとして軍産部門強化を金融問題よりも重視することを政府の課題として定めた。自分の後任のFSB長官にはレニングラード以来KGBの同期で、1998年からは大統領府でも行動をともにしたニコライ・パトルシェフ(1951—)が決まった。

8月末からモスクワなどで連続爆破事件が起き犠牲者が続出した。チェチェン問題に危機感を持った世論のなか、1990年代半ばの妥協がテロを増長させたとして強硬策を主張するプーチンの人気が上昇した。そうでなくともエリツィン末期には法的、表面的には強大な権力と、実際の病弱で無責任な履行との懸隔、そして首相の頻繁な交代、地方知事などのますます強まる遠心力と中央との確執、二極分解した市民社会と中産階級の没落、市民社会を支えるNGOの未発達と政党組織の弱体、不安定な選挙ブロックの離合集散、といった側面が顕著であった。

移行の課題

こうしてプリマコフからプーチンへと回転しはじめた政治状況のなか、エリツィンを支えてきた

「家族」と呼ばれた混成的な勢力が1999年秋に当面した以上のような課題に対する、いわば脱出策として、後継者プーチンの就任とエリツィン辞任にいたる秋から冬にかけての政治日程が計画された。

第一は、チェチェンをめぐる紛争の激化への新たな対応である。8月当初、北カフカスでの「イスラム国家」樹立を呼号したチェチェン急進派とイスラム聖戦勢力のダゲスタン侵攻に触発され、さらに9月のモスクワ・アパートの爆破などでの「テロル」行為をめぐる対立のなか、国際テロに対抗するためとしてプーチン首相は空軍を含めた正規軍をチェチェン全土に投入した。特にイスラム武装勢力が国際機関要員を含んだ誘拐まで引き起こしたことによって、プーチンのテロ対策に世論の評価は大きく変わった。11~12月の世論調査では3分の2が政府の強硬策を支持した。プーチン支持派が議会選挙でチェチェン危機を奇貨として勝利した。この直後12月22日にプーチンと半年ぶりで会ったタルボット米国務副長官はプーチンがチェチェンなどで1インチも譲歩しなかったと述懐した（Talbott: 167）。タルボットは、コズイレフ、ネムツォフやヤブリンスキーといった親西欧的改革派の終焉と「民族主義的官僚」の到来を印象づけられた。

第二は、その支えとなったロシア軍と軍産部門の要因である。コソボ紛争は、ロシアが軍事改革に成功しなかったことを示した。そのころから参謀本部はエリツィンと文民指導部へ独自の対応をした。ロシア時代になって顕著となりはじめた軍の政治化である。共産党の指導下でしか動かなかったソ連時代とは異なって、軍は組織防衛と予算獲得という観点から選挙に独自に参加した（1995年議会選挙）。特に99年の議会選挙に軍が独自に参加しなかったのは軍が非政治化したのではなく、軍自体が安全保障担当書記から首相に指名されたプーチンの与党化したからとみるべきだろう。事実プーチンを大統領にするだけの「統一」党は便乗したベレゾフスキーのアイデアであったが、大統領府は実は手を引いていた。「統一」党の指導者となったのは非常事態相のブリャート・モンゴル系トゥバ人のセルゲイ・ショイグ（１９５５―）であって、10月末親プーチン党の創設を宣言した。ちなみにトゥバが44年にソ連に編入されたとき、ショイグは本来名前だったのが当局は誤って彼の姓だと誤解した。彼は国内の危機対応組織のトップとして人気を博した。こうして軍のプーチン与党「統一」派への支持は、世論の評価の2倍以上となった。

なかでもコソボ紛争処理では軍指導部と軍産部門のエリツィンの対米政策への政治的不満が極点に達していたことを示した。こうした背景がプーチン政権の誕生にある。事実、軍事予算と軍産複合体への支持は、１９９９年の40億ドルから翌年は70億ドルに拡大した（国家予算は２５０億ドル）。同時にこのころからロシア軍は安全保障のために核兵器行使の先制可能性を強調するようになる。99年10月の「軍事ドクトリン」草案、そしてプーチン政権が２０００年はじめに承認した安全保障ドクトリンは、97年版を改訂したものであるが、米国の一極支配、つまり対米批判と並んで、核先制行使のドクトリンを強調しだした。大統領に正式に就任してからの公約というべき「対外政策概念」（00年7月）でも、ロシアの国益が前面に掲げられ、エリツィン時代（93年版）の欧米協調の論調が薄れた。

第三は、ベラルーシとの国家連邦問題である。エリツィンに対する国内での批判の一つは、彼がソ連崩壊をおこなった破壊者というものであった。これに対抗するためにも、エリツィンは１９９６年4月にベラルーシとの共同体条約を結んだ。98年には統一強化という方向で、アレクサンドル・ルカシェンコ（1954―）ベラルーシ大統領との間で政治文書を取り交わした。これにはルカシェンコの権威主義的やり方を批判する民主派からの批判もあったが、エリツィンはこれを支持するCIS統合派の意見を採り入れるようになった。

実はこの統合派とは当時は親ロ派のクチマ・ウクライナ大統領の推薦で1998年4月からCIS執行書記となったベレゾフスキーであった。彼はベラルーシの独裁者ルカシェンコとの関係もよかった。その背景にはスラブネフチ社の石油利権のほか、ロシア語で旧ソ連全体に放送する公共放送ORTのボスの顔があった（Aven17: 242)。事実ベレゾフスキーはベラルーシの首都ミンスクを3度訪問し、ベレゾフスキーをCISの救済者とみるルカシェンコとの関係は強化された。ベレゾフスキーの連邦計画にはその初代大統領としてクレムリンのトップにルカシェンコを担ぐ計画もあった。[5] もっともプリマコフとの確執でベレゾフスキーは1年で辞任する。[6] こうしたなか99年12月8日にロシアとベラルーシとは国家連邦条約調印をおこなった。この調印日は91年12月のソ連崩壊を決定したベロベージュ合意の日であったことは先述した。もっともこの国家連邦はベレゾフキーの主導性が強かったこともあり2000年1月に発効したものの、その後プーチン政権は名存実亡とした。

第四は、西側、特に米国との関係の悪化であった。コソボではロシアは平和調停者の役割を担ったものの、同じ正教仲間である新ユーゴ、セルビア系への同情もありその後も対米関係は悪化した。チエチェン紛争はこれを加速した。イスタンブールでの会見でエリツィン大統領はクリントン大統領に対し、戦争に際しては核使用すらありうると、安保政策の転換を強く印象づけた。アメリカ・カナダ研究所のセルゲイ・ロゴフ（1948―）所長は新冷戦という状況規定をあえて使った。米国政府もまた、ＩＭＦの新規融資を凍結、緊張した関係は持続したままだった。

ロシア下院１９９９年選挙

プーチンにとって単なるエリツィン体制の首相代行から「後継者」への跳躍台として最初の政治力を問われる演習となったのが１９９９年12月19日の下院選挙であった。共産党は得票率24・29パーセントと第一党を維持したが、プーチン支持の「統一」党は、23・32パーセントとなった。政権与党といっても、主として首相周辺の利害集団をかき集めただけの93年末の「ロシアの民主的選択」（ガイダル）、95年の「我が家ロシア」（チェルノムィルジン）とは異なり、ベレゾフスキーの公共放送ＯＲＴが組織動員され、指導者は非常事態相ショイグであった。選挙ではレスラーのアレクサンドル・カレリン（１９６７―）を看板に掲げ、クレムリンが持つ行政、金融、経済の資源を動員してタテ、ヨコ（地方知事）への統制を利かせた。なかでも軍などの動員が目立った。当時は議会そのものも、エリツィンの政策もあって規律もしっかりしない組織だった。

チェチェンに近いカラチャイ・チェルケス共和国からの議員となったベレゾフスキーはこの議会選挙を「権力継承への重要な一歩」と総括した。クレムリンにとって権力の継承に妨害となる中道派、なかでもプリマコフ元首相、ルシコフ・モスクワ市長らの「祖国・全ロシア」ＯＶＲを解体することも重要であった（Zygar16: 9）。彼らは反腐敗と現実的経済政策を掲げ、政権党の一部も取り込んで、共産党に迫る世論の支持を誇示していた。もっともモスクワ市長選での圧勝を優先したルシコフ市長系は内部分裂となり、またシャイミエフ・タタルスタン大統領など共和国勢力は選挙後いち早くプーチン支持を訴えるなど、内部は結束を欠き、敗北を余儀なくされた。選挙後このブロックは3分解し、農業党、全ロシア系はプーチン大統領候補支援へ向かった。こうして祖国派は分裂、翌年2月はじめには大統領候補プリマコフは選挙から離脱した。

もう一つの問題は共産党である。エリツィンのもとの議会で4割近い議席を有していた共産党は、第三回の議会選挙結果は政治的に低落傾向となった。共産党の得票総数は伸びた。しかしほかの左派は後退し、提携先が減少した。一人区での議席は4分の1に低下した。

こうして12月19日の議会選挙では、プーチン首相支持派の統一（Medved'）と、これに対抗するプリマコフ、ルシコフらのブロック（ＯＶＲ）、それに共産党、イリーナ・ハカマダ（１９５５―）らの右派勢力同盟、ジリノフスキー・ブロック、そしてヤブロコの混戦となった。実態は「家族」とその支えとなったベレゾフスキーなど一部オリガルフの戦いでもあった。しかしテレビ界も割れたが、「家族」の仕掛けは成功した。反対派のＯＶＲは得票率第3位の13パーセントしかとれなかった。もっとも同時におこなわれたモスクワ市長選挙ではルシコフは得票率70パーセントと大勝した。また急進改革派、右派勢力同盟は、１９９５年には5パーセント以下であったが、8パーセントと枠を超えた。これは主として、サマラ州など地方勢力、チュバイスの統一エネルギーシステムなどの資金力もさることながら、いち早くチェチェン戦争を支持し愛国票を得たことも見逃せない。この点で割を食ったのは、当初有利とみられた反戦派のヤブロコであった。愛国票は右派同盟に逃げたとみられる。自民党系もまた、票を食うとみられた統一派の急成長にもかかわらず、一定の地歩を確保した。こうして99年末の選挙での党派分布は、6会派、3議員集団となった。共産党は93名、これに対し与党系統一は81名とほぼ相打ちとなる。中規模ではOVR系46名、右派勢力同盟（SPS）32名、そしてヤブロコ21名、自民党17名とが拮抗した。

重要な変化は、プーチン統一派の反米「愛国主義」的なスタンスによって、共産党が野党から準与党に変わったことであろう。共産党系だが、ジュガーノフ党首と距離を置くゲンナジー・セレズニョフ（1947―2015）前議長をプーチン支持派が支持、新議会では、プーチン支持派は新下院議長にセレズニョフを支持した。共産党にも党機関を握るワレンチン・クプツォフ（1937―）ら親プーチン派の潮流があった。

こうしてプーチン支持党の辛勝により31日のエリツィン大統領辞任への最終的引き金となった。エリツィンは辞任直後の著書『大統領のマラソン』で、この日の決定は一人だけでおこなったこと、知っていたのは選挙前の14日に会って後事を託したプーチンだけだった、と明かしている（Yeltsin: 10）。こうしてプーチンが1999年12月31日に後継の大統領代行となった。エリツィンはプーチンに語った、「ロシアを大事にせよ」。それから20年後ユマシェフは、二人の間にはほかにどのような合意もなかったと指摘した。[7]

こうして政局は2000年3月26日の大統領選挙に向かって走りだした。もっともプーチンが大統領選挙に出たとき、プーチン自身と「家族」との間に微妙な隙間風が出はじめた。「家族」のイデオローグは宣伝家のグレプ・パブロフスキー（1951―）であったが、彼はプーチン系のゲルマン・グレフ（1964―）率いるシンクタンク「戦略策定センター」の信頼を低下させようとした

(Mukhin02)。ちなみにドイツ移民の末裔であったグレフはカザフスタン生まれで、レニングラード大学法学部でソプチャーク、プーチンの影響下にあった。また2月にはチュバイス系のＳＰＳがプーチン大統領候補に中立を表明した。選挙前にもベレゾフスキーやアブラモビッチらオリガルフもグレフのセンターを批判、つまりは最大の実力者によるプーチンへの支持はあらかじめ条件つきであったことは重要である。この結果が得票率53パーセントという、かろうじて過半数超えの投票結果となった。

プーチン権力の発足

プーチン政治の課題と優先順位、なにより政治経済改革をめぐる理念は曖昧だったが、それでも１９９９年末、当時はまだ目新しかったインターネットを通じて発表された「新千年期（ミレニアム）の新課題」では、第一に強い国家への関心、第二はロシア的理念、そして第三に効果的経済、ということが強調された。なかでも国家主義的傾向、強い権力への志向は顕著であった。エリツィン政権で肥大化した大統領権力について、多くの学者の提案に反して、プーチンは憲法改正をおこなわないことを明らかにした。あくまでもエリツィンを守る「後継者」であった。

このようなプーチンを支える集団として、世代的には１９４０年代後半から50年代前半に生まれた世代のエリートが浮上しだした。つまりソ連崩壊直後には、エリツィンは意図的に56年生まれの首相ガイダルら、当時30歳代の急進若手世代を登用したが、当時48歳となっていたプーチンが依拠したのはそのとき40歳代となっていた、少し上の世代である。つまり統一党、非常事態相のショイグ、KGBのロンドン勤務だったセルゲイ・イワノフ（1953―）らである。外交ではプリマコフ系だが大統領説もあったイーゴリ・イワノフ（1945―）外相が横滑りする（Aven17: 257）。エリツィン政権末期に台頭していた彼らシロビキと呼ばれた治安、軍事、国防産業系の人材であるが、これはあとで詳説される。

なによりも政府の関係でプーチン首相の人事登用策で顕著なのは、ミハイル・カシヤノフ（1957―）ら「家族」の推薦者を第一副首相、つまり後継首相に据える一方、副首相には選挙で活躍した少数民族出身の非常事態相ショイグを重用した。前者は3年後にはプーチンの敵対的なライバルとなるが、後者は非常事態相から、2012年にはモスクワ州知事を経て国防相となり、こうして20年間一貫してプーチン政治を支えることになる。他方、「家族」系のアクショネンコは交通相であったが、閣僚会議の幹部会には残った。チュバイスら90年代の悪名高い「民営化の父」、右派勢力同盟（SPS）系の人事が初期プーチン体制にはなかったことも象徴的である。市場経済は守るが、IMFのシナリオを盲信しないということだった。

もう一つプーチンの人事政策で目立つのは、「家族」と呼ばれたエリツィン一族やオリガルフ勢力への距離のとり方である。次女タチアナやユマシェフが辞任、また腐敗で悪名高いパーベル・ボロジン（1946―）がクレムリンを離れ、ベラルーシとの国家連邦担当という閑職についた。後者は1993年に大統領府に入ったが、クレムリンの資産管理をめぐって検察がらみの醜聞も絶えなかった。

他方、プーチンの新首相から大統領への過程で、いわば獅子身中の虫となったのはベレゾフスキーである。この無名のユダヤ人数学者は、１９８９年に中古車ディーラーの「ロゴバズ」社を立ち上げ、特に民営化のどさくさにまぎれて自動車企業や公共テレビ局ＯＲＴを、１９９５年理事長ウラジミール・リスチェフ暗殺など手荒な手段で手中に収めた（Mickiewicz: 31）。またその過程でチェチェン勢力や大統領護衛隊などとの関係をテコに政治の世界に乗り出す。なにより95年の担保債権オークションで、シブネフチ（石油）など優良な資産を事実上手に入れていた。

新生ロシアで権力とは富であり、政治は経済である。当時のロシア政治の課題の多くがオリガルフとクレムリンとの関係に凝縮されていた。２００１年までにロシアの富の85パーセントは実に８持株会社によって保有されていた（Pravda: 181）。その中核はこのオリガルフである。１９９５年以降政府の優良株式が担保として金融集団に渡され、この構想の推進者ポターニンをはじめ、ベレゾフスキーやホドルコフスキーなどが濡れ手で粟の巨万の富を得ることになった。これらの「国家の民営化」はワシントンの市場原理主義者を喜ばせたものの、ロシア人の圧倒的多くの目には不公正に映じた。

事実この民営化に抵抗することにより瀕死の状態にあったロシア共産党は勢いをもりかえした。１９９５年末の議会選挙では３割の議席を得、よみがえった。この95年選挙の準備過程では２大政党制論もあったが、出身企業の名をとって「ガスプロム（ガス産業）」党とも揶揄されたチェルノムィルジン首相の与党「我が家ロシア」や農業党といった、ロビー的な利権政党が結局できあがったにすぎなかった。実態はといえば旧ソ連共産党中央委員会の各部門（軍産、燃料・エネルギー、農工の各コンプレクス）が各産業部門の利権を再編成したのである。たとえばロシアの経団連といわれはじめた産業家企業家同盟は、旧ソ連共産党の機械工業部長、つまり軍産部門からユーリ・アンドロポフ（１

914—84）書記長の補佐官だったアルカディ・ボリスキー（1932—2006）が科学産業同盟トップになった。アンドロポフが遺言でゴルバチョフを後継書記長に指名したにもかかわらず、ブレジネフ系人脈がコンスタンチン・チェルネンコ（1911—85）を据えた事情を明らかにしたことでも有名だ。もっとも燃料エネルギーコンプレクスこそ即座に膨大な利益を得ることができたが、農工コンプレクスや軍産コンプレクスは、ロシアの財政事情もあって、市場経済には乗り遅れた。軍産複合体はロシア軍の調達予算が減り、ソ連期の6分の1になった。

プーチンが大統領になれた背景にはチェチェン問題が関連したことは先述した。1999年8月にアミール・ハッタブ（1969—2002）なるサウジアラビア出身のワッハーブ派活動家や首相代行のバサーエフが、マスハドフ・チェチェン共和国大統領の反対をよそに北カフカスにシャリアートというイスラム教に基づく国の樹立を目指し隣国ダゲスタンに攻め込む。当時の欧米マスコミはこの背景に、プーチンの背後の勢力がいたとみたが、実は急速にクレムリンを掌握したベレゾフスキーらであったことは専門家の間でも知られていない。彼は96年安全保障会議副書記からチェチェン委員会のメンバーとなって、この紛争を裏で動かした。チェチェンは宙ぶらりんな「半独立」の状況で独立派のマスハドフが96年大統領選挙で選出されるものの、自治能力の欠如をさらけ出した。テイプと呼ばれる100以上の血族・地域集団への忠誠と相互対立、アルカイダにもつながるイスラム急進勢力の介入、麻薬や人身誘拐などの混乱の末、99年夏、外部の勢力を含めた武装勢力はダゲスタン共和国への侵攻に乗り出した。FSBは彼らがサウジアラビアの急進的なワッハーブ主義の流れだとみたが、モスクワでのアパート爆破といったテロ行為が続発する。もっともグシンスキーなどのモスト社が握るテレビ局NTVなどのメディアはシロビキが背後にあるとみた。その後マスハドフ大統領はこの作戦にベレゾフスキーの金が出ていると米国の『フォーブス』誌ジャーナリスト、ポール・フレプニコフに証言した（Klebnikov: 300）。ベレゾフスキーの交渉相手モブラジ・ウドコフはチェチェン外相を名乗ったがサウジアラビア出身の急進的なワッハーブ主義者だった。

しかしこの危機は、プーチン首相以前のステパーシン首相時にはじめた対テロ戦争の流れのなかで生じた。ロシア軍はチェチェン共和国のテレク川まで兵を進めた。旧KGBの東ドイツでの働き手であったプーチンには、いわゆるシロビキと呼ばれる軍や治安機関関係者、国家の強化を支持する勢力がついていった。通常は不人気なこのような背景の人物が人気を博したのは、エリツィン時代の腐敗やテロのような危機に国民の多くが嫌気をさし、彼の掲げる強いロシア国家の復活に共感したからであった。

実際、チェチェン分離派と武装イスラム勢力による「隣国」ダゲスタン介入への国民的反発が無名の新首相プーチンを急速に人気者にしていく。プーチンはこのときはダゲスタン共和国の最大民族アバール系のマハチカラ市長らの協力を得てこの動きを押さえた。彼はこうして第二次チェチェン介入を指揮、プーチンへの支持は瞬く間に5割を超えた。2000年には、61・6パーセント、01年は63・5、03年でも66パーセントを記録した。

プーチンとポピュリズム

それではプーチン政治とは何であり、プーチンとは何者か。プーチンはポピュリスト（大衆迎合政治家）かという問いがよく出される。腐敗や汚職が広がり、政治制度全般への不信が強い時期に、このような「指導者」に人気が集まることは、冷戦後よくみられる世界的傾向だ。もっともポピュリズムの典型例とみられたエリツィンは支持率60パーセントから最終的に2パーセントまで低下した。人気のないポピュリスト政治家とは背理である。エリツィンは、ソ連崩壊後、ロシアの普通の市民から、欧米政府にいたるまであまりに多くからの期待をかけられた。1993年憲法はこれを保証するような大きな大統領権能も与えられた。しかし実際には、ソ連崩壊で頂点となるあらゆる制度崩壊の速度は著しく、他方で政府機能を市場経済と国民国家形成にあわせ改革することは不可能に近かった。財政・金融危機という98年の危機はこうしたことの結果であった。97年に19・8パーセントであったロシア大統領の信任度は98年には6・7パーセント、99年には4・7パーセントに下がった。著名な社会学者のミハイル・ゴルシコフ（1950—）は、その理由を民営化への国民的不信をあげた。

その意味ではプーチンになって大統領の信任度は急回復し、2000年には61・6パーセント、02年には71・1パーセントにまで至った（Sotsiologicheskoe Issledovanie/8/04/28）。ベレゾフスキーなど不人気なオリガルフの追放が奏功したといえよう。02年10月、ノルド・オスト劇場でチェチェン分離主義者が連邦軍の撤退を要求し観客を人質にとった事件では実に125名もの犠牲者が出たが、この悲劇でも人気は5パーセント程度下がった程度だった。もっともモスクワの知識人層や欧米での人気は陰りがみえだした。

プーチン人気の秘密について、モスクワ大学の政治学者エレーナ・シェスタポルらによる調査によれば、ロシアの人々は「理想的な大統領」とは「強く」「権威があり」、そして「目的志向」でなければならない（Sotsiologicheskoe Issledovanie/8/04）。モスクワの若者の間では「独裁的」な傾向すら歓迎されるが、もっとも世代が高くなると「賢明な」指導者のほうが好まれる。もっともこの世論調査は、プーチンがまだ完全に信任された指導者ではないことをも物語る。プーチンを完全に支持する層は11パーセント、基本的に支持するが35パーセントであった。何がプーチンの功績かと問われて、「ロシアの世界でのイメージ向上」が44パーセント、34パーセントが「権力の垂直的統制強化」、つまり地方への統制強化が歓迎された。他方、反テロ行動は22パーセントしか評価されなかった。腐敗に対しても44パーセントは、プーチンの姿勢は不十分と感じていた。プーチンは誰に依拠しているのか、という問いには、世論の19パーセントが安全保障関係者、15パーセントがオリガルフであった。プーチンへの期待は高いが、人々は単純に彼を賞賛しているわけではなかったのである。

これらプーチン現象をどうとらえるかをめぐって、世界の政治学者、ロシア研究者は新たな枠組みの議論をはじめた。日本では政治学者の大嶽秀夫を中心とするポピュリズムの研究会が、世界のポピュリズム比較をおこなったのが早い例である。そこでは「ポピュラーだが、ポピュリストとはいえない」プーチンという仮説について議論、これは日韓合同の政治学会でも報告された。そこで下斗米は、「ポピュリズムの終焉」という論文で、シェスタポルやゴルシコフ、ゴルバチョフ財団のグバルジンらロシアの政治学者の議論を援用しながら、①ポピュリズムという概念は、もともとナロードニキという19世紀のロシア左翼急進主義を指した言葉を、ペロン主義など20世紀中南米の反米急進主義分析のために米国の社会科学者が転用したものである。この概念をさらに20世紀末のポスト・ソ連的な移行論に代わる政治学概念として据えることは方法的にも、歴史的にも間違っていること、②たしかにソ連崩壊後のような移行期にはエリツィンのような「神話的人物（グバルジン）」が登場したが、その人気低下もあって、これに代わる人物（レーベジ、ジュガーノフ、プーチン）をポピュリストとして模索する傾向があったこと、その意味でプーチンは人気ある政治家となったが、ポピュリストというには問題があること、を論じた（Shimotomai）。

しかしプーチンの高人気の背景に彼が21世紀ロシアに国家的安定と経済成長をもたらしてきたことがあるということはいえよう。理由もまた明らかであり、以上の説明に加えて2000～08年には、高騰を続けた石油価格という要因にも支えられた。こうして1990年代末の金融危機の後遺症を乗り切った。外貨準備高はいまや急増した。また98年に1万1162件起きたストライキ件数は、2000年に817件、03年にはわずか67件となった。この意味では、プーチン人気が、いわば彼のもたらした「安定」、強国ロシアを目指し、ソ連崩壊以来の挫折からの、いわば「癒し効果」を評価したものであることがみえてくる。

けれどもこの安定効果とは、特にプーチン一期では、いわばエリツィン体制の遺産を大きく転換することなく、いわばその体制の補修をおこなったにすぎなかった結果でもあったことに注目したい。実際盟友のセルゲイ・イワノフ国防相などの人事をのぞくとプーチンは一期には、エリツィンと「家族」との黙約もあり主要人事を動かすことはなかった。また連邦制などの制度改革でも、それまでの根本を変えるものではなく、州や共和国といった実はソ連以来の枠組みに、全権代表といったお目付役を配置しただけのものであった。その意味ではプーチンはエリツィンの「後継者」でしかなかった。

プーチン権力の基盤

プーチン政治とは、1998年金融危機で終わったエリツィン政治への対抗物であったと『エクスペルト』誌は2008年はじめに書いた（E/01/08)。これについては、同年ブカレストでのNATO会議でウクライナとジョージアへの東方拡大を将来の課題として決めたことへの対抗とみれば、プーチン外交もおおむね理解可能となろう（Bolton: 445)。ソ連崩壊から「リベラル改革」、民営化のなかで投げ捨てられた国家の復権でもあった。しかし03年末までは、エリツィン時代末期の人事や方針をいちおう維持した形で進められたことも事実である。

もう一つ、プーチン政治の特質としては、彼の権力基盤として生まれ育ったサンクトペテルブルク、それにその後勤務したソ連の国家保安委員会KGBをはじめとする治安機関関係者（シロビキ）や、ソプチャーク市長人脈から多くの知人をクレムリンに招き入れたことがあげられよう。その中心はサンクトペテルブルクのソプチャーク市長の法律家を中心とする人脈とKGB人脈とであった。KGBはもとはといえばロシア革命の防衛部隊の後身、1954年から形式的には政府機構に属したものの、実質的にはソ連共産党直属の政治警察であった。ソ連崩壊後はFSBや対外諜報庁などに分れることになる。ちなみにこのKGBといえば、無慈悲でイデオロギー的なロシア革命の守護神にみえるが、実は初代の非常委員会議長となったのは、ロシア帝政下ポーランドのカトリック貴族で、イエズス教団出だったフェリックス・ジェルジンスキー（1877―1926）であった。革命運動に参加して1890年代末にボルガ河畔に流刑になったが、そこで三代目ソ連首相となったモロトフの母方の古儀式派一族の企業で働いた経験がある。

そうでなくとも帝政前のロシア政治史に下層出身の治安関係者が政治に関与する様子は、著名な映画監督セルゲイ・エイゼンシュテイン（1898―1948）の名作『イワン雷帝』にも出てくる。ここではツァーリ、イワン雷帝のもとでオプリチニキと呼ばれる親衛隊が支えたのである。[8] 彼らは多くが伝統的保守層で、のちの古儀式派であった。あるいはプーチン自身が敬愛するKGB議長のアンドロポフも現代史家アレクサンドル・プィジコフ（1965―2019）は古儀式派の出身とみている（Pyzhkov: 347）。アンドロポフはゴルバチョフと同郷のスタブローポリ地方の出身であるが、若いころルイビンスクというボルガ河の水運学校で共産党青年組織に絡んでいた。外務大臣アンドレイ・グロムイコ（1909―89）は自らこのことを公式伝記で語っている。彼とともに国防産業担当政治局員だったドミトリー・ウスチノフ（1908―1984）も、この系譜と考えられる（Pyzhkov: 327）。ボルガの水運関係者としては、1930年からモスクワ・ソビエト議長としてフルシチョフの相棒となった国防大臣・首相のニコライ・ブルガーニン（1895―1975）は、ゴーリキーの芝居「どん底」で有名な20世紀はじめのニジニ・ノブゴロドの市長で古儀式派商人のニコライ・ブグロフ（1837―1911）の関係者であった。ちなみにスターリンはブグロフの水運業を人民委員のモデルとして高く評価した。[9]

プーチンとサンクトペテルブルク

プーチンが生まれたのは戦後ソ連のレニングラード（サンクトペテルブルク）、１９５２年10月７日のことである。その彼は96年8月にモスクワの大統領府に移ってわずか3年後に首相、翌年は大統領にまで上り詰めた。彼の台頭の背景に何があったのか。プーチン政治を解く一つの鍵は、この都市レニングラードとモスクワの関係というロシア政治の構造的問題にもありそうである。そうでなくともロシア史のなかでサンクトペテルブルクは首都モスクワと並んでもっとも興味深い一頁である。

ロシア国家とは、９８８年キエフ・ルーシの大公ウラジーミルが当時ギリシア植民地のクリミア半島に行って受洗したことが、歴史的起源とされる。そのキエフはルーシと名乗ったが、ウラジーミルが受洗したあとの11世紀に正教とカトリックとの歴史的分裂が生じ、13世紀にキエフはモンゴル軍が席巻するなかで滅びる。代わって正教のセンターとなったのは北海、白海の修道院を中心にロシアの北部（北東ルーシ）に移る。こうしたなかで15世紀ごろからモスクワがユーラシア平原の軍事大国として台頭する。１４５３年の東ローマ帝国が崩壊したあと、モスクワは「第三のローマ」を自称するようになり、その大公だったイワン三世が自らローマ帝国の指導者を意味するツァーリ（シーザー）を名乗りはじめる（Bordyukov）。カトリック系のポーランドがロシア内政に関与した「大動乱期」にはベレゾフスキーら「7名の銀行家」のモデル、「7名の貴族」の支配もあったが、17世紀はじめロマノフ王朝ができるころ彼らを退けた。その後ポーランドの支配を嫌った東ウクライナのコサックがモスクワとの合邦を図ったのは17世紀半ばであった。これが基礎になってロシア帝国となる。19世紀はじめニコライ一世治下のロシアを訪問したフランスの貴族マルキ・ド・キュスチーヌ（１７９０―１８５７）は、モスクワとは「ローマ」を名乗るアジアだと指摘した（Custine: 153）。

しかしこの「アジア」的後進を嫌ったピョートル大帝は、軍隊を中心に帝国の近代化と西欧化を目指してバルト海に臨むサンクトペテルブルク市を建設、遷都し、軍事的な近代化を課題とした。彼の名を冠した首都サンクトペテルブルクを持つ帝国は１７２１年にできあがる。帝国建設という「上からの革命」のなか、首都は大帝が狙ったとおりの軍事都市となった。さらにクリミア半島に黒海艦隊の軍港を創ったのは、ドイツ人のプロテスタント出身でありながら正教帝国の女帝となったエカテリーナであった。こうして帝国は19世紀の軍事大国となった。帝国の同盟者は陸軍と海軍だといったのはアレクサンドル二世だった。実際先のド・キュスチーヌはこの都市が一国の首都というよりは、軍の司令部に似ていると喝破した（Custine: 209）。１７２１年に帝都となったこの都市は２００年近く首都として存続したものの、10月革命後の１９１８年３月にはモスクワに遷都した。

プーチンのルーツ

プーチン家のルーツはこの帝都に出稼ぎ農としてやってきたモスクワ郊外トゥベーリ県の農民である。２０１４年大統領を囲むバルダイ会議でプーチンは自分のルーツを明らかにした。実際は17世紀の同地の教会文書に同家の記録がある。教会は江戸時代の日本の寺と同様、戸籍管理をやっていたからである。トゥベーリはモスクワへの扉（ドゥベーリ）ともいわれ、モスクワ近郊のボルガ河の沿岸の地域だ。遠縁のアレクサンドル・プーチンという人物が調査した本『大統領プーチンの一族』（13年）ではプーチン姓のロシア人は全国に3000人いるというが、1649年ポミノボ村生まれの農民ファデイ・ヤキモビッチが祖先という（A. Putin）。祖父はボルガに移住した古儀式派系の親戚とも1920年代定期的に行き来した。聖職者となった一族にはスターリンの犠牲者もいた（161）。

プーチン自身は1952年レニングラードの労働者の家に生まれ、若いころはやや不良っぽかったこの青年、若くしてサンボで鍛えた。ドイツ語も学んだという。レニングラード大学法学部を卒業、75年からKGB職員として同アカデミー在籍、柔道で優勝している。85年からは東ドイツ・ドレスデンで6名からなる諜報グループの一員、中佐として勤務した。最初の選挙用に出した小冊子『第一人称で』ではNATO対策が任務だったと明らかにしている（V.Putin00: 62）。この都市はベルリンの壁がくずれたとき、遅まきながら東ドイツのゴルバチョフといわれた最後の首相ハンス・モドロウが出てきた場所である。だが90年10月に統一ドイツができる年に恩師のもとでサンクトペテルブルク市長を補佐することになった。91年8月クーデターのさなかにKGBを辞した（Mukhin02）。

この人物がなぜクレムリンの頂点に上り詰め、20年にわたる権力を保持したのかの秘密を多くの学者やジャーナリストは探ろうとした。しかし同書の最初の記述に注目した者は多くはない（V. Putin00: 7）。そこでプーチンは祖父がレーニン晩年の別荘で料理人だったことを明かした。その別荘とは、20世紀はじめの古儀式派の富豪でレーニンにも寄付したサッバ・モロゾフ一族のものであった。

自ら働くことなく巨万の富を得た20世紀末のオリガルフとは異なって、クプツィ（商人）と呼ばれた20世紀はじめの自由主義的なグチコフ、リャブシンスキー、トレチャコフ、コノバーロフ一族などの富豪は、帝国の抑圧を受けながらも１００年にわたって営々と蓄財した正教異端派の末裔、いわば正教的プロテスタントの出身であった。モロゾフ未亡人の別荘は革命後テロを恐れたレーニンの別荘、レーニンスキエ・ゴルキとなったがそこのコックであった。祖父スピリドンは共産主義運動とは無縁で、帝政末期には料理人として首都の名門ホテル・アストリアで働き、帝政崩壊に関与した怪僧ラスプーチンにもかわいがられた経緯があったという。ちなみにラスプーチンはシベリア出身の正教異端派である鞭身派の祈禱師であったが、ニコライ二世の息子の白血病の治療をきっかけに皇后に取り入り、さらに反戦的親独派とみられ、当時宮廷クーデターを画策していたものの2月革命を図るアレクサンドル・グチコフ（１８６２―１９３６）（陸海軍大臣、古儀式派）やユスーポフらリベラル・グループに暗殺された。ちなみにラスプーチンの一族はソ連時代プーチンと名乗ったという。

プーチン一族の故郷トゥベーリは、ソ連エリートも輩出した。１８８０年代からの古くからの古儀式派出の革命家で帝都の労働者から１９１７年革命時のペトログラード市ドゥーマ（市議会）議長から同市長になり、その後北部コンミュン指導者、そして革命後46年まで最高会議（ソビエト）幹部会議長となった「ロシアの古老」、農民出で髭の革命家ミハイル・カリーニン（１８７５―１９４６）の出身地であった。ソ連時代はカリーニン州と呼ばれた。

同州と関係したソ連の政治家としては１９４１年からのレニングラード攻防戦で世界的に有名になったアンドレイ・ジダーノフ（１８９６―１９４８）がいる。実はトゥベーリで育った聖職教育者一族の出身で、内戦期この地の共産党組織にあった。34年に暗殺されたレニングラード第一書記キーロフの後継兼務で党書記となり、一時スターリンの後継者、息子はスターリンの娘婿でもあった。実際に「大祖国戦争」と呼ばれた以前からスターリンのもとの「愛国主義」を鼓吹し、また戦時はソ連の軍需生産の3分の1以上を占めたレニングラードの北部軍産複合体のトップでもあった。

大戦中同市の攻防では、プーチン自身の兄など200万程度の市民が包囲下で亡くなった。冷戦期にジダーノフはコミンフォルム議長として東欧でのスターリン的政策の担当者であった。もっとも合理主義者として遺伝子学、サイバネティックスなどを庇護、イデオロギー至上主義とは戦った。ジダーノフは1948年に亡くなるが、この流れにはブレジネフ時代の改革派アレクセイ・コスイギン（1904―80）首相も入る。またプーチンの尊敬するKGB議長アンドロポフも、ジダーノフとプーチンとを結ぶ環《わ》でもあった。アンドロポフは40年レニングラードの隣のカレロ・フィン共和国での共産主義青年同盟の活動から47年に同共和国の党活動を経たのち、外務省で東欧担当を経て56年動乱時のハンガリー大使となり、帰国後は中央委員会で東欧や中国など政権をとった共産党を担当していた。

プーチンと17回程度会った米国の政治学者キッシンジャーは2016年12月にCBSテレビで、プーチンをヒトラーと同じだという米国の世論に対し、むしろドストエフスキーだと言ったことがある。その意味は帝都で弾圧されて罪を犯したラスコリニコフ、伝統的な古儀式派にも似たプーチンの性格についてである。1866年に出版された『罪と罰』という小説の主人公の名には帝国宗務院の検閲を意識しながらも、1666年のロシア正教会分裂（ラスコル）200周年記念という別の意味があった。帝都の下層民には近隣の出稼ぎ農などの古儀式派信徒が多かったが、正教以前の異教や伝統信仰の要素も入り込んだ信仰にひそかな人気があったからである。

もちろんプーチンのルーツとモスクワ、ボルガに多い古儀式派との関連については議論がある。遠縁のアレクサンドル・プーチンの著作では、本人は信徒といってはいない（A. Putin）。しかしボルガを下って移った一族の多くは同派だとされる。プーチン自身、２０１７年の革命１００周年に際し、むしろ３５０年ぶりにこの古儀式派教会のトップと国家首脳として会見し、かつて異端として追放された同派の教会との和解をした。

プーチンの祖父スピリドンは、孫プーチンの質問に祖父は革命で「民衆は有頂天になった」と答えたという。レーニンが亡くなると、祖父はレーニンの妻クルプスカヤやその妹マリヤ・ウリヤノバの最晩年まで、彼女らのために食事を作った（Blotskii02）。その後もモスクワ市共産党委員会関連の施設でコックだった。他方父親ウラジーミルは１９１１年生まれ、共産党員で第二次世界大戦中レニングラード防衛戦に加わった後、工場で仕上げ工として働いていた。晩年、息子であるプーチンFSB長官が多くの従者をつれて現れたとき、父親は「我が子は皇帝のようだ」と語ったという。息子が首相になる1週間前に88歳で亡くなった。

こうしてプーチンの人格と政治には、サンクトペテルブルクとモスクワをめぐるロシアの歴史、二つの首都の歴史的葛藤とでもいうものが反映されている。一方でプーチンは近代化、西欧化、そして軍事化の流れをくむこの都市の流れを体現する。もとはといえば、ペレストロイカからソ連崩壊の過程のなかで、ＫＧＢをやめた東ドイツの機関員を拾った恩師ソプチャークは、エリツィンと組んでソ連崩壊までいった民主改革運動の指導者であり、しかも憲法改正問題でも積極的に動いた。

ゴルバチョフや特にＡ・ルキヤノフといったソ連末期の指導者がソビエトの議会化といった中途半端な憲法改革をいいだしたとき、大統領制による強い垂直的権力を主張したのはソプチャークらだった。ソ連崩壊後もロシア憲法問題の新権威で１９９３年末のロシア憲法の起草者のセルゲイ・アレクセーエフ（１９２４—２０１３）とも彼らは共同した。アレクセーエフはウラルの「人民の敵」の息子でもあったが、本人は２００８年のタンデムのための憲法改正には反対だった[10]。

他方でプーチンには、ドストエフスキー的な帝都の下層民として育ったという遺伝子もある。19世紀のロシア人の３分の１は古儀式派、下層では半分ともいわれた（Dugin: 63）。19世紀の碩学マクシム・コバレフスキー（１８５１—１９１６）もモスクワ・ツァーリの人口の半分は独立的なラスコリニキ（分離派）だったという指摘を付加できよう（Kovalevskii: 109）。

それでもロシア史を通じて治安機関出身の人物がクレムリンのトップについた例はかつてなかった。アンドロポフは１９８２年11月にソ連共産党書記長となる前はＫＧＢ議長であったが、もとは外交・イデオロギー畑の党官僚であり、60年代半ば、ブレジネフがＫＧＢ監督のために党から送った人物である。彼は革命防衛のチェキスト（政治警察）機関から米国のＣＩＡのような情報機関に変えた。事実ペレストロイカの担い手となる人材にはＫＧＢ出身者もいた。皮肉にも、ソ連後期にこの機関には相対的にリベラルな雰囲気があった。70年代にモスクワでアングラの劇場や音楽をはやらせたのは、中国学者のレフ・デリューシン（１９２３—２０１３）やジャーナリストのアレクサンドル・ボービン（１９３０—２００４）などアンドロポフ補佐官たちだった。プーチン同様多くの元職員は90年ごろからビジネスに移ったという。

ソプチャーク人脈

プーチンの運命を決めた一つのきっかけは、１９７１年から75年まで在学したレニングラード大学法学部という環境であった。19世紀ロシアの大学法学部はモスクワ大学もカザン大学も総じて進歩派であり、事実初代ソ連首相レーニンも、二代目のアレクセイ・ルイコフもカザン大学法学部を出ていた。そのような伝統は名門レニングラード大学法学部にもあった。プーチンも彼の後継者となったメドベージェフも、法学部長で経済法の専門家ソプチャークに70〜80年代に学ぶことでつながりができた。したがってレニングラード大学法学部、特にソプチャーク法学部長、市長周辺の人物をみることが重要であろう。

恩師であるソプチャークは１９３７年生まれ、レニングラード大学で経済法を教えた。85年からのペレストロイカ期に彗星のように台頭、89年から人民代議員、90年5月にレニングラード・ソビエト議長、つまり議会指導者から市長となる。プーチンが知り合ったのは卒業後かなり後、90年にＫＧＢをやめレニングラード大学の渉外担当補佐にいたが、市長選に際しソプチャークの選対に入ったときである。ソプチャークの当選後は、副市長で対外関係担当のプーチンの周囲に、次期市長としてソプチャークを追い落とすことになるウラジーミル・ヤコブレフ（１９４４―）もいた。ちなみに３人目の副市長ビタリー・ムトコ（１９５８―）は、２００６年からソチ五輪を準備したスポーツ大臣、16年から20年にやめるまで副首相であった。

ソプチャーク市長は学者市長らしく、二期目の試練に耐えられなかった。1996年6月の選挙で副市長のヤコブレフが挑戦した背後には、クレムリン大統領警護隊のコルジャコフやソスコベッツ第一副首相などエリツィン政権内の保守派がいた。上司周辺の腐敗をついてヤコブレフ人気が出た。ちょうどモスクワでも経済学者で野党指導者から市長となったポポフを出し抜いて実務派のルシコフが92年にオリガルフ的な市長となった。なおプーチンとヤコブレフ市長との関係は冷却したが、その後和解、ヤコブレフは2003年に連邦政府の住宅相、その後ミハイル・フラトコフ（1950―）首相のもとで地域発展相となった。その後のサンクトペテルブルク市長には、ワレンチナ・マトビエンコ（1949―）がなったが、その後11年に上院議長になる。

このときプーチンは経済学者で財相となるアレクセイ・クドリン（1960―）とともに選挙対策責任者で、1995年には政権党「我が家ロシア」の支部を作ったが、あまり成功しなかった（Mukhin02）。また副市長として、当時ニジニ・ノブゴロド州知事だったネムツォフなどと地域交流ネットワークを作った。もっともカジノの収賄も噂された（Morozov: 142）。市長選挙の敗北を受けて市庁舎を去ったプーチンは、一時タクシー運転手になることも考えた（MT/15/3/18）。プーチンは91年8月クーデターの折も運転手になることを考えていたとも言ったことがある（Blotskii）。それはともかくエリツィン再選で大統領府長官となった民営化の父、チュバイスの紹介で大統領府総務部勤務となる。上司のユマシェフは98年5月義父のエリツィンにプーチン個人への関心を促した（Morozov: 142）。ちなみにクドリンも大統領府副長官となった。

ソプチャーク市長のもと課長であったのがセルゲイ・ナルィシキン（1954―）であった。レニングラード工業大学を卒業、一説によればその後プーチンとKGB学校で同期ともいう。その後もしばらくレニングラード州の対外関連を経て、2004年に大統領府副長官、07年から長官だった。特にメドベージェフが大統領になるとき、プーチン首相府のシュワロフ第一副首相とパイプになってプーチンとは権力移行委員として連絡をとり合った。11年から下院議長、16年から対外諜報庁長官となっている。対日関係では文化フェスティバル関連での訪問経験が多く、影の対日外相ともいわれる。

またプーチンが1991〜96年副市長兼対外経済関係部長として働いたとき、彼のもとで第一副部長として働いていたのは、2007年9月に一時首相になったビクトル・ズプコフ（1941—）だった。同じくレニングラード大学物理学部出の副部長ウラジーミル・チューロフ（1953—）は選挙管理委員長になる。ほかにはアレクセイ・ミレル（1962—、ガスプロム社）、市長補佐官でもあったメドベージェフという顔ぶれだった。ドミトリー・コザク（1958—）は、同大学法学部卒業後検事局の仕事をやったが、やがて副首相としてモルドワやウクライナ関係でも活躍する。

KGB人脈、シロビキ

実際、ほかにも1990年にプーチンがサンクトペテルブルクに戻った後に同市からプーチン人脈が輩出することになる。たとえば総務部にはビクトル・イワノフ（1950—）がいたが、この人物はプーチン補佐官としてユーコス事件摘発で名をはせる。プーチンとともに96年に市役所をやめ、98年にFSB長官プーチンの配下となり、2000年から大統領府勤務を経て、04年から大統領補佐官、

08年から16年まで連邦麻薬取締庁長官だった。その他ソプチャークの護衛から99年にプーチンの護衛となったビクトル・ゾロトフ（1954―）は大統領警護にあたった。彼の上司エフゲニー・ムーロフ（1945―2016）は2000年から連邦警護局長となった。

同じくKGB関連では、レニングラード大学以来、プーチンが信頼するセルゲイ・イワノフの名ははずせない。文学部出だがKGB学校でプーチンと同期、その後フィンランド、英国で勤務歴がある。プーチンが1998年FSB長官になったとき次席として招かれ、首相時に安全保障会議書記となるなどプーチンと行動をともにした。2001年3月、国防相イーゴリ・セルゲーエフ（1938―2006）がチェチェン問題に従事した参謀総長アナトーリー・クワシニン（1946―）と核戦略か対テロかをめぐって対立してやめた後、はじめて文官の国防相となった。その後06年11月には第一副首相として内閣に入り、軍需工業などを担当、11年から16年まで大統領府長官、その後も安全保障会議成員である。その他、ビクトル・チェルケソフ（1950―）麻薬取締庁長官も、レニングラード大学法学部卒業はプーチンと同期、KGBでも同期であったが08年解任された。もちろんプーチン周辺の法学部関係者がすべて味方になるわけではない。なかには、ユーリー・グラドコフのように同大学院から、サンクトペテルブルク市議会副議長になって、プーチンの絡んだ事件を捜査しようと主張したリベラル派の政治家もいた。

プーチンをめぐる3人のセルゲイという言い方がある。先のセルゲイ・イワノフのほかに、セルゲイ・ショイグ、そしてセルゲイ・チェメゾフ（1952―）というプーチン体制を支える「3人のセルゲイ」である。あとの2者はサンクト人脈ではないが、20年間以上プーチンを支えた。このうち非常事態相であったショイグは、1990年代の危機管理を担当する省庁代表として有名だが、この省庁は91年8月のクーデターに際し、エリツィンが民間防衛の必要性を理解して大統領令を出したことから発足した。ショイグが仏教徒の多いブリャート・モンゴル系のトゥバ人であることも、野心のなさを買われ出世した理由であろう。90年代の混乱の時代、火事や自然災害、ダム決壊などの危機管理でショイグは人気を得、99年末の議会選挙でプーチン与党「統一」の責任者に抜擢された。2015年の戦勝70周年軍事パレードではじめてロシア国防相として、仏教徒の噂もあるなか、十字を切ってロシア正教会とロシア軍との隠れた関係を示した。最後のセルゲイ・チェメゾフはイルクーツクの非鉄金属の専門家、軍事産業の担当で、ドレスデンでプーチンとブラッテンバウと呼ばれた団地アパートに住んだ仲という。19年9月、ポスト・プーチンのための憲法改革案を職務軽減の観点から提言したのは彼であった。

政治学者ウラジーミル・ゲリマン（1965—）は、プーチン政治の特徴の一つとして周辺の人脈の取り込み、潜在的、もしくは公然たる反対者まで和解と囲い込みを図ることをあげている。パトローン—クライアント関係と政治学者が呼ぶネットワークの取り込みである。「体制外野党」の指導者をのぞけば、プーチンは反対派等をも抱え込むことで対立を回避する策をとってきたと指摘している。エリツィンは1994年に早くもネムツォフを後継候補の一人にしたとクレムリン・インサイダーのモロゾフは指摘する（Morozov: 209）。プーチンのライバルと目されたこの人物、亡くなる前にたびたびプーチンの国際会議バルダイのメンバーともなった。このやり方は、ソ連期後半、特に南部軍産複合体を軸に南部人脈で18年の長期政権を作ったブレジネフの人事政策に似ている。ちなみにその後のゴルバチョフは、スタブローポリなど南部農業ロビーを権力基盤にすることはなかったが、エリツィンは多少ウラル人脈を登用した。

ここでシロビキという言葉の簡単な定義を与えておこう。これはロシア語でSila、つまり力という言葉から派生した言葉で、ソ連期の軍や党の支配のためのＫＧＢなど法治機関出身者を指していると、理解しておく。オリガルフとのエネルギーをめぐる争いで２００３年以降権力の前面に出た。

もっともプーチンはシロビキだけでなく、自己の人脈を議会人としても送り込んだ。なかでも国家ドゥーマのような議会は１９９９年選挙までに弱体化しており、プーチンの意図を実行するのを容易にしていた。上院議長セルゲイ・ミローノフ、下院議長ボリス・グリズロフ（１９５０―）といったプーチンにゆかりの人物が２０００年前後議会のなかで登用された。このうちミローノフは53年生まれ、レニングラードの鉱山大学などで学び、クーデターのときソプチャーク市長を支持、95年にはサンクトペテルブルク市議会の副議長になり、以降議会人として、特に01年には上院議長になった。他方、グリズロフもサンクトペテルブルクの技術学校で学び、レニングラード州の農業担当党書記だったズプコフが00年に同州知事選挙に出たとき（対抗馬はバレリー・セルジュコフ（１９４５―）で、のちに国防相となったアナトーリーとは別人）選挙対策を手伝い、99年末には同市のプーチン派選挙支援組織「統一」の代表となって以降、00年5月に統一党の政治会議議長となった。

プーチンとプーチン主義

２０００年3月26日のロシア大統領選挙でプーチンは得票率52・94パーセントで選出され、５月７日に正式に大統領に就任した。もっともかろうじて過半数を超えたにすぎない得票で当選したことはプーチンへの支持が限定的であることを示した。このときベレゾフスキーは一回戦でプーチンが勝つことを望まなかった。このこともあってプーチンは当初は安定を基調とし、主要人事にほとんど手をつけなかった。プーチンが大統領代行就任後の00年1月に後継首相に指名したのは、エリツィン系の財務相カシヤノフだった。ボローシン大統領府長官などエリツィン系が強固な大統領府も政府でも、人事面ではほとんど無風にみえた。プーチン政治の基調は、第一期は特に「安定」であった(Chaadaev: 19)。

それでもソ連崩壊前から強まっていた国家の弱体化、そしてエリツィン政権で続いた経済危機に対する不安が、国家強化を求める潮流を押し出した。１９９８年の金融危機以降、ネオリベラルな潮流は後退し、代わってプリマコフ、ステパーシンなどシロビキ系国家機関出の人物が政治の表面に登場していた。分離主義のチェチェンに対する強い姿勢を選挙の争点に出したプーチンはその傾向を代表した。

プーチンが就任早々ぶつかったのは、オリガルフとの関係だった。彼らが当時政治的影響を行使していたのは１９９０年代のエリツィン時代に手に入れたテレビ局、ＲＴＲ、ＮＴＶ、ＯＲＴの３大ネットであった。この「第四権力」は公共放送ORTがベレゾフスキー、民放のNTVはグシンスキーといったようにオリガルフの「疑似政党」（トレチャコフ）となっていた（NG/07/09/00）。最初の標的となったのはグシンスキーだった。90年代末からプリマコフ系を明確に支持しプーチンのチェチェン政策に批判的だったNTVテレビの親組織「メディア・モスト」社を牛耳り、ロシア・ユダヤ人会議指導者でもあるグシンスキーは2000年6月に逮捕された。もっともセルゲイ・イワノフは逮捕を知らなかったといわれ、シロビキが独自に動いたかは不明である。ともかく親プリマコフ系とみられたグシンスキーは逮捕され、その後海外に逃れた。もっともオリガルフの政治関与と表現の自由との関係は外部からはわかりにくかった。

もっと重要なベレゾフスキーもまた、プーチン大統領就任直後の5月末にプーチン批判の書簡を公表した（Zenkovich06）。その直後の8月12日のクールスク原潜事故では118名の犠牲者が出た。このときベレゾフスキーは49パーセントの支配株式を握る公共放送ORTで、エリツィン時代同様自己の宣伝とプーチンの責任を問う番組を放映した。9月はじめ彼のお気に入りのセルゲイ・ドレンコ記者が批判の先頭に立った。この事件をきっかけにプーチン大統領はベレゾフスキーに公共放送ORTの支配株式を放棄し、ORTがベレゾフスキーからの指示を受けるのをやめよと迫った（Aven17:303）。

ベレゾフスキーは11月には亡命を決意、翌年までにORT株をアブラモビッチに売却した。ドレンコ記者もORTを去った。直ちに大統領の人選を誤ったと理解したベレゾフスキーは12月、帝政ロシアの思想家アレクサンドル・ゲルツェンをもじって「ロンドンからの手紙」を系列新聞に掲載、チュバイス（統一エネルギー）、ボローシン長官、カシヤノフ首相ら「家族」に近い人物に、新たな反対派集団を形成することを呼びかけだした。だがこのとき、プーチンを支持したオリガルフはドイツ系移民の末裔で民営化に関わったアルフレド・コックスであった（Aven17: 92）。

このバレンツ海で沈没したクールスク原潜の事故は、安全保障面でプーチンの政治目的によく合致、自己の目的に利用できた。この事故をきっかけに、戦略ロケット軍など対米対等にこだわり核戦力を重視すべきか、それとも反テロなどの国内の危機重視かという対立が軍内外で表面化していた。つまりロシアは核超大国であるべきか、それともチェチェン問題のような国内の敵、イスラム的テロへの対策を重視するのかという点であった。

この論争でクワシニン参謀総長はプーチンとともにチェチェン問題を重視するべきことを主張、反テロと通常戦力重視に傾いた。この沈没事故は、乏しいロシアの財政状況で、旧ソ連と同じ対米対等の核抑止戦力を保持することが無駄で、コスト高であることを示した。ロシアは最小限抑止に進みはじめたかにみえた。こうして戦略ロケット軍司令官から1997年に国防相となり、核抑止にこだわるセルゲーエフ国防相をプーチンは更迭。同郷で盟友のセルゲイ・イワノフ安保会議書記を文官としてはじめて国防相に任命したのは2001年3月末だった。

こうして議会選挙が良好だった結果、就任1年以内に議会の与党化が進行した。なかでも2001年4月にはプーチン与党の統一派と、プリマコフ、ルシコフなどの「祖国・全ロシア」党とが合同することを決めた結果、与党は共産党を上回った。クレムリンの政治担当補佐であったウラジスラフ・スルコフ（1964—）がプリマコフと話し合って合同に合意した。そうでなくともプリマコフがプーチンに対抗して00年大統領選挙に出ることを断念して以後、同派は独自の党派である意味は薄れていた。議会との対決が日常的だったエリツィン時代とは異なった。

さっそくプーチンは2001年7月の政党法で分裂し乱立した小党を整理することを狙った。クレムリンの案は、①連邦主体の少なくとも半分に地方支部を有し、②全国で少なくとも1万人の党員を持つこと、を政党の要件として定めることで、政党統合のテコにしようという考えであった。一時は180ほどもあった政党を整理し、議会に議席を有する3から5党にするものであった。

プーチンは2000年12月25日、新国歌法で変化を象徴的に示した。それはエリツィン時代の国歌だった近代ロシア音楽の父、ミハイル・グリンカの愛国歌をアレクサンドル・アレクサンドロフ（1883―1946）のソ連国歌のメロディに戻したことである。興味深いことは、ロシア国歌の新テクストを担当したのが実に1944年のソ連国歌を作詞したセルゲイ・ミハルコフ（1913―2009）その人だったことである。「ソ連は揺るぎない」とかつてうたいあげた人物が、21世紀には「ロシア、聖なる我が大国よ」へと変えた（Bordyukov）。このミハルコフ一族はロシア思想と知識人の歴史からみればユニークである。それは単に息子の映画監督である愛国的なニキータ・ミハルコフ（1945―）がなによりプーチンの12年大統領選挙などでの推薦人となっただけではない。この親子自身、17世紀の古儀式派への当局の弾圧を扱って同派のリバイバルのきっかけを作ったトレチャコフ美術館蔵の『刑場に送られるモロゾワ夫人』を描いた画家、クラスノヤルスク出身のワシリー・スリコフ（1848―1916）の子孫にあたる。

クレムリン系の政治学者でモロトフ外相の孫ニコノフは2003年に「プーチン主義」をプーチン

大統領のイデオロギーとその体制と定式化した。それは三つの「政府」からなっており、第一が旧KGB系のシロビキ、二つ目がサンクト市長の経済関係者、そして第三の政府がクレムリンの官僚、カシヤノフ首相らを指した（Nikonov: 42）。だがそれらの「政府」は一体化しているとはいえなかった。

垂直権力

ハーバード大学のニアル・ファーガソン（１９６４―）は歴史とは「ネットワークと位階制の戦い」だという（Nye: 96）。大統領となったばかりのプーチンの選択は後者であった。プーチンにとっての標的は、垂直的統制の強化、つまりエリツィンの危機以来分散して割拠する地方への国家的な統制であった。というのも「１９９６―99年はいわゆる『知事的ロシア』の開花期」だったからである（Ivanov）。プーチンの敵とは、ソ連崩壊後遠心力が強まった知事や共和国大統領などの地方ボスであった。というのもエリツィン時代に彼らは、タタルスタン共和国のシャイミエフ大統領のように、共和国の「主権」を主張、地元の石油などの資源や資産を自由に処分していた。野心的な地方指導者シャイミエフとモスクワ市長ルシコフは発言権を得ていた。98年の金融危機は中央政府のただでも弱い権威をさらに弱体化させ、代わって地方指導者の独自の権力を強めていた。99年下院選挙に、シャイミエフとルシコフは「祖国・全ロシア」派という党派を作って選挙に出、有力地方知事などの支持を得、プリマコフを大統領に担ごうとしたほどだった。これをグシンスキーなど一部オリガルフが支持した。

このような遠心的傾向に対し、クレムリンとプーチンはさっそく連邦制改革による中央・地方関係の改革に乗り出した。2000年大統領教書では、「我々のところでは完全な連邦国家は確立していない。あるのは分散的国家だ」といって、垂直的権限の拡大を中央政府の課題とした。00年5月には行政改革では全国を八つに分ける連邦管区制が導入され、大統領からの垂直的行政統制を強めた。この考えもクワシニン参謀総長ら軍のなかにあった考えだといわれ、実際、管区はほぼ軍管区に重なっていた。モスクワなど中央管区の全権代表に任命されたのはゲオルギー・ポルタフチェンコ（1953—）というレニングラードのKGB将軍で、ルシコフ市長への牽制ともみなされたが、11年からサンクトペテルブルク市長となる。実際エフゲニー・ナズドラチェンコ（1949—）知事のような反中央独立志向を牽制する目的で極東連邦管区の全権代表に登用されたのは、コンスタンチン・プリコフスキー（1948—）のような将軍であった。プリコフスキーは著作『オリエンタル特急』で描いたように、プーチンが大統領として00年7月はじめて北朝鮮を訪問した際の金正日への対策を練ったり、01年4月の金正日の訪ロに際し、ロシア側代表として随行したことでも有名となった。

こうした人事の結果、エリツィン時代の独立王国的だった知事や大統領たちは、一時はエリツィン大統領の対抗馬だったクラスノヤルスク州知事レーベジは2002年に事故死するが、沿海地方のナズドラチェンコは01年に漁業大臣となった。またタタルスタンやトゥバのような独自色の強かった共和国は、自立的憲法を連邦憲法に適合させるような改革を強いられた。このことから、プーチン改革が民主化への逆行であるという評価もなくはなかったが、国家崩壊に苦しんだ国民からは「法の独裁」の安定は評価もされた。

オリガルフとの戦い

またロシア経済の実権を握る金融寡頭集団、いわゆるオリガルフの非政治化も推進した。エリツィン時代の民営化で不当な富を得た彼らは、晩年には政治にも直接関与、病気がちの大統領を操り、我が世の春を満喫してきた。プーチン再選に金も口も出したことは不当な致富と広がる格差のなか、国民の怨嗟も招いていた。このためプーチンがオリガルフの資産を没収するという危惧も当初あった。民営化の父、チュバイスは2000年7月の『コメルサント・ブラスチ』誌でこの恐れを論じた(V/28/07/00)。ツイプコはエネルギー部門ではいくつかのシナリオがあるが、非民営化は避けられない、と論じた(Prism/8/00)。もっともプーチンは保守主義者であったが、私的所有制を支持、民営化という原則自体を見直すことはないとも明言してきた。実際01年6月には土地の私的所有が法制化された(RG/23/6/01)。

ここには二つ問題があり、一つは政治に関与し、エリツィン時代同様に政治を操作しようとしたオリガルフについては、政治の世界から締め出し、もう一つは残りの部分を実業の世界にとどまらせるべきことを課題とした。金融からテレビ局を支配し、エリツィンの「家族」と組んでキングメーカーを演じようとしたオリガルフと対立したのである。プーチンへの高い支持がベレゾフスキーやグシンスキーといった政治的オリガルフに対する新路線を可能にした。2002年3月ベレゾフスキーは英国のロンドンでプーチン批判の情報センターを作り、反プーチン活動に乗り出す。03年9月英国への政治亡命が認められたが、このことはトニー・ブレア（1953―）英政権で改善しかけた英ロ関係を悪化させた。

この間プーチン大統領は2001年7月にアレクペロフ、ホドルコフスキーら21名の主要オリガルフを別荘に集め、政治は政治家に、経済は経済人と、政経分離を訴えた（Pro et Contra/4/01/197〈モスクワ・カーネギーセンター〉）。こうしてキングメーカーを演じようとしたオリガルフを政治の世界から遮断した。事件を契機にオリガルフの支配するテレビ局ORTやモスト系の主要マスコミはガスプロムなどが握る政府系メディアとなった。

ちなみに2002年にヒットした映画『オリガルフ』（英文ではTycoon）は、ロシア専門家には必見といわれた。ペレストロイカの波に乗って、中古車販売のビジネスをはじめた若手研究者プラトン・マコフスキーが、十数年後にはロシア随一の政商となり、ビジネスと致富、その裏でのマフィア社会や権力との関係、仲間の裏切りと陰謀のなかで富と権力を目指す、というものだ。モデルはベレゾフスキーだったが宿命のライバルであるクレムリン官僚との虚実の駆け引きのなかで、いったん挫折する。人気俳優ウラジーミル・マシコフ（1963―）扮した主人公が、亡命を意味する西側ではなく、「クレムリンへ行く」という最後のシーンに、ベレゾフスキーだけでなく、プーチンの新しい政敵ホドルコフスキーと重ね合わせた観客もいた。ちなみに政治亡命を認めた英国政府は実際に映画の主人公名をもじったプラトン・エレーニン名の旅券をベレゾフスキーに発行した。夫人の名がエレーナであった。ホドルコフスキーのパートナーもプラトン・レーベジェフであったが、いずれもプラトンを名乗った。ロシア人は東方正教だけでなく、プラトンにはじまる哲学、政治学用語をギリシア人から学んできた。民主主義とかオリガルフという言葉は、プラトン哲学では衆愚制とか寡頭制と、本来は腐敗した統治を意味していた。

この映画でいう「クレムリン」をめぐる「権力と所有」の闘争が強まった。それでも天然ガスはソ連時代からパイプラインで結ばれ、チェルノムィルジンや彼の代理のレフ・ビャヒレフ（1934―）のガスプロム社が一元的に握った。しかし石油企業では、ソ連崩壊時ロシアの燃料エネルギー相ウラジーミル・ロプーヒン（1952―）が採掘から精製、販売にいたる垂直的統合企業の構想を出し、1990年代当初から分割民営化が進行していた（Aven13: 179）。それがホドルコフスキーのユーコス社など98年ごろまでにオリガルフと国家の関係の再編成を迫る段階に進み出した。2000年のプーチン政権発足前後から中国の経済的台頭などもありエネルギー価格が上がりはじめた。これに9・11の同時多発テロをきっかけに米国が中東関与を深めたことで油価は倍増した。そのエネルギーの利益と政策を決めるのはロシア政府なのか、それとも外資を含むオリガルフかの争いが出ることは不可避となった。

そうでなくともこのころまでに、ロシアの富の4割をわずか4オリガルフ銀行家、つまりホドルコフスキー（ユーコス）、オレグ・デリパスカ（1968―）、アブラモビッチ、そしてアリファのミハイル・フリードマン（1964―）が握る状況にいたった。こうなると政治と経済の峻別というプーチンがベレゾフスキー事件後に作ったオリガルフとの「社会契約」は脅威にさらされかねない。結局プーチンは2003年を通じてユーコス問題でこれに政治決着をおこなうことになる。その背景をなしたのは01年9月11日事件以降の米国と中東関係の急変であった。

9・11と対テロ戦争

そうでなくともアキレス腱はプーチン政権がはじめた対テロ政策、特にチェチェンだった。依然として軍事的解決シナリオは成功しなかった。旧式装備のソ連型軍隊を山岳地帯でのテロ対策に投入しても、19世紀はじめのシャミーリ反乱と同様制圧できなかった。サウジアラビアなどの支援をひそかに受けた豊富な最新兵器を持つイスラム武装勢力には効果がなく、かといって政治解決にいたってもいなかった。

もっともこの問題での意外な援軍は米国のブッシュJr.政権であった。１９７９年にモスクワ留学生だった補佐官コンドリーザ・ライス（１９５４―）の回想では、２００１年６月スロベニアの米ロ首脳会談で、プーチンはイスラム急進派のテロを警告していた（Cherkasov: 10; Rice: 63）。９・11のニューヨークの国際貿易センタービルへのアルカイダのテロ攻撃は世界、特に米国の安全保障環境を大きく変えた。米国はこれを契機に中東に積極的に関与したからである。対テロに苦労するプーチンはさっそく米国大統領に連帯の電話をかけ、反テロでの共闘を発足させた。イスラム急進主義潮流という共通の敵を前に、プーチンは巧みにブッシュとの対テロ戦争での統一戦線を呼びかけた。ライス補佐官も冷戦は本当に終わったと思った（Rice: 74）。これには大統領代行時代からの強い縁もあって、01年10月プーチン別荘を訪れた英国のブレア首相も共感、プーチンはアフガニスタン攻撃を容認した（Seldon: 501; Kampfner: 128）。翌年5月にはＮＡＴＯ―ロシア協議会が発足した。キルギス、ウズベキスタンなど中央アジアへの米国軍の駐留を一時許容するなど、東西関係はしばらく蜜月が続いた。もっともウズベキスタンのカリモフ政権は同国のNATO加盟を求めたものの、さすがに米国のコリン・パウエル（1937—）国防長官もこれは約束できなかった（Woodward: 173）。

対米関係改善は同時に石油価格の高騰をもたらし、ロシアにとって好都合でもあった。プーチン政治の安定をさらに保証したのは経済の好調であった。財政基盤は2001年からの税制改革で13パーセントに一本化された付加価値税により納税は7割増えた。1998年危機で崩壊に瀕した経済成長は、輸入代替と高い石油価格に支えられ2000年には成長率8・3パーセントにまでいたった。カシヤノフ首相は所得倍増が可能だと主張した。こうしたなかでプーチンは00年11月に20年までのエネルギー戦略を提起、ロシアをエネルギーの輸出大国にする計画を打ち出した。

石油価格の高騰により経済の転換が可能となった。またブッシュ政権と9月11日テロをめぐって協調政策をとった結果、プーチン体制の安定と高度成長が生じた。特にGDPの4パーセントといわれる軍事費はドル・ベースでもプーチン初期に4・4倍ともなった。またロシアの輸出に占めるエネルギー依存度は、経済学者ビクトル・イノゼムツェフによれば1999年の39パーセントから2014年の69パーセントへといたった[11]。

しかしそれにいたるまでに、安定を基調としたプーチンの課題は見直しを迫られる事態が出ていた。なかでも2003年3月米ブッシュ政権が国連安保理決議を無視してイラク攻撃に一方的に踏み切ったことは、プーチン外交の基盤を揺るがしだした。その基礎にあったのは米国の安全保障担当補佐官ライスが起草、02年6月に出されたブッシュ・ドクトリン、特に大中東での「予防戦争」の考え方である（Bacevich: 244）。米国による「大中東構想」は、北アフリカから中央アジアにいたる地域で民主化と近代化を図る壮大な戦略であった。事実セルゲイ・イワノフは米国の提唱する「大中東構想」に中央アジアは入っているかの確認を米国に求めた。

キルギスでは2002年末、ロシア側が任務の遂行を理由に米軍基地の明け渡しを求めたとき、ライス補佐官は恒久滞在するといって、プーチンを怒らせた（Zygar16: 35）。もっともライス回想はこの確認を避ける一方で、モスクワが同国での「カラー」革命を恐れたと語る（Rice: 95）。そうでなくとも米国人が言ったように「すべての中東にいたる道はバクダットを通じる」（Bacevich: 243）。「アラブの春」ともてはやされたこの戦略は、現実には地域全体での紛争が激化、リビア、エジプトからシリアでの国家崩壊でイスラム急進派が台頭、このことがロシアの南部、次第にカフカスにも影響が出はじめた。これはプーチンの当初の親英米路線を覆す事態だった。

地政学と地経学

しかし地政学だけではなかった。この状況はモスクワの経済にも影響した。特にイラク戦争後急騰しだした石油・ガスのエネルギー価格は、当然ロシアのオリガルフ企業と国家とのレント・シーキングをめぐる政治的対立ともなりはじめた。ロシアにあって石油と権力とは結びついていた。ロシア経済は基本的にエネルギー輸出に頼り、対外収支の約半分以上はこれからの収入である。ロシアの内政・外交もまたルクオイル、ユーコス、そしてガスプロムといった巨大エネルギー企業の意向抜きには動かなくなった。しかしこれは同時にオリガルフに莫大な富をもたらしてもいた。問題は、ロシアのこの戦略的資産からくる利益を、オリガルフのまったく自由な企業活動にゆだねるべきなのか、それともプーチン政府がその運用を左右すべきか、の争いであった。英国や米国、オランダをのぞくと、ノルウェー、インドネシアやサウジアラビアのような産油国のエネルギー企業はいずれも国家独占である。ロシアでは英米の企業統治モデルを選ぶか、それとも政府統治モデルにすべきかの議論が再度生じた。ロシアは近代化と多角化を図らなければ「北のサウジアラビア」のような第三世界になるという恐れが出ると学者は主張した。

地経学も関係した。米国の外交官ロバート・ブラックウィルによれば「地経学」とは経済的手段で国益を推進し、地政学的利便を得、そしてほかの国への経済行為に影響を与えることである(Blackwill)。ロンドンのベレゾフスキーがアブラモビッチと握るシブネフチ(シベリア石油)やホドルコフスキーのユーコス社のように、東シベリアから中国までを相手に将来のインフラ整備や投資計画を立てる必要がある。ちなみにユーコス社のホドルコフスキーが1996年から中国側と議論した大慶への民間石油パイプラインを支持したのは、当時のカシヤノフ首相であったが、民間パイプラインを設置するとなるとその株式を外国勢が買い占める危機もありえる。ちなみにカシヤノフは「3パーセント」の男として、収賄の悪評があった。95年ごろからトランスネフチ社を通じて国家が単に採油だけでなくそのパイプライン輸送をも監督するようになった。エネルギー輸送をめぐる地経学が重要になった。

ユーコス事件

ユーコス社は1993年にユガンスク石油と、ソ連時代はクイビシェフと呼ばれた現サマラなどの石油企業とが合併してできた。95年末、メナテプ銀行のホドルコフスキーが破格の大安売りで入手した。アリファ銀行のアベンの『ベレゾフキーの時代』によると、ユーコス事件の発端は98年にさかのぼる（Aven17 :64）。このときベレゾフスキーがホドルコフスキーに、ユーコスとシブネフチとの合併によるロシア最大の民間石油企業創出の必要性を説得した。目的はこのジュニア・パートナーとともにロシアを支配すること、であった。ベレゾフスキーから計画を打ち明けられたアベンによれば、7、8名のユダヤ系大富豪が実際の政治と経済を握る米国との対比で、「小さなロシア」では二人で協力すれば富と権力を支配できると話したことからはじまるという（Aven17: 16）。

その後のベレゾフスキー事件でプーチンはマスコミにおけるオリガルフの権力を奪ったものの、彼らの多くは実は燃料・エネルギーや金属部門など、シベリアや極北地方を基盤に経済権力を蓄えていた。中央権力の威光の及ばない、腐敗した地方政治を隠れ蓑にしていた。ルクオイルのアレクペロフはアゼルバイジャン人で、カスピ海周辺やバシキールなどを基盤としていたが、ベレゾフスキーが握ったシブネフチは、1999年からチュクチ出身の議員で知事となったオリガルフのアブラモビッチと組んでいた。他方、ホドルコフスキーのユーコス社はサマラなどボルガや東シベリアに基盤があったが、90年代後半から私設パイプラインをアンガルスク—大慶間に敷く交渉を始めた。カシヤノフ首相らの支持をも得た。

2003年までにプーチンのもとで作られた「権力の垂直構造」によって、地方知事やエリートの権力は奪われつつあった。もしユーコスとシブネフチという二つの石油会社を組み合わせるととてつもない富と権力とが集積することになる。なかでもその主力は最盛時ロシアの17パーセントの石油を採掘したユーコス社を握ったホドルコフスキーであった。日本の学者ジャーナリスト集団はこのころユーコス社のモスクワ本社とサマラの拠点を訪問したが、対応したのは北欧系の幹部であったようにグローバル水準のガバナンスも整えていた。

2001〜02年にかけてユーコス社の調査部門ではこれらの力を統合し、①最終的独占経済を作り、②在外資産を合法化し、③この経済的支配にいまや重荷となった大統領権力を解体する、といったシナリオまで構想しだしたと、ベレゾフスキー系の政治評論家スタニスラフ・ベルコフスキー（1971―）は指摘している（Belkovskii: 15-16）。特にアブラモビッチのシブネフチとホドルコフスキーのユーコスを統合することで世界第4位の民間石油会社を作る。それだけでなくオリガルフの全権を保証するような議会的共和国を作る。首相にはホドルコフスキーをあてる、と同社の戦略部門はシナリオを作成した（Belkovskii: 19）。この強力な首相と議会勢力の組み合わせとは、当時は商工会議所会頭になっていたプリマコフ元首相が1993年憲法の枠組みのもとで98年に実証済みでもあった。また98年にも進められていたユーコス社とシブネフチの合併によるユクシ社創設は03年4月にはカシヤノフ首相も了解した。

2003年夏から秋にかけての政治的争点となったユーコス事件はこうして生じていた。この背景には、ロシアが将来とも単なる石油資源輸出国にとどまるべきか、価格変動激しい石油を安定化基金という回路を通じて福祉や軍需を含む産業政策に還元すべきかの国家的選択があった。02年に導入されようとした石油税をめぐって、ウラジミール・ドゥーボフ（1958—）副社長らユーコス系の議員集団とクドリン財相等プーチン派＝国家規制派の対立が議会で激しくなった。

同社は東シベリアのシブネフチ社との合併により石油資産を増やし、それをさらにシェブロン社やエクソン・モービルのような欧米の巨大会社に株式を売却しようとしていた。2001年に日本の学者ジャーナリスト集団に示したように、ユーコス社はいち早く国際会計基準を採用しており、多国籍企業に転じようとしていた。所有のリスクを欧米資本や西側政府の保証で分散することに他ならない。確かにプーチン大統領はブレア英国首相との短い蜜月のなかの02年1月、ロシアの石油会社TNKと英国のBPの合弁会社を許可しており、その可能性はあった。米国のイラク攻撃後石油価格がいっそう高騰した。このうえ、巨大民間ロシア石油資本が欧米政府と関係すると、ロシア政府や大統領プーチンの手の届かなくなる可能性がある。エネルギーの利益をめぐる政府とユーコス社との対立は優れて政治問題ともなった。

こうして高騰するエネルギー価格に由来するレント・シーキングをめぐり、ユダヤ系を含むオリガルフ系と、「国家と国民」に利益を還元すべきと主張するシロビキ系との対立が生じた。これはプーチン政権誕生以来最大の政治経済論争となった。「ロシアにおいて石油とはほとんど政治と同義」であった（Trechakov: 53）。

プーチンとホドルコフスキー

それまでもプーチン政権は「オリガルフは階級として存在しない」と、その雑多で相互に敵対する集団を牽制した。ベレゾフスキーも当初シブネフチをめぐり庇護を求めたアブラモビッチに「ビジネスは戦争だ」とつき放したという（Aven17: 17）。ベレゾフスキー事件を通じてオリガルフと政府との政経分離を宣言した。どうやらホドルコフスキーはこのオリガルフの政治不介入を、マスコミ系オリガルフとの関係と限定して理解したようであるが、それは致命的誤解となった。実際紛争が表面化すると、クレムリンはすばやく動いた。なかでももっとも顕著なのはプーチンの秘書から大統領府副長官兼大統領補佐官となったイーゴリ・セーチン（1960―）をはじめ、ビクトル・イワノフらシロビキ系官僚の動きであった。オリガルフの不人気を利用して、プーチン周辺では彼らへの攻勢的態度が強まった。そのイデオローグはプーチンが書いたといわれる修士論文を1996年に指導した鉱山大学学長であるウラジーミル・リトビネンコ（1955―）であった。彼を2006年に英国で毒殺されたアレクサンドル名の旧KGB職員とは混同すべきでない[12]。彼の考えは、国家がエネルギーや金属など戦略分野への統制を強め、高騰する石油課税を強化することであった。リトビネンコは同大学の卒業生でもあるプーチンやセーチン、上院議長のミローノフらに対し戦略資源の国家関与を説いた。

他方ホドルコフスキーが選んだ戦略は、欧米石油資本を同社のガバナンスに関与させることであった。２００１年からロスチャイルド卿（１９３６―）との「オープン・ロシア」財団を立ち上げ、米国の研究所などに資金を提供した。またユーコス社はいち早く国際会計基準を採用し、また多国籍企業に転じようとする。02年英国系のＢＰ社はホドルコフスキーからユーコス社の4分の1の売却を持ち込まれたという（Coll）。ホドルコフスキーは議会や政府を取り込むことを画策した。これはプーチン政権とオリガルフとの間の政経分離という合意をくずすことにほかならない。そうでなくともホドルコフスキーは１９９９年から03年にかけて自民党以外の40名とも88名ともいわれる各派議員に租税関係委員会を中心に買収工作をおこなった（Danilin: 171）。生産物分与（ＰＳ）法などの法律が改正され、合併予定のユーコス・シブネフチ社に有利な許認可を得た。徴税は政府ではなくいまや議会の権限となることとなり、政府と議会、オリガルフとの関係は複雑となった。02年1月の石油税をめぐる攻防ではホドルコフスキーの利益が重視され、毎年20億ドルの税収の侵害になると政府内リベラルのグレフ経済発展相、クドリン財相らは訴えた。このころクドリンは、政府とオリガルフとのゲームの規則を、①きちんと税を払うこと、②慈善活動に従事すること、③政治活動は国の発展に寄与すること、と明示した（Fortescue: 147）。彼もユーコス社国有化までは望まなかった（Khodorkovskii: 306）。プーチンは4月ホドルコフスキーに対しユーコス社は政党に財政支援することをやめよといったが、会社ではなく個々の支配人が出したにすぎないと彼は答えたという（177）。6月に新議会の構成は、リベラル右派、共産など左派、民族派の鼎立が望ましいとも語ったが、統一ロシア党への挑戦とみられた（栢：38）。

２００３年1月ホドルコフスキーはダボス会議で、パイプラインでのエネルギー輸出をめぐる「サウジアラビアのような独占方式の政府」に対する自由企業の戦いを宣言した。このころから議会改革による憲法改正まで口に出し、さらには同社の株式のエクソン・モービル社への売却を考えたホドルコフスキーだが、エクソンは過半数の売却を要求した。エクソン・モービル社CEOのレクス・ティラーソン（1952―）はサハリン1の油田をめぐる交渉は、実はクレムリンとの交渉にほかならないとわかっていた。03年6月、エクソン・モービル社との交渉はピークに達したが、ホドルコフスキーは、エクソン社が求めたプーチン大統領の許可を得られなかった。

2003年末の議会選挙を前に対立が激化、この過程で事件が表面化する。これまでユーコス事件は西側ではロシアでの「オリガルフの所有権」をめぐる議論の枠で理解されてきた。しかし実際はロシアの政治的将来をめぐるプーチンとホドルコフスキーとの政治闘争であった（Pravda: 200）。石油税をめぐる攻防を通じてホドルコフスキーは大統領に対抗し、強い政府と議会をテコにクレムリンを押さえる野心を表出し、大統領府長官のボローシンにまで「別のタイプの政府」の必要を説いた。親米派を自認したホドルコフスキーは米国の共和党関係者にも接近、大統領出馬説を否定したものの、07年にビジネスから引退するが、政治関与はおこなうと語った。

こうしたなか5月23日にベレゾフスキーに近い政治評論家ベルコフスキーが書いた、ユーコス社がロシアの政治と経済の実権を握るというレポート「国家とオリガルフ」がコンセルバトールなる雑誌記事に公表された[13]。その政治計画の骨子は、エリツィン流の大統領共和制からフランスのような「大統領・首相共和制」へと政治改革することであり、ホドルコフスキーが次期の強い首相になる、という挑戦的な内容であった。オリガルフのなかでもユーコス社、アリファ銀行、シブネフチなどのオリガルフ連合が政治システムを構成する。つまり大統領制はもはや安定の基盤にはならない、というのである。この論文をカシヤノフ首相はシロビキ周辺が注文したものとみたが、ベルコフスキーのみるプーチンはあくまで「家族」の人間であり、シロビキではなかった（Khodorkovskii: 308）。ベルコフスキーの分析ではプーチンは「一人ボッチ」、周辺の友人もひ弱でしかなかった。たしかにセーチンらの力は増したが、逆にボローシン長官こそ、ホドルコフスキー・カードを繰っているとみていた（307）。

7月米国を訪問したホドルコフスキーは、シブネフチ・ユーコスの売却相手の候補となるハリバートン社と関係の深いリチャード・チェイニー（1941―）米国副大統領とも会った。このことは、プーチン政権にとってさらなるショックとなった。同時にロシアを非核国家とする計画までライス補佐官に伝えたともいう（Zygar; Danilin）。もっとも彼女はホドルコフスキーについて、自己の富を使った「大胆なロシア政治改革案」について、ロシアの法制度を過信したとだけ評した（Rice: 365）。これを契機にロンドン『エコノミスト』誌は、オリガルフと治安関係者の暗闘を書きだした。エリツィン時代の補佐官サタロフも18日に『ロシア新聞』に「2008年」の大統領選挙がはじまったと論じた。9月はじめクレムリンの政治分析家でプーチンとは距離を置いていたパブロフスキーは、事件が「プガチョフ、セーチン、V・イワノフ」等の「政権内少数反対派」によるエネルギーの国家独占、大統領の統制を狙った夏の攻勢であると論じている（Tsipko05: 315）。セルゲイ・プガチョフ（1963―）はガスプロム系の銀行家であった。ベルコフスキーの分析では、このようなホドルコフスキーに対する強硬派とは、検事総長ウラジーミル・ウスチノフ（1953―）、二人のイワノフ、つまりビクトル補佐官、セーチン副長官、そしてパトルシェフであった。エクソン・モービル社という『石油の帝国』を書いた米国の学者・ジャーナリストのスティーブ・コールは、シロビキも一枚岩でなかったこと、事件がプーチンの「ヨーロッパ民主主義」への道を妨げたと書いた（Coll）。彼らの進言でプーチンはユーコス社解体を決意したといわれている。検察の関与はプーチンのリベラル派経済官僚の弱さだと、政治学者イーゴリ・ブーニン（1946―）はみた。

まず同社のパートナーだったプラトン・レーベジェフが7月2日に逮捕されていた。しかし同社の幹部は9月のプーチン訪米時にも5割の買収案を本人に直接ぶつけた。10月25日、まもなく議会選挙がはじまるときを選んで、ホドルコフスキーは空港で逮捕された。コールによれば、ホドルコフスキーはエクソン社のライバルであるシェブロン社への売却工作も進めており、わずか数カ月の間にロシアの石油会社が完全に外国人に奪われ、ロシアの金が海外に流出するおそれというシロビキの懸念にも根拠があった（Coll）。表向きは脱税容疑だったが、背景は彼の政治的野望のため、12月議会選挙への買収工作をおこなったことがプーチンを刺激した。米国大使や米国政府は逮捕に抗議した。民営化をめぐって欧米では当然批判されたこれらの事件が、国内では逆にプーチン人気を高めた。ボローシン大統領府長官は直後に辞任した。ちなみにボローシンは十数年後の回想で、事件時2、3度会ったホドルコフスキーについて「大統領になる野心」を持つことは誰にもできるとしながらも、「あまりにもナイーブ」で「政治をまったく理解していない」と回想した（Aven17: 302）。特に議会制共和国は平和時の構想だ、と切り捨てた。こうしてユーコス社は、中核企業のユガンスクネフチェガスが課税措置によりオークションでロスネフチ社に売却されたことにより事実上国有化された。

さらに国際的にも微妙な次元があった。金融オリガルフの多くがユダヤ系であったことである。穏健国家主義者の政治学者ツイプコは、ロシアには1917年革命後は「ユダヤ資本」はなかった、崩壊後もユダヤ人が自己の活動を基礎に蓄財した事実はないと論じた。腐敗のうえに奪取した富を「ユダヤ資本の擁護」として国際的に正当化するとしたら、事件を「民族化」「ユダヤ化」することになる。そのことはただでもひ弱なロシアの市場改革の基礎を破壊することになると指摘した（Tsipko05: 319）。賢いユダヤ人だったら、ロシア人以上に愛国的になるべきだと、微妙な民族関係も指摘した。また、ホドルコフスキーのようなオリガルフがかえってロシアの自由経済を破壊しかねない懸念を示した。いずれにしてもプーチンはこの時点で決断し、ようやくエリツィンと「家族」、オリガルフの桎梏《しっこく》から解放され、独自の国家主義的政治家へと脱皮していくことになる。国家が自国資源に主体性を確保したと評価されたことで人気は上がった。このころ新たな「プーチン主義」を再定義した政治学者ミグラニャンは、プーチンが「官僚的権威主義」よりもカリスマ的特徴を持った「人民投票型民主主義」になったと評価した（Strategiya Rossii/No.3/04/20〈『ロシアの戦略』「ロシアのための統一基金」機関誌〉）。他方、2005年5月ホドルコフスキーは判決を受け、シベリアに送られた。『フォーブス』のフレプニコフ記者はこの事件全体を「選択的正義」と評した。法の支配の勝利とはいえないし、かなり手荒な法履行ではあるものの、それでも「無法」よりはまし、という判断だった。これ以降ロシアでも所有権は重視された（Hollingsworth & Lanslay）。

ゴルバチョフ政権末期からエリツィン時代での紛争が、官僚と「民主化派」、半犯罪集団など民営化をめぐる戦いだったとすれば、プーチン時代にはゲームは遥かに複雑となっていた。中央集中化を図るクレムリン官僚と地方強化による「連邦制」にこだわる地方のノメンクラトゥーラ、その間をうごめく各種オリガルフといった構図が現れていた。ベレゾフスキーの代理人というべきベルコフスキー（1971―）のレポート「国家とオリガルフ」や彼の著作『プーチンの企画』（2012年）は、クレムリンの各派、各官庁組織、そして各ノメンクラトゥーラ産業集団が、旧オリガルフの利害、ポートフォリオ、株式を入手するため、いかに権力手段を使ったかをベレゾフスキー派の観点から分析している。もちろん当局も『ロシアでの所有の再分割』（05年）などで各勢力の権力と所有再分割をめぐるすさまじい闘争を分析していた（Peredel）。クレムリンでも1992年から「政治状況センター」をもうけ、クレムリンからみた世論や各政治勢力の配置や相関を分析したが、2000年になって大統領府と統一ロシア党が参考に分析を依頼していた。

これらの事件は2004年の大統領選挙からはじまるさまざまな政治制度の転換に影響を与えた。腐敗とテロ、威嚇と買収に対抗し権力を維持することは、ほとんど借り物候補でしかなかったプーチン個人にも大きな負担となった。プーチンは一期目最後に次期に立候補することを固辞し、一説には辞任までほのめかしたと消息通のジャーナリスト、ミハイル・ジュガーリ（1981―）は指摘している（Zygar16: 345）。知人のユーリー・コワリチュークが辞職はかえって危険だと説得したという。パトルシェフもプーチンの辞職は「巨大な変動を呼び起こす」と説いた。自己の利害が関わる関係者は「プーチンはアトラスである。支えなくなったら空が落ちてくる」とまで説得して二期選挙を勧めた。

12月議会選挙と3月大統領選挙

こうして2003年末の議会選挙から翌年3月の大統領選挙がプーチン体制の新しい分岐点となった。というのも第四回の議会選挙は08年大統領選挙の前哨戦ともなったからである。プーチン人気の高さからして彼が二期目の大統領に当選することは当然であり、むしろ本当の問題は、どのような勢力が二期8年というプーチン大統領任期後の08年大統領選挙を取り仕切るのかだった。プーチンが世論では「安定」を確保したことは、ロシアの復興と回復を促すことになった。

このプーチンの選択を占うことになったのが2003年12月7日の下院議会選挙と04年3月の大統領選挙であった。議会選挙では、統一ロシア党（グリズロフ）、共産党（ジュガーノフ）、自由民主党（ジリノフスキー）、のほか、注目をあびたのは軍産複合体を背景としてドミトリー・ロゴージン（1963―）が組織した祖国党の登場であった。当時は「穏健愛国派」のロゴージンと中道左派的、愛国的傾向の経済学者セルゲイ・グラジェフ（1961―）が組んだ。その他、ヤブロコ（ヤブリンスキー）、SPS、農業党などが争ったが、おこなわれた選挙では4党が5パーセントの枠を突破した。統一ロシア党（37・57）、共産党（12・61）、自由民主党（11・45）、そしてロゴージンらが率いる祖国党（9・02）ははじめて、議会に進出した。祖国党は、民族左派的と評され、共産票を分断する役割があった（Peredel: 7）。他方、野党勢力、ホドルコフスキーが肩入れした自由主義的改革派と共産党の双方は大敗、代わってプーチン与党の統一ロシアが議会選挙で圧勝した。唯一の組織政党といわれた共産党も12・6パーセントしかとれなかった。ヤブリンスキー率いる改革野党ヤブロコもまた5パーセントを突破できず、民営化の父、チュバイスらの右派勢力同盟も同様であった。

それに引き続いて2004年3月14日大統領選挙がおこなわれた。しかしこの結果ははじまる前から明らかでもあって、問題はプーチンが前回の53パーセント強をどの程度上回るかだけであった。このため3月大統領選挙では人気のある共産党党首ジュガーノフは大統領選出馬を断念し、代わって出た「赤い地主」と呼ばれた農業党系のハリトノフ候補は無名で人気がなかった。プーチンは統一ロシア党の推薦で71・9パーセントを集め、前回から18パーセント上回った。他方ハリトノフ候補は13・8パーセントしかとれなかった。しかも共産党は総括をめぐって7月までに事実上分裂してしまう。また自由主義派系政治家は、わずかにハカマダ候補が個人として挑戦しただけ、得票率は3・86パーセントだった。右派の祖国が推薦したグラジェフも3・88パーセントだった。実はクレムリンに最後は忠実な自由民主党にいたっては、ジリノフスキーを候補に立てなかったこともあって2・04パーセント、クレムリンが立てたロシア生活党のミローノフにいたっては0・76パーセントでしかなかった(公式数字)。

ちなみにこの選挙で英国のベレゾフスキーが絡んだ不可解な出来事は、旧農業党で「自由ロシア」派のイワン・ルイプキン（1945―）候補が、選挙前に突然失踪したことであった。ルイプキンは1996年10月から安全保障担当書記として、政治任用のベレゾフスキー次長の上司でもあって、ベレゾフスキー系が推した。しかし選挙前の2月に失踪、その後キエフに現れた。『ベレゾフスキーの時代』を編集したアベンは、ルイプキン失踪事件が2004年大統領選挙を妨害するベレゾフスキーの計画であったと指摘した。ベレゾフスキーとウクライナの安全保障機関とが関係していることを暗示した（Aven17: 293）。

つまりプーチンの政策は、クレムリンの過剰な集中化によってすべての政治的テコを集中してしまう結果をもたらした。ユーコス事件で国家の動員的機能が高まった。皮肉にもこうしてすべて政治は、「ゼロからの出発」となった（政治学者グバルジン）。もともとソ連崩壊後から個人党としての性格か、あるいは個別利害のロビーでしかなかったひ弱なロシアの政党だったが、2004年までにこれらは消滅の危機にさらされた。与党の「統一ロシア」党は中道右派政党として再編されはじめたが、依然としてプーチン支援クラブを超えるものではなかった。すべてがプーチン人気に収斂《しゅうれん》し、政治は再び振り出しに戻った。こういったロシア政治の現状は、はたしてプーチン体制の「権威主義的堕落」（政治学者M・ゴルシコフ）なのか、それとも「新しい専制」（I・ガルキン、レオニード・クラーシン）なのかという議論までモスクワのなかでは起きだした。

第3章　プーチン二期（2004―08）

プーチンがユーコス事件を処理したことにより、エリツィン時代の羈絆《きはん》から逃れたことが、ロシア政治の新しい議論を呼び起こすきっかけとなった。自ら政治に関与しようと挑戦したホドルコフスキーは「弱い大統領（プーチン）と強い首相（自己）」を画策したといわれたが失敗に終わった。これに対する2004年9月のベスランのテロ危機を契機として、今度は「強い大統領（プーチン）と技術的首相（フラトコフ）」の組み合わせが現れることになった。しかしこの潮流もまた長く続かなかった。05年ごろから新しい改革の風潮が浮上し、この先に08年からのタンデムに向けた動きが登場することになる。

フラトコフ内閣

プーチンは大統領選挙の結果を待つまでもなく2004年3月5日、ミハイル・カシヤノフに代えてフラトコフを首相に任命した。フラトコフはインドなど在外通商畑が長かったが、一時安全保障会議副書記でもあって、プリマコフ系ともいわれた。しかしフラトコフは就任後も首相としての演説すらおこなうこともなく、事実上大統領と首相とは一体であった。この内閣のもとで外相イーゴリ・イワノフは安全保障会議書記に転じ、代わりに国連大使であったセルゲイ・ラブロフ（1950―）が外相としてプーチン外交の看板となった。事実ラブロフはグロムイコに次ぐ長期の外交担当者となる。ちなみに解任されたカシヤノフは、この後しばらくして反プーチンの政治活動を行うことになった。また04年末以来、大統領府長官となったセルゲイ・ソビャーニン（1958―）は、チュメニの石油部門出身で同州の知事になり、アジア的風貌を持つ。祖父は古儀式派であった。事実彼はその後10年10月からは「第三のローマ」であるモスクワ市長となる。

もっともユーコス事件で台頭したビクトル・イワノフ補佐官やセーチン副長官といったシロビキ・グループだが、狙おうとしていた石油ガス部門の一元的な統合、つまりガスプロム社とロスネフチ社の統合計画に対しては、プーチン大統領はバランスをとった。ガスプロムでは早くから「法律家」メドベージェフが会長となっていたが、セーチンは2004年7月、補佐官兼務で政府が7割を出資するロスネフチ社長となった（Huang: 131）。ロスネフチ社はサハリンを基盤に1990年代末セルゲイ・ボグダンチコフ（1957―）社長のもとで拡大し、ユーコス事件後セーチンの関与で政治的影響も持ちだした。こうして2005年大統領教書でプーチンは、クレムリンとビジネスとの交流ということを強く指示したものの、翌年いったん合意しかけた両社の合併には反対することでバランスをとった（Chaadaev）。シロビキ系が進める政府系巨大エネルギーコングロマリットの出現はプーチン権力にとっても政治的にも好ましくはなかった。実はオリガルフもシロビキに対抗するためにはプーチン大統領に依拠するしかなくなる。パラドクスはこうしてオリガルフと結びついたリベラル改革派の勢いがなくなるなか、プーチンが自ら改革を主導せざるをえなくなることだ。皮肉にもプーチンが大統領選挙当選時、ホドルコフスキーが04年3月に獄中で書いた論文で、プーチンを「70パーセントの改革派」といって、その改革姿勢を高く評価していたのはこのプーチンの「反シロビキ」への期待だった（Peredel: 23）。

ベスラン事件

そのプーチン政権の中央集権化の逆説、権威主義化する権力への危機はその後のチェチェンをめぐる紛争がロシア全体で展開されたことに示された。米国の研究者ゴードン・ハーンによれば、1997年から2005年にかけて、チェチェンがらみのテロ行為は次第にエスカレートし、1999年に20回だったのが、2001年のアルカイダ流のテロ戦術によって30倍も激増し、03年には561回にいたった（Hahn: 49）。頂点は04年となった。2月にモスクワの地下鉄駅内で爆弾テロが炸裂《さくれつ》し40名が死亡したが、5月9日にはグロズヌィでの軍事パレードのさなか、03年にチェチェン大統領となった元独立派のアハメド・カディロフ（1951―2004）が爆殺された。

なかでもナポレオン戦争後の貴族反乱＝デカブリストの末裔で、ベレゾフキーとチェチェン・マフィアとのつながりを暴露した米国のジャーナリスト、ポール・フレブニコフは7月9日チェチェン・マフィアのホジ・アフメト・ヌハエフがらみの契約殺人で射殺された（Iz/17/07/05）。その後8月24日にはモスクワのドモデドボ空港を飛び立った2機の航空機が爆破され89名が亡くなった。ちなみに筆者はそのときゼミの学生とともにモスクワにいたが、これ以上事件はないだろうと語った直後、31日には地下鉄テロで9名が亡くなることにショックを受けた。だがこうしたテロは悲劇の前史だった。

連続テロの波は、2004年8月31日にチェチェン共和国に隣接する北オセチア共和国ベスランのテロ事件で頂点を迎えることになった(R. Medvedev: 109; Hahn: 50)。ベスラン市の中学校に、シャミーリ・バサーエフが中心となったイスラム武装勢力が立てこもり、軍が人質解放をおこなったものの186名の学童を含む332名の犠牲者が出た悲劇である。この地域は山ごとに宗教も民族も異なる。オセチア人はペルシャ系、チェチェンの印欧系とは別であるが、聖戦派のテロの論理は通用しなかった。

そうでなくともプーチン個人にとってもチェチェン問題は彼の最高指導者になるための政治的原点であった。プーチンとクレムリンの方針は転換した。それまではロシア人とチェチェン人の闘争であったが、プーチンは元独立派の大統領の息子でもあったラムザン・カディロフ(1976—)をプーチン・ロシアの新たなパートナーとし、聖戦=テロ勢力を分断することに成功する。プーチン政権はこの間、チェチェン内部の急進独立路線に反対したカディロフら親ロ派を取り込むことでチェチェン人自身による「チェチェン化」戦略を選択させた。カディロフは、もとは独立派のイデオローグであったが、2004年5月の父の暗殺以前の00年ごろからワッハーブ派ら外部勢力の介入に嫌気がさしてプーチンと共闘してきた人物である。07年4月から大統領となった。チェチェン内のクラン(派閥)政治もあって、ルスランとスリムのヤマダエフ兄弟が率いる親ロシア派のボストーク大隊といった兵力も整いだした。もっとも09年までに彼らはカディロフによって暗殺される(Treisman: 403)。翌年9月、カディロフは「一つの国に大統領は一人」と大統領職を返上することで、一つの国に複数の大統領がいる状況はなくなった(K/3/9/10)。

垂直的統制・パート2

こうしたなか2004年8月ベスラン事件をはじめとする急進勢力の度重なるテロへの危機対策として出されたのが、9月13日の垂直的統制の強化方針である。つまり連邦制を改革し、場合によって県といった一元的行政単位を基礎とする単一共和国案も含め、行政改革が検討された。これはソ連崩壊以来の課題であって、ベスラン事件がきっかけになったとはいうものの、その直接的帰結ではない。事実ウラジスラフ・スルコフ補佐官の手による13日のプーチン演説には、チェチェンという言葉が一つも入っていなかった。

大統領が示した危機対策は、連邦改革による知事の選挙制から任命制への転換、正確には大統領による推薦制や、一人区の廃止といった議会改革案であった。このことからクレムリンの権威主義化を示しているのではないかという懸念が表明された。なかでもいわゆる知事任命問題とは、垂直的統制を強化するというプーチンの政策の一環でもあった。13日のプーチン演説では、知事を大統領が推薦し、地方議会が承認するという提案をおこなった。地方議会は推薦を拒否できるが、自らが解散されるリスクも負うことになった。

背景には州・共和国といった行政単位が1990年代の遠心力に伴う地方主義の弊害が克服されていないというプーチンの危機意識がある。ソ連崩壊の過程でこういった地方の独立王国化が進んでいた。この考えはレーニン・スターリンの民族自決と連邦制に基礎があったが、党のコントロールがなくなると「主権のパレード」となり国家崩壊を促す議論であった。エリツィン政権もこれを放置し、あるいは個別に結ばれた協定で地方勢力と妥協してきた。エリツィンの連邦では中央政府に対する、州や共和国といった構成主体の地位が強かった。ロンドンにも上場して国際企業タトネフチ（タタール石油）を事実上所有したタタルスタン共和国のシャイミエフ大統領に対して、ソ連時代以来地方に根を張ったまま、連邦政府は課税もままならなかった。アブラモビッチのシブネフチが拠点としたチュコトカなどでは「国内オフショア」と呼ばれる地方税の優遇措置がこれを助けた（栢）。あるいは仏教系カルミキヤ共和国のキルサン・イリュムジノフ（1962―）体制のように、いわばマフィア化して地方を押さえている例もある。サマラの改革派コンスタンチン・チトフ知事のようにオリガルフとの関係を強化した。上院議員となったアブラモビッチは、不逮捕特権を求めオリガルフが知事の官職を金で買ったに等しいと評された。ちなみに彼はその後シブネフチ社をガスプロムに売却、英国でチェルシー・サッカー・クラブのオーナーになる（Hollingsworth & Lanslay）。チェチェン紛争とは、こういった中央―地方関係のもっとも先鋭なバロメーターでもあった。

事実上のチェチェン・テロの終焉となった大きな転換は、マスハドフの死と2006年夏のバサーエフの殺害であった。この死には、当局と関係者では理解は異なっている。パトルシェフFSB長官がプーチン大統領に報告したところによれば、FSBの特別作戦の結果であった。他方ではバサーエフもイングーシでG8サミットにあわせてテロを準備中にそれが爆発して亡くなったともいわれる。いずれにせよ7月に分離派も彼の死を認め、モスクワの勝利となった。FSBは恩赦と引き替えに投降を呼びかけ200名ほどが応じた。

こうしてプーチン第二期には、知事たちの上院議員としての権限を取り上げ、代わりに彼らを諮問機関である国家評議会に組織化しようとした。もっとも憲法にはこの制度は規定されなかった。この国家評議会とは、もとはといえば19世紀はじめナポレオン改革に刺激されてアレクサンドル一世時に、立法、執行、司法の三権の諮問機関としてミハイル・スペランスキー（１７７２―１８３９）ら改革派によって「国務に対する諮問機関だけでなく、立法、財政、行政、司法といったもっとも多様な機能」を遂行する制度として構想された（Kovalevskii: 142）。下院にあたるドゥーマと皇帝との仲介的機能を果たすものとされたが、活発だった20世紀はじめも含め、総じて諮問的役割に甘んじた。ロシア連邦になってブルブリス国務担当書記が構想し、１９９２〜93年にも大統領を議長とする地方行政長官会議が、連邦と地域の執行機関の統合を図るための常設調整諮問機関として制度化されたことがある。それはプーチン時代にも想起されだした。憲法改正で２０２４年以降のプーチン権力の温存に利用されるという危惧もないわけでない。

プーチンは第一期、広域の連邦管区に全権代表を置くことで知事たちを監視するという軍管区統制の手法を応用した外在的な統制をおこなった。あるいは、１９９０年代のオリガルフの息がかかった知事に代えてクレムリンが多くはシロビキ系の知事を送り込んできた。それでも多くの知事たちは、ことにベスラン事件以降はクレムリン与党に支持や参加を表明しているものの、彼らの地方王国という状況が変わったわけではない。

知事の公選制度まで廃止するというプーチンの新方針は少なからぬ批判をあびた。もっとも地方行政も、クレムリンとオリガルフ、そして地方マフィアとの争いの場になっていることも事実である。

このような地域では、一人区の下院議会選挙も、地方権力のあり方に左右されるのが実情であった。地域を握るのが、クレムリンか、オリガルフか、それとも地域マフィアか、といった違いがあるだけだ。半ば犯罪者である現職知事よりも大統領推薦のほうがましな場合も少なくないといった声があったことも事実であった。

選挙制度改革と政党再編成

２００４年9月13日提案の一つである下院の一人区の廃止と比例区の一本化もまたこの文脈から出た。一般論としていえば比例区のみの選挙制度が民主的でないとはいえない。エリツィンが軽視した政党組織を強化するという観点からは、この制度のほうが可能性もある。問題は、当選へのバリアーを高め当選ラインを7パーセントにすれば、少数政党や地域政党をますます阻害することであった。プーチン方針には、この少数派保護の観点に欠けることを批判する声も少なくなかった。

実は１９９０年代に政党形成を軽視したエリツィン時代でも一部政治学者たちは政党システムをどう設計すべきかを模索していた。欧米流の2大政党制が、当時のロシアの多くの学者にとって模範にみえた。だがしかし２０００年以降の統一ロシア党の現状は、そもそも地域エリートの集団で、支部であっても組織政党の名にもあたいしない。権力党は市民社会との接点もないことからいきおい行政的リソースに依拠することになる。

一人区を廃止して比例代表に偏った２００４年の選挙制度改革は、政党の地域基盤すら希薄化しかねない。事実、批判的なゴルバチョフ財団系の政治学者（ガルキン、クラーシン）は「新専制」を批判し、『哲学の諸問題』などでボリス・カプスチンが市民社会の弱さを指摘した（同誌04年7号）。またゴルシコフなどの批判的社会学者は「プーチン体制の権威主義的堕落」まで議論しだした。プーチン人気なるものはこの恩顧主義的で臣従的メンタリティに依拠するにすぎないのだ（『社会学研究』04年8号、31）。「管理民主主義」はその表れであるが、ワインシュタインによれば、ロシアが国家的エリート主義と伝統的アナキズムとに分裂した社会だからだ。

もっともこのようなプーチン権力の権威主義化ははたして持続可能か、権力党の優位ばかりでいいのか。ソ連崩壊前に市民社会論者でありながら市場移行には鄧小平のような「強い手」が必要だという論議で「民主主義」者に対抗して権威主義モデルを主張したミグラニャンのような現実主義的な政治学者は、米国流の2大政党モデルはロシアの実情に合わないと理解した。なかでも1995年末の選挙制度改革でもミグラニャンは民主的権利と自由は保障しつつ経済成長を図る政権党と野党との関係は、戦後イタリアや日本のような1・5制とか一党優位性が経済成長に望ましいと考えた。もともとは79年の政治学解禁論争で音頭をとったソ連の政治学者、ゴルバチョフ大統領補佐官だったゲオルギー・シャフナザーロフ（1924—2001）周辺には、連帯運動のときにポーランドに留学、いち早くニコライ・ベルジャーエフ（1874—1948）再評価、87年にマルクス批判（『共産主義との決別』）をおこなった学者で、プーチンの国家主義を評価しながらもマイダン革命は支持したツイプコ、一貫して民主化支持の政治学者でプーチン批判派となったリリア・シェフツォワ（1949—）やハスブラートフ最高会議議長のブレーンだったエフゲニー・アンバルツーモフ（1929—2

010）といったペレストロイカからの先端的な政治学者が輩出した。彼らはほかの政治学者を巻き込んで第一期から二期にかけて、積極的な改革論争をおこなった（Tsipko04）。

なかでもミグラニャン自身、日本の戦後自民党政治と経済成長に深い関心を寄せ一党優位制を構想してきたが、ロシアが現状のままだと政党というよりも単なるエリート・クラブ組織ができるだけに終わる可能性が強かったと懸念した。ロシアのエリートたちには、エリツィン時代の無党派的か、あるいは両極に分解したような議会の政党システムへの批判が芽生えていた。クレムリン主導で政党システム再編に乗り出す意図がプーチン政権には感じられたが、この場合の政党とは、市民社会の自由な結社としてよりも、ソ連共産党という国家党の解体を受け、権力党の再編成の側面が強かった。

スルコフと主権民主主義論争

こうしてベスラン事件を受けた13日の政党再編成演説が転機となって政党再編成は進みだした。そのイデオローグとなったのが、「主権民主主義」をひっさげて表舞台に出たユダヤ系チェチェン人のスルコフであった。当時大統領補佐官兼副長官であり、「メナテプ」創設時ホドルコフスキーの護衛からベレゾフスキーのORTを経てクレムリン入りした経歴を持つスルコフはプーチン政権のイデオローグとして頭角を現した（Khodorkovskii: 142）。彼は「主権民主主義」論でもって、国家主義的傾向が強まった第二期プーチン政権のエスプリ・ド・コール（団体精神）を示した。民主主義は主権の枠内でのみ機能するという議論を展開した。主権は民主主義だけでなく、経済でも重要な役割を果たすとも主張した（E/9/02/04）。ユーコス事件でのプーチン政権を正当化する議論でもある。[14]

スルコフの主著『現代ロシアの基本傾向と展望』は2007年に出版された（Surkov）。そこでは、ロシアがヨーロッパ国家として20世紀の「奇妙な全体主義」から抜け出したあとも、連邦制の混沌やチェチェン反乱といった1990年代の危機を克服し、民主化する必要があると主張。90年代に生まれ、国家になり代わろうとしたオリガルフといった巨大ビジネスを批判、なかでもベレゾフスキーが非合法にも国営放送ORTをも支配したことも指摘した。代わって「安定」と「法の独裁」が大統領プーチンの政策となった。グローバル化は不可避だが、これは不均等、そして不公平に発達する。だからネーションの自立と主権とが必要なのだ。もっとも主権とは砦のような閉鎖性ではなく競合的な公開性なのだ。だが主権と独立とは弱い国家では達成できない（Surkov: 23）。大まかにいえばこう主張した。

もっとも主権という概念は、ロシアの政治学者の議論ではもう少し広い概念だった。エリツィン政権末期の安全保障会議書記だったココーシンは、「主権」とはソ連崩壊後のロシアが超大国か、大国か、それとも地域大国かという論争への一つの回答だと議論している。つまり、真の主権とは自分で外交・内政、国防政策を決める能力と位置づけていた（Tsipko04: 371）。プーチン政権初期、民主化派と現実主義派との対立の中で『プーチン期の論争』を編集した政治学者ツイプコは、連帯期のポーランドに留学、ソ連最初のマルクス主義批判者でA・ヤコブレフ政治局員系とみなされたが、ゴルバチョフが1991年末大統領を辞任した後あえてその財団の事務局長になった人物で、当時の政治学者の論争のまとめ役でもあった。

統一ロシア党は２００６年にこの主権民主主義の概念を２月の党内の会議で、スルコフ大統領補佐官（任期04―08、13―18、18―20）が取り上げた。統一ロシア党が主権民主主義の党であるといった表現も現れた。この言葉は元安全保障担当書記ココーシンをはじめ、政治学者ミグラニャンやパブロフスキーといった宣伝家も利用しはじめた。グリズロフ統一ロシア党議長が、この言葉を選択なき概念といったことで統一ロシア党の概念ともなった。７月になるとスルコフは「経済的主権民主主義」という表現で、「経済的主権」と対外投資への国家管理を正当化した。

また２００５年から、ソ連期の11月７日という10月革命記念日に替わる「民族統一」の祝日を11月４日に決めたのもプーチン＝スルコフ流の流儀であった。この日は実はロシア史上の大動乱期末期の１６１２年にモスクワ市民がカトリック・ポーランド勢力をモスクワから追放した日なのである。このときポーランド人をモスクワに呼び込んでポーランド国王ウラジスラフをロシアの王座につけた「７人の貴族」の短い時期が終わり、翌13年のロマノフ王朝の成立に道を開いた（Bordyukov: 37）。プーチン周辺は「７人の銀行家」＝オリガルフ時代が終わったという含意を込めたのかもしれないが、実はソ連時代は３連休だった10月革命記念日に替わって、いわばとってつけた休日の色彩が濃かった。

政治改革

このような文脈がプーチン二期のある段階で政治改革への軌道修正をもたらした。同時に西側からの批判も高まった。こうしたこともあってリア・ノーボスチ通信社のジャーナリストらは、このころからプーチンとその政策をオープンに国際的舞台のなかで議論させるフォーラム、バルダイ会議の創立に努力した。ハーバード大学のコルトンや仏のエレーヌ・カレル・ダンコース（１９２９―）ら米国や欧州、アジアなどの国際的学者やジャーナリストが２００４年秋の創立集会に招かれた。のちに対ロ強硬派の大使になる政治学者マイケル・マクフォール（１９６３―）はこのとき米国ブルッキングス研究所のコメンタリーで、過度のロシアへの悲観主義を戒めた。

こうしたこともあって２００５年半ばからロシア国内でも政治論議が再度高まりだした。１９９１年からあった『政治学研究』といったアカデミー系の研究雑誌に加え、『独立新聞』の創始者トレチャコフの『政治階級』誌はこのようなフォーラムを目指した。トレチャコフは同年半ばから、大統領任期が切れる２００８年後のプーチンの役割が重要だと、三選論をにおわす議論を展開する（Trechakov: 05）。強い野党も必要だという議論も9月ごろから出てきた。

なかでも上院議長のミローノフが２００５年12月号の『政治階級』誌に書いた「政治的競争について」は、政党形成にかんする新しい態度を示していた。ミローノフは国家のパートナーである新政党の出現なくして、つまり競争と多党制の形成なくして民主制は定着しないと論じたのである。政党なき民主制は考えられない、見せびらかすだけの「政治的ポチョムキン村」は意味がないと指摘した（PK/12/05）。一人区では、知事たちが行政的圧力を行使していると、統一ロシア党の独占の弊害を説いた。この党が03年末に勝利してから、第二党や、ましてや第三党は不要だという考えが生まれだし、出世主義者の単一党になりはじめた。特に彼は「文明的政治競争の条件を作る」必要があると説いた。実際に生活党と「祖国」、年金党から公正ロシア党ができるのは06年10月28日である。

スルコフとメドベージェフ

問題は「統一ロシア党」であった。２００１年に党大会を開いて05年11月で第六回党大会を迎えたが、４年間を振り返って、世論調査研究所のエレーナ・バシキロバが硬直性を指摘した。副首相でもある幹部のショイグや議長のグリズロフ、さらにはモスクワ市長ルシコフらもまた党幹部が統一ロシア党の成長がないことを憂えた。このとき意外にもというか、実は正当にも、野党強化だけでなく改革推進のため論陣を張ったのは、05年に大統領府長官から副首相になっていたメドベージェフであった。彼が「リベラル」という評判をとったのはプーチンのイデオローグ、スルコフと06年「主権民主主義」をめぐって論争したときだ。彼はこの理念に真っ向から反対し「主権民主主義は概念として熟していない」と06年7月に論じた（NG/25/7/06）。彼はこのころ体制内リベラル派の拠点となる『エクスペルト』誌の編集長バレリー・ファデーエフ（１９６０―）に、主権民主主義は概念としては好まない、むしろ「真の民主主義」とか「全面包括的な国家主権のもとでの民主主義」といった言葉を選ぶべきだ、とも述べた。ちなみにファデーエフはメドベージェフが08年大統領となったときの「ヤロスラベリ・フォーラム」の組織責任者となる。「主権」といった言葉は、単に「国家主義的」とか「民族主義」と言い換えているにすぎない、とも語った（E/28/06/59）。ロシア政治でイデオロギー論争が果たす役割は低下したが、第一副首相が大統領補佐官の半公式的教養を批判したことになった。

実際メドベージェフは大統領となったとき、プーチン政権で選挙制が後退するといった権威主義化には一定のブレーキをかけた。彼は2008年後半の政治改革で、プーチン期に偏った党改革に修正をかけることに努力した。こうして、政党の支持率による足切りを7パーセントから5パーセントへと下げ、また統一ロシアの現状を批判することになる。

プーチン政権のエリート

英国のロシア研究者スティーブ・ホワイト（1965―）やロシアの社会学者オリガ・クリシュタノフスカヤ（1954―）の研究は、2005年前後プーチン大統領の政策決定に関与する、公式的、そして非公式な「茶会」に呼ばれる集団を特定した。彼らによると公式的には、第一は、月曜に開かれる安全保障会議メンバーを加えたクレムリンでの政府と大統領との会議の出席者、ここには、①フラトコフ首相、②ジューコフ（1956―）第一副首相、③グレフ経済発展相、④ミハイル・ズラボフ（1953―）社会福祉相、⑤ナルィシキン内閣官房長、⑥メドベージェフ大統領府長官、⑦セーチン副長官、⑧セルゲイ・イワノフ国防相、⑨ラブロフ外相、⑩ヌルガリエフ（1956―）内相、⑪アンドレイ・イラリオノフ（1961―）補佐官、の11名があがった。これは通常白亜館（ロシア連邦政府庁舎）で木曜朝から開かれる政府の定例会議とは別個におこなわれているものである。このうちズラボフは、薬学の専門家として偽薬の摘発で名をあげた。またイラリオノフはリベラル派経済学者としてWTO参加問題で有名となったが、その後反プーチンとなる。

第二の会議は、土曜に開かれている安全保障会議主要メンバーとの会議で、ここには先と重なる首相、外相、国防相、内相、大統領府長官、安保会議書記のほか、FSB長官パトルシェフ、対外諜報庁長官のセルゲイ・レーベジェフ（1948―）が入っていた。これも公式会議とは別個におこなわれる。レーベジェフは、東ドイツ勤務でプーチンと関係したという。

しかし第三として、ホワイト教授が特定したプーチンが非公式に主催する茶会メンバーがある。多くがサンクトペテルブルクで生まれたか、あるいは同大学で学んだもので8名からなった。具体的には、セルゲイ・イワノフ国防相、グレフ経済相、メドベージェフ大統領府長官、セーチン副長官、チェルケソフ連邦麻薬取締庁長官、南部連邦管区代表コザク、ポルタフチェンコ（中央連邦管区代表、のちにサンクトペテルブルク市長）、そしてウラジーミル・コージン（1959―）大統領府補佐官、がそのメンバーに入っていた。

いってみれば第一はソ連時代の閣僚会議、第二は共産党政治局会議、そして第三の会議は書記局会議、といえなくもない。この三つの組織いずれにも関与していたのは、大統領プーチン以外には、セルゲイ・イワノフ国防相、メドベージェフ大統領府長官であることがわかる。

このような非公式な権力の分析には、さらにはプーチンの別荘オーゼロの仲間（ヤクーニン、コバリチューク、フルセンコ）なども含まれ、公式的な権力機関よりもその実質的な決定作成の過程に注目したものだ。この別荘仲間では、ロシア鉄道のウラジーミル・ヤクーニン（1948―）は敬虔な正教徒で、プーチンの帰依するシェフクノフ司祭とも以前からの付き合いがあり、またユーリー・コバリチューク（1951―）はプーチン個人の口座のある銀行ロシアと関係するようになる。ガスプロム社のミレルは2006年5月ベレゾフスキー系だったシブネフチ社を買収、ガスプロムネフチ社に改称した（Pribylovskii: 100）。

実際、プーチンが任期二期になっておこなった人事は、スルコフに対抗したメドベージェフ（2005年11月）、そしてセルゲイ・イワノフ（06年11月）をそれぞれ内閣の第一副首相とすることであった。もっともホワイトのリストでは上院議長で統一ロシア党のグリズロフ、あるいは上院議長であるミローノフらの名前が入っていない。さらにソ連共産党との対比でいえば、書記長に次ぐイデオローグであった政治担当のスルコフ副長官の役割ももちろんソ連期ほどではないが小さくはなかった。公正党を生活党と「祖国」などから06年に立ち上げるのにスルコフは重要な役割を演じた（ロシア・東欧研究、07・長谷）。

プーチン政治が2004年8月のベスラン事件の危機を乗り切るころから、ロシアの政治経済は顕著な変貌が生じていた。この間、エネルギー価格が未曾有の高騰を続け、ロシアの外貨準備高は、2000年の150億ドルから07年末で4700億ドルと、30倍以上となった。石油価格の余剰をプールした04年からの安定化基金はこれまた07年末でほぼ1500億ドルに達した。一人あたりの個人所得も00年からの7年間で1767ドルから8209ドルに、つまりは4・6倍にいたった。プーチン時代はじめの財政規模は2000億ドル、それが第二期末期には1200億ドルとなった。いずれもプーチンの選択の成果ともいえた。03年まで議会の財政委員会は事実上オリガルフ、特にユーコス社に握られていた。このためようやく02年からはじまった石油税など地下資源への課税もままならなかった。ユーコス事件以来連邦財政は飛躍的に伸びることになった。

実際、2005年前後から、プーチン大統領の任期が終わる08年3月の大統領選挙をめぐる政治への対応が予感されるようになった。このような経済の高度成長はロシア政治の外観を一新した。ソ連崩壊と、ロシアの民営化のなかで絶望した世論の大多数は、「強い国家の再建」、ロシアの大国化を目指し、このような安定をもたらしたプーチン大統領の内外方針に支持と共感とを与えるようになった。06年7月にG8首脳会議がサンクトペテルブルクで開かれたとき、10年前のエリツィン選挙支援のためのG7核会議とは打って変わったように思われた（佐藤：10）。

他方でブッシュ政権が進めたイラク戦争は北アフリカから中央アジアまでを「大中東」圏として取り込むものとしてロシア政権の危機感を高めた。なにより2002年1月のブッシュの教書演説は、それまで国連中心の半世紀間にわたる国際ルールを一方的に変更するものであった（Rice: 150）。プーチンが期待した英国のブレア労働党政権もこれに続いた（Kampfner: 152）。イラン、イラク、そして北朝鮮といった「悪の枢軸」の脅威に座して待たないという宣言であった。サダム・フセインの次には、リビアのカダフィ、シリアのアサド政権が標的となるとワシントンでは公言されたと米国の「大中東構想」に詳しいアンドリュー・ベースビッチ（1947―）教授は指摘する（Bacevich: 242）。プーチンはイラク戦争では英米の立場よりも、ドイツの社会民主党ゲアハルト・シュレーダー首相やフランスのジャック・シラク大統領の立場に近かった。

オレンジ革命とそのインパクト

ドイツ社会民主党はソ連時代の東方外交の継続で、ロシアとのエネルギー協力を進めた。だがEU

の2003年の近隣国とのパートナーシップは、東欧や旧ソ連のウクライナやジョージアをも取り込むことであって、これにはロシアは警戒を示した。

もっともウクライナ問題がソ連崩壊後のロシアにとっても、内外関係が複雑に絡む最大の問題であることに変わりはなかった。そもそもウクライナは一つのネーションなのか、それとも複数なのか。英国の専門家アンドリュー・ウイルソンは「期待されなかったネーション」という表現を使った（Wilson: xi）。ウクライナ国内の東西間のアイデンティティの差異、ウクライナ民族主義のハイブリッド性といった「二つのウクライナ」問題とも呼ばれるような東西ウクライナの差異が民族形成にも決定的な影響をもたらしていた。16世紀以降西ウクライナ地域はポーランド＝リトアニア大公国と西方教会の影響を受け、他方東ウクライナは正教国家であるロシア帝国の一部として「小ルーシ」、もしくは「新ロシア」といった呼称で呼ばれてきたからである。この政治文化の差異がソ連崩壊後のロシア＝ウクライナ関係、そしてヨーロッパとウクライナとの関係に影響した。西ウクライナでは半カトリック的なユニエイト（ギリシア・カトリック教会）が優勢で、自らをヨーロッパ人と考えるが、東ウクライナ、特にドンバスなどでは自身をロシア的世界の一員と考えがちであった。

この東西バランスの問題は独立後のウクライナ政治史をもくっきり特徴づけた。独立のイデオローグ、レオニード・クラフチュク大統領は1994年の大統領選で再選されず、新たに大統領となったのは東部軍産複合体出身で、ベレゾフスキーやORTも支援したクチマであった。そのクチマはエリツィン末期の98年4月、モスクワがCIS統合に動いたとき、ベレゾフスキーをCIS執行書記としてエリツィンに推薦した張本人だった。野心的なベレゾフスキーはこのときの側近によると「ソ連邦」を作ると語ったという。もっとも大統領府長官のユマシェフはベレゾフスキーが狙っているのはEU議長とみた（Aven17: 269）。東部のロシア語圏と軍産複合体ロビーが支持基盤であったクチマには、見返りに99年の大統領再選でのベレゾフスキーとORTの支援があった。

ところがプーチン政権発足後、クレムリンと反プーチンにコミットしたベレゾフスキーとの確執がウクライナ問題にも波及しだした。追放されたベレゾフスキーはウクライナ問題に関与、今度はクチマ体制への批判がはじまった。なかでも2000年9月に反政府系ジャーナリスト、ゲオルギー・ゴンガッゼ（1969―2000）が暗殺された事件がなぜか「クチマゲート」といった醜聞に発展した。クチマの護衛だったが米国に亡命したミコワ・メリニチェンコからベレゾフスキーが入手した大統領の会話録音記録にクチマの関与が暗示されたと世界的に報じられて以降、欧米メディアもクチマ体制の評価は下がった。もっとも14年にベレゾフスキー側近の歴史家だったユーリー・フェリシチンスキー（1956―）は、この資料を精査したらクチマは実は殺害を知らなかったようだと推測を示している（Aven17: 357）。いずれにしてもクチマをおとしめた録音は1991年8月クーデター派でのちの首相エフゲニー・マルチューク（1941―2021）の仕業だとも語った。

こうしてロシアで失敗したキングメーカー、ベレゾフスキーは、ウクライナでも反クチマ系テレビ局を支援、また2004年前後にシブネフチの売却代金、一説では約2300万ドルを提供して、「オレンジ革命」にコミットするようになる（Wilson: 328）。ビクトル・ユシチェンコ（1954―）や「オレンジ・オリガルフ」と呼ばれたユリヤ・ティモシェンコ（1960―）など首相クラスを次期大統領候補として支援した。特にロゴバズの副社長、ORTの大株主のバドリ・パタルカツィシビリ（１９５５―２００８）はウクライナでも活躍したが、ジョージアでも08年の大統領選挙に関与するためにテレビ局を買収するといった行動パターンは１９９４年末からのＯＲＴ以来の手法であった。[15]
そのウクライナの紛争は米ロ関係にも波及した。米国民主党系の戦略家ブレジンスキーは２００４年９月ウクライナ選挙を前に『ウォールストリート・ジャーナル』紙に論文を寄せ、プーチンはロシアのムッソリーニ、モスクワは専制にして寄生的なエリートによる国家資本主義であると批判した。他方ウクライナでは競争的民主主義による10月の大統領選挙に期待した（WSJ/20/9/04）。
こうしてウクライナでは政治的分極化が「オレンジ革命」を呼び込んだ。２００４年秋の大統領選挙は西側寄りのユシチェンコ候補と東ウクライナ、ドネツィクなどの地域党を基盤とする「ウクライナのプーチン」、ビクトル・ヤヌコビッチ（１９５０―）候補との東西の熾烈な戦いになった。ユシチェンコを支持したのが、「ガスの女王」の異名を持つティモシェンコだった。10月31日の１回目ではともに39パーセントで決着がつかず、11月20日の決選投票でヤヌコビッチが49・５パーセントで、対立候補を３パーセント超えた。しかしこの決選投票を不正選挙と決めつけた街頭行動への参加者は10万から50万人に増えた。この決着は最高裁判所に持ち込まれた結果、異例の３回目の12月26日にユシチェンコ候補が51・２パーセント対44・２パーセントで勝利した（Wilson: 319）。翌年１月ユシチェンコ大統領のもと、ティモシェンコを首相とする内閣が成立した。
これは西側が関与した「オレンジ革命」だとプーチンは認識した。旧ソ連ではなくいまや米国が民主化という名の「革命の輸出」を外交手段に使っていると批判したが、実はプーチン体制を追われたベレゾフスキーもまたシブネフチ売却代金を投入、隣国の「革命」支援を通じてプーチン体制を打倒しようとしたという意味ではロシア内政の延長を演じていたともいえよう（Aven17）[16]。米国のライス補佐官も、ロシアがウクライナを失うのは米国がテキサスかカリフォルニアを失うに等しいと思った（Rice: 357）。もっとも米国の対外政策はイラク戦争で行き詰まり、ロシアでは反米感情が高まった。またその影響下でウクライナやジョージアのような「カラー革命」がロシアにも及ぶのではないかという危惧によって、プーチン体制への支持は倍加した。これとともに世論の流れではプーチン路線の継続を願い、その体制が終わることへの懸念を示すようになった。

第三期は必要か？

もっともこのことは大国化するプーチン体制に対する懸念や批判も西側諸国を含め同時に内外で高まったことをも意味した。しかしこのようなロシアの高度成長は、もっぱら石油や天然ガスの高価格に支えられているものの、この結果としての政治経済体制はサウジアラビアやベネズエラか、カザフスタンのような権威主義体制と同じではないかという批判も当然存在した。『エクスペルト』誌は2007年第一・四半期の経済を分析して4月半ばに「ロシア病はオランダ病より恐ろしい」と書いた。ロシアでは石油資源輸出以外に内需が拡大、経済成長の要因も現れたものの成長の源泉としては使い果たしつつあり、もはや投資など別の考え方、やり方が必要だと説いた。ロシアがはたしてこのままでいいのか、選択が迫られた。

こうした文脈でクレムリン周辺ではプーチン後継問題をめぐる争点が次第に浮上した。トレチャコフが「２００８年以後もプーチンは我々に必要か」といった刺激的な論文を政府系の『ロシア新聞』に書いたのは05年6月であった。彼は同名の著作を出して三選キャンペーンを展開、『政治階級』誌でも議論を先導する。そのころから後継者問題とロシア政治の変容が話題となりだした。プーチン反対派で後継問題を扱ったジャーナリスト、ドレンコの『２００８』といった小説や文献が数多く登場した。[17]実際トレチャコフの『政治階級』以外にも、フョードル・ルキヤノフ編集長の『世界のなかのロシア』『ロシアの戦略』といった高級政治誌が現れ、学者以外にも政治への新しい関心が広がりだした。政治家のランキングが『独立新聞』や『政治階級』誌などで話題となった。

こうしたなかでもプーチンの側近であった40歳になったばかりの法律家メドベージェフが２００５年11月に第一副首相に任命されたことは、後継の有力候補となったことを暗示した。彼はガスプロム社の会長としてビジネスマン出身でもあった。同時にプーチンは代わりの大統領府長官として、石油産業で最も成功した知事でもあったチュメニ州知事のソビャーニンをも指名している。トレチャコフはソビャーニンを後継者の第1位とまで書いた（PK/11/05/17）。その後06年11月には、シロビキ出でプーチンとも若いころから親しい国防相セルゲイ・イワノフが第一副首相として経済担当となったことは、メドベージェフへのライバルとも目された。そのほかにも内閣官房長官であったナルィシキンが07年2月に副首相となった。ロシア鉄道会社のヤクーニンや軍需産業輸出のチェメゾフなど、プーチン側近集団で国家オリガルフと呼ばれるようになった人物も後継候補と世論では目されるようになった。実際07年の政治状況センターの分析ではロシアにはガスプロム、ロスネフチなど7つのノメンクラトゥーラ・政治集団があり、たとえばヤクーニンのロシア鉄道は１３０万の従業員を抱え推定5

００万人に影響があったが、チェメゾフの軍需産業では２７０万人が働いていた。もっともユーコス事件以降政治的にはプーチン体制に忠実といえた。メドベージェフ、ソビャーニン以外はいずれも強力官庁、つまりシロビキとの関係があった[18]。

シロビキの分裂

プーチン時代、特に２００３年のユーコス事件でホドルコフスキーが政治の世界から追放されて以降シロビキの比重が高まったことは、政策決定におけるリベラル派の比重を下げることになりかねなかった。シロビキに対抗するオリガルフの影響はカシヤノフ元首相のようにすっかり後退した。

なかでもシロビキ系のビクトル・イワノフ、セーチン、パトルシェフらの「急進的」集団の圧力が強まった。彼らは、同じシロビキ内部でもセルゲイ・イワノフ、チェルケソフ、ムーロフ、ゾロトフらの「穏健派」系列と衝突するようになるという分析も出た（Peredel: 41）。この説によると「急進派シロビキ」が大統領候補に推そうとしたのは、１９９９年からの検事総長のウラジーミル・ウスチノフだったと、モスクワ・カーネギーの政治学者ニコライ・ペトロフらは主張した（polit.ru/23/06/06）。彼のもとで検事総長は「国家機関というよりもあたかも政党のような役割」（政治評論家アレクセイ・ズーディン）になりはじめた。セーチンとも縁戚関係のあるウスチノフを大統領候補にしようとしたといわれる「急進派」だが、そのウスチノフは06年半ばに検事総長を解任された。もっとも彼は法相には残った。ウスチノフはたしかに政治的ランクがこのころ『政治階級』誌によれば

15位前後になっていた。

ロシア政治の展開をみるには、クレムリン学的な人脈の変遷だけでなく、地方を含めた政治体制における制度や集団の政治的影響をも正確につかむ必要があろう。2007年はじめ、『エクスペルト』誌と社会予測研究所などの調査機関が、32の州・地方、670名のインサイダーたちの意見に基づいて地方政治をめぐる調査を分析した（E/01/07）。これによれば、07年当時の政治構造が、1990年代のカオスの時代とも、00年代当初とも違ってきていることを示した。特に03～06年の間に連邦レベルだけでなく、とりわけ地方でもパトルシェフFSB長官やヌルガリエフ内務相といったシロビキの政治的成長が著しいことを示した。しかし同時に大統領と統一ロシア党の影響もまた増していることも指摘し、「ロシア内政の非軍事化にとって主要な手段となりうるのが大統領と統一ロシア党である」との興味深い指摘をした。これは07年秋からはじまる選挙の時期を占うものとしては重要だった。なかでもこの調査ではメドベージェフ、グリズロフ統一ロシア党首、スルコフといったプーチン直系の政治家の地方・中央での影響が指摘された。とりわけ統一ロシア党の地方での影響力の高さが注目された。シロビキに対抗してこういった「リベラル」ブロックが対抗している構図が示されたともいえる。他方でセーチンのようなシロビキの影響力は、地方では意外に力が伸びていないとも指摘された。ちなみにフラトコフ首相、セルゲイ・イワノフ第一副首相らの影響はその中間程度であった。興味深いのは、デリパスカ、アレクペロフといったオリガルフ系ビジネス関係者の影響が低下していることも注目された。グーロバらこの論文の著者は、90年代～03年までは、多くの力のセンターが存在したとしたら、それ以降は大統領国家となったこと、そしてシロビキの力がこの間増したこと、これに対抗すべくプーチンと彼の周辺はこれへの対抗的な政治システムを、統一ロシア党を中心に作りはじめていること、を暗示していた。次の大統領は政治体制のリベラル化を目指すべきだとも、この分析は提言した。

プーチン三選？

こうしたなか2007年4月23日に最初のロシア大統領エリツィンが亡くなった。プーチン時代はいよいよ不動のものとなった。同時にプーチン政治の延長としての第三期を目指し、このために憲法改正をおこなうべきだという考えも広まった。ミローノフ上院議長やチェチェン大統領（10年から首長）ラムザン・カディロフのような人物が三選のための改憲の旗を振った。こうしたなか26日、プーチンは大統領として8度目になる07年次大統領教書を発表した。ロシアの政治経済が「よい方向に向かっている」として、自ら課題とした所得倍増を達成し、貧困を半減したことを誇示した。06年からは出生率が増大し、死亡率が低下していることにもふれた。またこの方針が、選挙の年である07年の下院選挙を前に提起されたことを強調する。教書はこの選挙について、選挙制度改革の結果として政党は比例区のみの選挙となることを強調、政治制度を民主化し、地域ボスの行政的リソース利用を排除し、反対派も関与できる選挙となったとも指摘した。地方議会での分派が4倍となるなど政党の役割が拡大していることを指摘した。もっとも他方ではオレンジ革命に代表される米国などの「内政への干渉」、つまり外国からの資金が増大していることにあらためて警戒を示した。政治と政党の役割の大きさは選挙を意識した発言であった。

この教書では同時に経済にも主要な関心が向けられた。黒字に転化した国家財政支出の拡大が課題となった。財政面での3カ年計画という新しい試みができた。農業での民族的プロジェクトは5カ年計画と呼ばれた。住宅、道路、鉄道といったインフラ整備は緊急の課題となっていた。住宅建設では毎年15パーセントの伸びとなり、毎年8000万平方メートルのスペース（2010年まで）では足りず、1億から1・3億平方メートルのスペースが必要となると指摘、この間修繕なしの家が半分もあり、また何百万人のスラム街は耐えられないとして、この再建には、ユーコス社の売却代金なども入るとプーチンは語った。住宅修理基金を含め、地方主体、自治体の役割が大きいことがわかった。

なかでも焦点は、エネルギー価格高騰がもたらした1500億ドルに達する安定化基金であった。ユーコス事件の後の2004年以降、石油税として1バレル27ドル以上の金が徴税され、積み立てられていた。しかしロシア政府内のネオ・リベラルな潮流の考え方もあって、これを使うことはインフレにつながると、利用されることなく蓄積された。しかしプーチンは07年の教書ではじめてこの路線への修正の必要にふれた。つまり石油ガス代金を3分割し、①準備基金、②社会問題解決、③未来世代のため基金に組み込むことになった。また福祉のため資金を不足する年金にあて、年金を65パーセント上げることも選挙対策だった。

個別政策では、ソ連末期から改善されていない交通、道路、水運、港湾設備などのインフラ整備のためにも資金を振り向ける必要があった。道路予算は2005年から倍増されたが、まだ不足で1000億ルーブリ振り向ける必要がある。国際ランドブリッジ構想など、ユーラシアの鉄道長期計画、さらには航空機産業の民営化、水運、運河建設、森林業の効率化、造船部門の立て直しが課題となった。さらには科学の向上にも資金が480億ルーブリ必要とし、ナノテクの重要性も指摘された。軍隊にかんしては職業的軍隊への転化、07〜15年の軍備計画、軍人の賃上げにもふれた。

大統領教書＝プーチン首相？

このような2007年大統領教書の内容は、最後の大統領の政治報告というよりも、今後数年の経済計画というに等しかった。有力政治学者のツイプコは、この演説はプーチンが経済担当の首相になるものだと喝破した。こうして大統領教書でプーチンの経済政策が産業政策優位という色彩が強まる。

換言すると政府のコミットが高まり、つまりは国家が経済の前面に出だした。これとともに官僚的な経済利益支配へのシロビキ派の圧力、つまり国営企業を創設する潮流が強まったが、国営企業とは特定の課題にそってその解決のために国家の構造物を創造する（ヤコフ・パッペ）というものである。実際、07年教書以降半年の間に6社の国営企業が創設された。開発銀行、オリンピック建設、ロスナノテフ、住宅開発基金、ロステフ、ロスアトム、である。ロスネフチやガスプロムは国営企業であるが、これは、①利益があり、②戦略部門であって、③石油産出国では国家企業がこれに従事するという世界的傾向に合致している、とパッペ教授も指摘する。もっとも国家が所有するホールディング企業で、特権を持つ企業体は、アトムエネルゴプロム社の民間部門にあたるロスアトム社や、ロステフ、あるいは計画中のロシア漁業などもあるが、後者は特に民業を圧迫する、と『エクスペルト』誌の記者チュメニェフは指摘した。

なかでもプーチンの東ドイツＫＧＢの盟友、チェメゾフが率いるロス・オボロンエクスポルトといった軍需産業が、自動車会社なども統合して超巨大国家企業を創設することへの強い意図を示した。軍産部門の専門家、伏田寛範によれば２０００年11月に創設された同社は兵器輸出の８～９割を管理した（伏田：21）。チェメゾフはこの強大な輸出向け軍需産業の役割拡大を志向してきた。この企業を基盤にハイテク部門での権限を拡大し、本来なら国家機能である武器の輸出許可といった国家的機能までこの企業が独占するという特権企業を作る考えを実施しだした。つまり巨大な国営企業を創設し、これに安定化基金を投入するということであった。

プーチン自身は軍産部門でも穏健派のセルゲイ・イワノフと急進派チェメゾフとのバランスをとったともいわれる（Peredel: 42）。それでも２００７年に作られたロステフというこの巨大な国営企業はアウトバズ自動車会社なども吸収する構想があった（伏田：62）。もっとも造船部門では、教書を受けて5月に大統領補佐官ビクトル・イワノフが首相に書簡を送り、「造船業での輸出入での国家独占を実施すること」を求めた。このシロビキ系の大物であるイワノフの「革命的」提案には、リベラル派の経済相グレフが激怒したといわれる。

このような問題をめぐって9月はじめに、市場経済原則にコミットするフラトコフ首相とグレフ担当相が反対した。このためフラトコフ首相などが10日に解任された。チェメゾフは3年前からこの巨大企業体創設を考えていたというが、チェメゾフによる事実上の巨大軍需・民需官庁の創設にも等しいものであって、いちおうシロビキ系のフラトコフ首相ですら承認しがたかった。しかし彼らの辞任でこの企業体は大統領の承認を受けた。なかでもこのような傾向を経済の国家化と呼んで、１９９６年非営利の国営企業創設を支持したのは経済学者ビクトル・ポルテロビッチのような保守派であった。彼は経済の国営化には法的基盤を作るべきだと論じた。経済の計画化についても、恐れる必要はない、日本や韓国、アイルランドでも作成しているとも主張した。

このような官庁規模に等しい超国営企業を創設することは次第に政治的対立をも招いた。プーチンは明らかにこの強大化しすぎた「シロビキ」をセーチン等の急進派とセルゲイ・イワノフらの穏健派だけでなく、さらにメドベージェフ等の「リベラル」「法律家」、あるいは「古モスクワ派」といった「反シロビキ連合」を画策したというのが『ロシアでの所有の再分割』報告の趣旨である（Peredel: 25）。これこそ、２００８年メドベージェフ大統領登場に到る政治力学であった。

実際フラトコフ首相解任にいたる政治過程の背景にこのようなシロビキ急進派とリベラル派との暗闘があった。『エクスペルト』誌は、フラトコフ首相の解任直前に彼は国営企業の考えを批判したと書いた。このときグレフ経済発展貿易担当相、クレムリンの経済担当のアルカジー・ドボルコビッチ（１９７２—）らリベラル系がこの構想に反対した。伏田寛範によれば、実はこの時までにセルゲイ・イワノフに代わって２００７年はじめに税務畑の民間人、アナトーリー・セルジュコフ（１９６２—）が国防相に任命されたあとだったが、国防省も兵器発注の権限が奪われることでチェメゾフ案に反対したという。このこともあって同社は事実上「疑似官庁」となり強い政府の統制下に置かれた（伏田：68）。政治の不安定が経済に反映し、逆に経済政策をめぐる対立が政治的選択と絡む、この悪循環が07年夏から秋にかけて深刻化していた。

第4章　タンデム

バルダイ会議とズプコフ人事

ロシア南部、黒海に面するソチは歴史的にも著名な保養地で、ここにはスターリンなど歴代のソ連・ロシア指導部の別荘が立ち並ぶ。その一つにロシア大統領の別荘であるボチャロフ・ルチェイがある。プーチン大統領は２００７年９月14日、バルダイ会議のロシア専門家、ジャーナリストたちと会見した。バルダイ会議は04年からプーチンの国際諮問機関として組織された。米国のマーシャル・ゴールドマン（１９３０―２０１７）教授やプーチンの後継者についての質問をしたことで世界的に有名になった米国のロシア系ニコライ・ズロービン教授など50名ほどが参加した。

ソチでプーチンは２００７年秋以降の政治課題を提示した。そこではアジアに対しロシアは全方位で臨むことや、日本とのエネルギー協力を示唆した。なかでも注目されたのは内政問題であった。プーチンはその直前の12日に、フラトコフに代わって新首相に指名されたばかりのズプコフを紹介した。ズプコフは１９４１年９月にウラルのスベルドロフスク州生まれで、憲法上大統領に次ぐ首相人事で名前があがったときは66歳。ソ連崩壊時までレニングラード州のソビエトと共産党の官僚であった。ソプチャーク市政でプーチン副市長兼部長の部下である対外関係副部長、その後は租税警察の長であった。99年からはモスクワで租税関係を担当するようになり、２００１年には新設された金融監督にあたるロスフィンモニタリングの職につき04年からその長官であった。そうでなくとも市場経済のためには、正常に機能する徴税機能が司法と並んで不可欠である。プーチンが国防相に次いで首相にも徴税関係者を昇進させたことになる。

プーチンはバルダイ会議の席で、清廉潔白で有能な人物だとズプコフを評価した。ズプコフ新首相の指名は会議参加者だけでなく多くの観察者を驚かせた。盟友とされたセルゲイ・イワノフ第一副首相を首相にするという観測が高まっていたからである。実際12日、筆者を含むバルダイの専門家の前に現れたイワノフは、ズプコフの新人事が閣僚会議で承認されればかりだとにこやかに参加者に伝えた。

さっそく反対派的な『ノーバヤ・ガゼータ』の政治評論員アンドレイ・リャボフはズプコフ人事について「政治学は死んだ」という記事で「クレムリノロジーが戻ってきた」と評した（Novaya Gazeta /09/07）。政治学は公表された資料やデータを通じて、政治過程や人事を理解することが可能であるという前提に立っている。しかしいまロシアでは、最高指導者の人脈や噂、また特定のジャーナリストへのリークといったクレムリノロジーが跋扈《ばっこ》している。つまりプーチン政治はいまや権力周辺の陰謀論的な世界になっている、というのである。もちろんクレムリン学とロシア時代の政治学を同一視することはできなかった。ソ連共産党時代よりは可視性は高まったのだが、西側を含む利害がロシア政治に絡むことでクレムリンをめぐる権力と所有の政治学はより複雑になった。

こうしてプーチン大統領は政治の季節の開幕を告げた。プーチンは2007年のバルダイ会議で自身の三選はないと断言した。同時に自分は弱い大統領のために働いてきたのではない、プーチン自身は今後も政治の世界に残るとも言った。ロシアには強い政党制が欠けており、これらがなくして民主主義は成立しない、とも発言した。これは重要な言明で、プーチン自ら政党政治に乗り出す徴候でもあった。

その先駆けは地方知事の更迭であった。ベスラン危機の後プーチンは2005年1月に知事の選挙制を廃止する法律に署名した。このアイデアはスルコフ補佐官のものであったが、その結果解任されたのは07年8月までは実はわずか5知事であった。ベスラン事件の余波というか、カバルダ・バルカル、北オセット、ダゲスタン、といったチェチェン共和国周辺の南部の知事・大統領が交代したにすぎなかった。しかし07年末からの選挙の季節を前に、政治的変化の嵐が襲った。

最初にその対象となったのは、ノブゴロド州知事のミハイル・プルサク（1960―）知事である。1991年にリベラル派知事として登場、エリツィン後継の噂すらあった人物だが、腐敗のかどで2007年7月に交代した。これに次いだのは、アルハンゲリスク州知事のキセリョフで、統一ロシア党との関係が悪く解任となった。なかでも石油ガスの拠点であるサハリン州知事のイワン・マラホフ（1953―）は国境警備隊出身で、03年にヘリコプター事件で亡くなったイーゴリ・ファルフトジノフ知事の後任であった。8月にロスネフチとガスプロムとの対立もあって交代を余儀なくされた。彼に代わったのはオハ市長で、ガスプロム（ロスネフチ）系のアレクサンドル・ホロシャビン（1959―）が知事となった。マラホフ人事について『エクスペルト』誌は、この交代劇を国家資本主義の地方政策と皮肉った。

映画『選挙の時』

なかでも大物のサマラ州知事のコンスタンチン・チトフは、チュバイスやガイダル系の急進派知事、

「知事集団の老兵」（ミグラニャン）であり、プーチンのチェチェン戦争に異議を唱えた人物でもある。実はオリガルフが繰るロシア地方政治を皮肉った喜劇映画『選挙の時』（２００７年）のモデルの一人でもあった。もう一人はサラトフ州知事ドミトリー・アヤツコフ（１９５０―）、米国でクリントン大統領に会い『ニューズ・ウィーク』誌でエリツィンの後継候補として紹介された。映画はボルガ河のサマラとサラトフという二つの州を、モスクワの選挙請負のPR会社が混同したことがもたらす喜劇映画であったが、退役軍人からコサックまで地方政治に関与するボルガ地域こそ、ロシア政治の奥の院であることも示していた。ちなみにプーチンのライバルたりえたアヤツコフ知事をつぶした当時の副知事は、２０１２年に議会人として知事公選運動を進め、また国民戦線を作ることになる下院議長ビャチェスラフ・ボロジン（１９６４―）である（油本）。オレグ・フォミン監督のこの映画は08年大統領選挙時に公開され、ロシア政治の専門家にとっては必見といわれた。最後のシーンには監督はまだ逮捕されていない、という落ちまであった。

この一連の展開は、少なくとも２００７年5月の大統領教書でプーチン政権が政策転換をし、産業政策に重点を置きだして以降、政権内に生じた各種利益の対立の結果であった。急激なエネルギー価格の高騰により蓄積された安定化基金を利用して新しい技術や産業を立ち上げるという考え方は、プーチン政権下で強まったシロビキ関係者の政治的関与を促したのである。プーチンとも親しいセーチン大統領府副長官やウスチノフ元検事総長といった急進的シロビキ系がズプコフ首相を推しているという観察もあった。他方リベラル系の『エクスペルト』誌は、「新内閣がソビエト的国家計画委員会になる」かもしれないと、国営企業化への危惧を示した。ちょうど10年前の１９９５～96年に民営化の腐敗から共産党の台頭を恐れたコルジャコフ、バルスコフらエリツィン周辺のシロビキが試みたように、下院選挙を中止か延期するといった説も流れた。

もっともこれは根拠が乏しかった。55歳の現役プーチンが66歳の「eメールも打てない」首相に将来を託すというのは考えにくかった。この人事は、むしろ別の見方が可能であった。つまりプーチンが次第に内閣に人事の重点を移しており、ここに自分の周辺の人物を配置している、というものである。プーチンが政権をとった2000年内閣はエリツィン系のカシヤノフの手中にあった。04年フラトコフが首相になったときも、フラトコフはシロビキの傾向が指摘されたけれども特にプーチン系というわけではなかった。事実彼の内閣官房長はプーチンのレニングラード大学法学部の10年後輩のコザクであった。

2005年11月のメドベージェフ第一副首相とソビャーニン大統領府長官人事を皮切りに、06年秋にはセルゲイ・イワノフ、そして07年2月には、プーチンとの連絡にあたった内閣官房長ナルィシキンが副首相になった。なかでも財政の役割が高まるなか、サンクトペテルブルクの経済学者でプーチンの友人クドリンが財相から9月に副首相に昇進した。さらには新内閣、行政改革の主導者であって、プーチンの後継説もあったコザクが、チェチェンなど南部の大統領代表から新内閣の地域発展相として戻った。このことでプーチン直系が08年の新内閣の中枢を構成することが明らかになった。1990年代はじめサンクトペテルブルク副市長プーチンの周辺にいた人物はこうしていまや内閣に集約された。ズプコフ人事はその仕上げという側面があり、内閣はこうして次のプーチンの拠点となりはじめた。なかでもこのズプコフ首相人事はズプコフの娘婿でもあるセルジュコフという、セルゲイ・イワノフに代わって国防相に任命された人物をもクローズアップさせた。もとは南部の農業関連から1990年代の家具経営を経てプーチン時代には税務長官、一部にはプーチンの後継者説もあった。軍との直接の関係がない彼には2020年までの軍改革をおこなうことが期待され、実際08年のジョージア紛争ではロシア軍の構造的問題に対処して改革を進めようとした（小泉）。しかし人員削減で将軍たちを大量に退職させたことは、共産党など保守派の恨みを買い醜聞に巻き込まれ、12年12月までにショイグに交代することになる。

実際、経済政策と後継問題とが絡んでいるという兆候は、2007年10月9日のチェルケソフ連邦麻薬取締庁長官の『コメルサント』紙論文に現れた（K/09/10/07）。チェルケソフはレニングラード大学法学部でプーチンの二期先輩にあたるが、KGB同期であった人物でソプチャーク市長とも親しかった。04年から麻薬統制の任にあたったが、この機関はパトルシェフのFSBのライバル組織であった。彼はまた大統領警護局長のゾロトフとも親しいともいわれたが、ゾロトフはソプチャーク市長の警護からプーチン自身の警護に関わった人物である。16年には内務省配下の国家親衛隊を仕切ることになる。いずれにしてもこのような治安機関内部の内紛をチェルケソフが告発したことは、セーチンなどシロビキ内部での穏健派と急進派の暗闘を窺わせた。実際その後財務省のストルチャク次官が逮捕されたこともリベラル派がとばっちりを食ったかに思われた。

これらの動きを受けて2007年10月1日、大統領は政権与党、統一ロシアの大会において、自分自身がこの政党候補者リストの第1位を引き受けると言った。そして新議会が支持するなら、新首相になることもありうると示唆した。実はこの間150万党員を要する党は理念も組織も停滞していた。

23日にはクラスノヤルスクで統一ロシア党へのテーゼを提起した（V/19/11/07）。彼は強い政党が必要だと話した。これらの動きは政党的首相への動きだと受けとめられた。このことはナルィシキン副首相らもほのめかしていた。これによってプーチンの次の政治課題が自身の首相就任とセットの政党強化であることが示された。皮肉っぽくいえば、ホドルコフスキーが03年に試みたことの焼き直しといえなくもない。しかし問題はあくまでロシアの政治の制度化による再編成、なかでも政党システム強化の問題と関わっていた。

12月下院選挙

こうした過程を経ておこなわれた2007年末の下院議会選挙は1993年以来で5回目となる。議会選挙は4年に1回、12月におこなわれたが、直後の大統領選挙を占うものとも考えられた。この下院議会選挙には15党派が参加を表明した。クレムリンが与党とバランスをとらせようとした「公正ロシア」以下「平和と統一」「ロシア共産党」「右派勢力同盟」「自由民主党」「民主党」「統一ロシア」「ロシア再生党」「愛国ロシア」「ヤブロコ」「市民の力」の11党派が選挙管理委員会の基準に合致、登録された。この選挙にはロシア市民のうち選挙権を有する1億914万5517名が選挙人登録された。このうち6953万7065名が結局選挙に参加、投票率は63パーセントとなった（選管データ）。ちなみにこの選挙から「すべてに反対」という項目がなくなり、不満を表現する方法がなくなった。この12月選挙は通常の議会選挙に加え、新たな要素が加わった。プーチンが自己の任期切れ後も政界にとどまることを表明、自己への信任投票と位置づけたのである。つまり統一ロシア党のリストにトップで載せるなど、プーチンが与党に直接に関与したことで、ロシア大統領は無党派というエリツィン時代の伝統からの転換となった。こうして「民族的指導者」としてのプーチンを「自発的」に支持する署名が3000万も集まった。議会選挙期間中の11月にはトゥベーリ市でプーチン支持の79地方からの代表700名からなる集会が開かれたのをはじめ、各地でプーチン支持集会がおこなわれた。選挙キャンペーン期間中の世論調査では、プーチンによる統一ロシア党支持のあおりを受け、反対派の支持は伸び悩んだ。

選挙期間中、OECDなど西側の選挙監視団をめぐる問題が浮上した。ロシアの選挙が不正であるという批判が欧米政府から表明された。日本政府などは監視団を送ったが、OECDは、少人数に限るとするロシア選挙管理委員会との話し合いがつかないまま監視団を送るのを断念した。

プーチンの選挙へのコミットがはじまるにつれ、行政的リソースを知事たちが行使したケースも報じられた。そもそもプーチンが与党にコミットしたことで地方知事たちはどの党に投票するかの信号と受け取った（Novaya Gazeta/91/07）。ダゲスタン共和国のように投票率が100パーセントとなった地域があった。この共和国のような操作可能性が高い選挙区をリベラル派の政治学者ドミトリー・オレーシキン（1953―）は「特別選挙文化」と皮肉った（同上）。行政的リソースが行使される可能性が高いのは、都市よりは農村地区である。都市での投票率が低ければ、この可能性が高まるとオレーシキンは指摘した（同上）。実際地方のエリートによる操作可能性が高かったのはイスラム系共和国であり、チェチェン、バシコルトスタン、タタルスタン、モルドビア、また仏教系のカルミキヤ、トゥバ共和国などは昔から評判が悪かった。もっともこれらの共和国でもウファ、カザニといった大都市では、近隣のボルガ地域のニジニ・ノブゴロド、サマラといった大都市と投票行動は似ていた（同上）。選挙当日に選挙違反をモニタリング調査した民間監視団体「投票（ゴロス）」は、2万人を動員して38地域でモニタリングをおこない、3961件の違反事例を確認したという（Novaya Gazeta/93/07）。

選挙結果

その結果は、第一に、この選挙を自分への信任投票に変えたプーチン大統領にとっては勝利といえた。議会選挙は、大統領選挙よりも投票率が10パーセントは低下することが普通だ。しかし信任投票となって投票率も55パーセント前後の前回から63・78パーセントと8パーセントもアップ、大統領自身の人気もあって統一ロシア党への票は39パーセントから64・3パーセントにまではね上がった（ロシア各紙/10/12/07）。議席も450中315と憲法改正に必要な3分の2を単独で確保した。単純に考えれば、プーチン効果は25パーセントの得票率の増加によって示された。

もっとも統一ロシア党の地方でのリストをみると、1位のプーチン大統領は別としても、アジゲイ共和国のアスランチェリイ・トハクシノフ（1947―）大統領、アルタイ地方のアレクサンドル・ベルドニコフ（1953―）知事、バシコルトスタン共和国のモルタザ・ラヒモフ（1934―）大統領からはじまって、ルシコフ・モスクワ市長やマトビエンコ・サンクトペテルブルク市長にいたるまで、いずれも現職の大統領や知事、市長たちが並んだ。権力党として現職を並べ、行政的リソースを行使した。もっとも彼らの多くは当選後議員職を辞退した。逆にこの政権党への支持が低かったのはボロネジ、沿海地方南部、オムスク、サマラ、モスクワ市が49パーセント程度、プーチン大統領の故郷であるサンクトペテルブルク市の都市部が五割以下であった（選管データ）。

こうしたなか統一ロシア党では分岐が生じ、選挙後は3潮流が生じた。プリューギン議員が率いる「自由保守」派、イワン・デミドフの「愛国」派、そしてアンドレイ・イサエフの「社会」派、である。プリューギンは議会内で、ビジネス側の利益を擁護する立場で知られた（E/41/07）。この考えは日本の自民党の派閥を研究した成果という考えもある。

他方、「建設野党」である公正ロシア党への支持が10パーセント以上と高かったのは、党首ミローノフ議長の故地であるサンクトペテルブルク（15・13パーセント）をはじめ、アストラハン、カレリヤ、サハ、クラスノヤルスク、沿海地方、スタブローポリ、などであった。低かったのは南部などの共和国地域であった。他方ロシア共産党への支持が20パーセント前後あったのは、オリョール、ボロネジ、サマラ、タンボフなど、いわゆる「赤いベルト」の中部の農業地域である。もっともその比重は明らかに減少した。これに対し共産党への支持が低かったのは、イングーシ、カバルダ・バルカル、チュコトカ、チェチェンなど民族地域である。当選者は、ジュガーノフ党首、農業党系の元大統領候補ハリトノフらのほか古くからの働き手がいた。自民党の当選者には、ジリノフスキー党首のほか、2006年英国で何者かに暗殺されたロシアの元情報将校アレクサンドル・リトビネンコ（1962—2006）事件で「容疑者」とされた元KGB将校のアンドレイ・ルゴボイ（1966—）などが入っていた。

他方で顕著な選挙結果は、1990年代までのリベラル改革の主役であった「ヤブロコ」や右派勢力同盟の明確な没落現象であった。ヤブロコ派は平均支持がわずか1・59パーセントであった。右派勢力同盟も、ユーコス社との関係もあったであろうがサラトフで4・64パーセントの支持があり、サンクトペテルブルク、モスクワ市で支持があった。逆にいうと首都など大都市以外に支持は少なかった。このことについてリベラル経済学者のヤーシンは「よくオーケストラ化された」結果であって驚きはない、プーチンに対する支持は証明されないと皮肉った（Novaya Gazeta/93/07）。

第二に、共産党、自民党、そして公正ロシア党をあわせ4党が得票率7パーセントという枠を超え議席を得ることができた。こうして2008年からの第五議会は多党からなる議会となった。野党の得票率は、共産党は11・57パーセント前後、自民党も8・14パーセント前後であった。

プーチン政権が右派リベラルに敏感であったことは、右派勢力同盟のチュバイスに対してバルダイ会議でその脱税問題を示唆したことが示している。統一エネルギーシステム社という強力なリソースを有し、IMFとの関係の深いチュバイスの立場を恐れた。右派勢力同盟は、チュバイスらが出馬せず、ネムツォフ、ベーリフらの指導は目立たなかったにもかかわらず、である。選挙直前に急進的民族共産系の民族ボリシェビキ党のエドワルド・リモノフ（1943—2020）と街頭行動を展開したことも勢力の低迷に拍車をかけた。またヤブロコのヤブリンスキー党首もふるわなかった。2003年議会選挙に敗北後、彼の認知度は下がった[19]。総じて6割のロシア人が彼を信じていないし、半分の世論が過去の人と断じていた。

こうしてみると、強い政党システムを創設するというクレムリンのもくろみは不満足な結果に終わったと評せよう。第一は、「統一ロシア」党の一人勝ち、いわばガリバー型寡占システムにしかならなかった。第二は、「建設的野党」の弱さである。公正ロシア党は得票率7パーセントを超えたが、しかし野党のなかでの主導権はとれそうにもなかった。実際選挙直後共産党に提携を申し込んだが、クレムリンの意向をみすかされてか断られた。第三は、金融などの右派の潜在力がおそらく過小に表現された。

後継計画

議会選挙の終了を受けて2007年12月10日、統一ロシア党、公正ロシア党、農業党、それにリベラル系の小政党、市民の力党の4派の代表が、ドミトリー・メドベージェフを大統領後継者に推すという提案をプーチン大統領に申し入れた。農業党は今回2・31パーセントを獲得した。共産党が票をとった赤いベルト地帯では、1990年代から共産党は農業党と友党ではあるものの、政府形成に際して農業党は常に与党であった。実際04年大統領選挙で、共産党が出した候補は、93年から農業党のハリトノフであった。議会内では与党の議席が75パーセントとなる計算であり、自民党を準与党と考えれば、実に88パーセントがプーチン・メドベージェフ体制支持となった。

それにしてもなぜプーチンは議会選挙にコミットしたのか。一つの答えはロシア政治の変容がある。つまり、プーチン時代にはオリガルフと呼ばれた新興財閥、政商たちが政治的に追放されるなどして退潮した反面、いわゆるシロビキと呼ばれる軍や治安機関関係、つまり将軍たちの台頭が目立った。ロシアにはこのシロビキ関係の国家機関が10以上あったが、その内部対立がにわかに激しくなった。国家主義的な彼らが経済的にも台頭、ネオリベラルな経済政策が後退し、代わって再国有化や、国家企業などを作るといった声高な主張も出てきた。この傾向が続くと経済までもが国家主義や官僚的性格を帯び、改革への志向がにぶる危惧があった。強い政党と人気あるプーチンという政治を演出した背景にはこういった傾向へのブレーキという側面もあった、とみるべきであろう。

4派による申し入れは、選挙結果をみて、大統領任期は二期という憲法自体は変えないとしても、経済の高度成長で人気が高いプーチン路線を変えたくないというクレムリンの意向が反映していた。つまり当初予定された本格的後継者選びでも、また中央アジアの大統領のような三選運動でのプーチン権力の居座りでもなく、その変容、つまり大統領任期終焉後のプーチンの権限をどこまで認めるかというものに焦点が移った。クレムリンの政治テクノロジストは再び政治ショーを演出したのである。こうして後継者プロジェクトは一つのサイクルを事実上終えた。それはプーチンの本当の後継者を目指すというよりも、その体制を変容させる効果を持った。民主的選挙によって、後継者を選ぶだけでなく、プーチン自身のその後の位置をも「民主的」に正当化する効果を持った。

「後継者」メドベージェフ

プーチンが1999年末にエリツィンの後継者となったとき、この人事を選挙君主制だと喝破したのは、リベラル派の政治学者シェフツォバだった。すでに決まったことを選挙で追認する試みだからだ。その意味では2007年末にプーチン大統領によって「後継者」に推挙されたドミトリー・アナトーリエビッチ・メドベージェフも同じ経緯で選ばれた。08年3月の大統領選で彼を支持したのは、政権党の統一ロシア党のほか、公正ロシア党、農業党であった。対抗馬には共産党のジュガーノフ(得票率17・72パーセント)、自由民主党のジリノフスキー(同9・35パーセント)、その他バレリー・ボグダノフ(1941—)が立候補したが、メドベージェフは70パーセントを超える得票率で圧勝した。

違いがあったとすれば、エリツィンのプーチンを後継者とする人事は当時人気があったプリマコフ首相の大統領への道をつぶすために、チェチェン戦争への反テロ作戦で有名になりかけたプーチンが後継者として選ばれたという事情であった。これに対し法律家でリベラルなメドベージェフは、2005年11月には有資格者でもある第一副首相に任命されており、やや遅れて第一副首相となったシロビキ系のセルゲイ・イワノフとともに最有力後継候補とみられていた。

プーチンは時に予想を裏切る人事をおこなう。直前の保守的潮流が印象深かったために、週刊誌『エクスペルト』誌までもがセルゲイ・イワノフを予想したほどだ。「自由は不自由よりいい」と言い切った新大統領には、欧米の世論を含めリベラルさに期待する声は高かったが、プーチン期の保守的安定を求めた人々からは戸惑いもあった。

こうして2008年5月7日、第三代大統領としてメドベージェフがクレムリンで就任式をおこなった。この式はプーチンと共同開催、双頭政治を印象づけた。もっとも権力は変わらないとみられたのか、欧米からの参列者はなかった。翌日に開催された議会でプーチンが首相に選ばれ、翌9日は対独戦戦勝記念日で、ソ連崩壊から17年ほど開催されなかった軍事パレードがおこなわれたのが目を引いた。ソ連末期からの停滞と混乱を克服し、国際社会でも大国として扱われたいという願望の表れだった。プーチンの8年間で、ロシアは世界3位の外貨準備高を有する大国となっていた。

メドベージェフとプーチンとの双頭体制の安定度には議論もあった。ロシア連邦の憲法体制は、大統領国家でありながら議院内閣制の理念も併存しているからだ。しかも議会で多数党の指導者を兼ねることになったプーチン新首相は、経済だけでなく安全保障、さらには地方知事への権限も拡大した。すでに論じたように、「強い首相と弱い大統領」という組み合わせは、1988年のプリマコフ首相時に現れ、2003年にはプーチンから追放されるホドルコフスキーも目指そうと試みたといわれる。その意味ではプーチンは自ら改憲するという三選シナリオよりも、このアイデアを利用したともいえる。

この二人はそれまで17年間コンビを組んできたが、支持母体には若干の違いもあった。新大統領のもとにはエリツィン時代のブレーンを含め学者や若手の法律家などが入ったが、プーチン首相のもとには軍人や治安関係、いわゆるシロビキといわれる人々が目立った。

それではメドベージェフとはいったい誰なのか。彼自身「モスクワに1999年に出てきたときも、私は8年で大統領候補になろうとは想像しえなかった」と語った。将来の大統領はレニングラード郊外の40平米のアパートに生まれ、30年暮らした。アパートには多くの科学技術関係の蔵書があったが、なかでも文学作品や小百科は彼の気を引いた。87年レニングラード大学法学部を修了、90年には大学院での修士（候補）を修了した。リーバイスのジーンズに憧れ、英国のロックバンド、ピンク・フロイドに聞きほれる普通の青年だった。23歳で正教の洗礼を受けている。

メドベージェフの私的側面は2008年の『イトギ』誌8号のインタビューでプロフィルも知られるようになった。メドベージェフという姓はミョド（蜂蜜）を食べるもの、つまりロシアでは熊を意味する。1965年9月14日生まれ、父親はレニングラード・ソビエト付属の技術大学の教授だった。インタビューでは祖父母の経歴を語っている。都会育ちのメドベージェフと異なって、祖父母は農民の出、父方の祖父アファナーシー・フョードロビッチは、革命前の南部の農民、ロシア革命後は南部クラスノダールの共産党中堅官僚となったという。他方祖母ナデジダ・バシリエブナは、サンクトペテルブルクの労働者の娘で、革命後クールスクで祖父と知り合った。父のアナトーリー・メドベージェフは技術大学で教鞭を執って、70歳まで働き2004年に亡くなった。

1990年にレニングラード大学は改称されサンクトペテルブルク大学となったが、メドベージェフは法学部で働きながら、ソプチャーク市長の補佐集団に関与した。なかでも91年6月から5年間、プーチン対外連絡部長のもとで働いたのは決定的となった。事実99年12月31日、大統領代行となった直後のプーチンがはじめておこなった人事は、メドベージェフを大統領府の副長官に抜擢することであった。エリツィン末期の長官だったボローシン人事は動かさないことが「家族」との了解でもあった（Morozov）。翌年2月にはプーチン大統領選対の責任者となり、大統領就任直後プーチンは、メドベージェフを大統領府の第一副長官とした。同時にレム・ビャヒレフの後をおそって、メドベージェフは世界的大企業ガスプロム社の会長となった。そして2003年10月ユーコス事件のさなか大統領府長官となる。04年からは安全保障会議の成員、05年11月には第一副首相となっている(RG/11/12/07)。メドベージェフのリベラルとしての性格は、直前のプーチン・イデオローグ、スルコフの「主権民主主義」論を批判したことに表れていた。さらにメドベージェフはシロビキ系の経済への関与が行きすぎているという考えであった(同上)。

民主主義について、スルコフが「主権民主主義」といった制限を付したのに、メドベージェフは最初から「完全な民主主義」という言い方をした。2007年1月末、メドベージェフは副首相として国際経済フォーラム、いわゆるダボス会議を選んで、ここで「形容詞抜きの民主主義」の必要性を訴えた(D. Medvedev: 107)。『コメルサント』紙は彼のダボスへの登場を、国家の役割を限定すべきと強調するメドベージェフ計画と呼んだ。こうしてメドベージェフは国際デビュー、リベラルという評判を呼んだ。

身内の二人の論争についてプーチン自身は、2006年9月のバルダイ会議で、対外的な主権と、国内体制を主として扱う民主主義とは元来別ではあるが、グローバル化している世界では両者の境界が消えて重なる領域が現れる、と言って「主権民主主義」に軍配を上げた。[20] しかしメドベージェフにも固有の支持者があった。クレムリンの動向に最も敏感なタタルスタン共和国のシャイミエフ大統領も「主権」概念がロシアのそれと同一視されることに懸念を示した。統一ロシア党のイデオロギー部門の責任者でもある政治学者モロゾフはタタルスタン共和国出身であったが、モスクワの全権には批判的であった。つまりスルコフの定式化が完全な支持を得たわけではないことを示した。このころからロシアでは民主主義の問題を欧米と対比させるという議論も、米ロ関係のリセットを反映して出はじめた。ロシアの「民主協力研究所」は、ニューヨークとパリに、それぞれプーチン系の著名な政治学者ミグラニャンと愛国的な祖国派系だった歴史家、国会議員のナターリャ・ナロチニツカヤ（1948―）を送り、欧米の民主主義を調査するとも言いだした。[21]

なかでもメドベージェフの面目躍如だったのは、経済のあり方、国家資本主義にかんして示された。さきの『エクスペルト』誌での2006年夏の議論で、メドベージェフは、「主権経済」といった言い方は「国家経済」にほかならず、これは「独立経済」と同じであって、グローバル経済の現在特に受け入れられないと強調したときだった。「国家資本主義」にかんして、彼は明確であって、国家の経済における役割を拡大することには反対だ、と語った。国家の経済への参加には限界があって、軍需産業、パイプライン輸送、電力網、原子力産業といった戦略部門にのみ限るべきだという考えであった。対外貿易投資でも、現段階はこれへの金融を維持すべきだと語った（E/28/06）。メドベージェフは、オリガルフ資本主義は1990年代に終わっており、別の道が模索されたのだと論じた。こうして経済では、シロビキ潮流が強調している国営企業が私的企業より非効率だと言い切った。もっともエネルギーとか軍需産業は長期にわたって国家が統制すべきだと考えた。プーチンもメドベージェフを推薦した12月の演説で、国家資本主義は導入しないと発言した。経済における国家の役割という題で講演した大統領府の経済責任者ドボルコビッチのタイトルも「国家資本主義への別辞」といった（RG/10/10/06）。ちなみにドボルコビッチは米国のデューク大学で経済学を学んだ若手市場経済主義者であった。さっそくメドベージェフ政権発足後は補佐官になり、2012年のプーチン復権後はエネルギー担当副首相となって、プーチン首相系と渡り合った。もっともバルダイ会議に招かれた欧米の外交官たちは、メドベージェフを含めた改革派を評してシティボーイとの印象を語った。ライス補佐官はロシアでもテレビの代わりにインターネットを操る世代の台頭を印象づけられた（Rice: 679）。

メドベージェフの選挙公約

メドベージェフは法学的思考ができるリベラルである。彼は政党政治を拡大すべきだと論じた。大統領は党人であってもかまわないと述べたのは２００６年夏であった。ロシアのエリートをシロビキとリベラルといった二元的対立項でみるのは誤りで、大統領統治の政府のほうが、議院内閣制下の政府より統一がとれると考えている。それでも将来は、政党内閣ができるのは完全に可能だともみている（RG/11/12/07）。

実際大統領候補になったメドベージェフが、自らの選挙公約を発表する舞台として選んだのは、２００８年１月の市民フォーラムと法律家協会の場であった。そこで彼が掲げたのはリベラルにふさわしく「市民社会の強化」であった。メドベージェフは1月29日にも選挙公約を法律家協会で語ったがここは、エネルギー専門家であるソビャーニン大統領府長官をのぞくと、ヌルガリエフ、パトルシフFSB議長も参加するなどシロビキも関与している組織である。もっとも公約の内容は含蓄に富んでいた。法的ニヒリズムと腐敗と戦うことを課題としてあげた。メドベージェフは、国家資本主義を21世紀に作ることは不可能だし、国家企業は臨時のものだと指摘した。面白いことに、この演説では、大統領の伝統的領域である軍事安全保障、外交での関心が示されなかったことである。むしろこの期間、プーチン周辺でロシア外交について語ったのは、セルゲイ・イワノフであった。08年2月のミュンヘンの安全保障会議の発言で彼はプーチンの対米強硬路線を踏襲した。これは前年8月に「冷戦復帰はない」とあたかも「後継者」のように発言したことへの修正であった（Japan Times/04/08/20）。

プーチンのタンデム像

２００８年になってプーチン三選運動の中心の一人であった「健全」野党、公正ロシア党のミローノフ党首は、大統領の任期を4年から5～7年に延長し、そのことでプーチンの長期大統領を目指すことを表明した。しかし権力党である統一ロシア党は、元チュメニ州の知事であったソビャーニン大統領府長官を選挙対策にあて、メドベージェフ新大統領選挙へのコミットを深めつつあった（AN/31/1/07）。憲法に従って大統領を二期で退くが、引き続き首相として政界に残るプーチンと新大統領との関係は、次期大統領制の行方を占う論点となった。

実際、2月8日のプーチンの「２０２０年までのロシア」という演説で、自己の統治の8年間の成果を振り返り、経済成長と国家建設という課題が達成されたことを誇示した。それはロシア国民にも納得いくものであり、経済規模は5倍、国民一人あたりの所得は2・5倍になった。所得倍増は超過達成された。だが、プーチンは経済成長がもっぱら原油高価格頼みのものとなっており、経済の近代化には「ただ部分的にしか関与していない」という厳しいものだった。その結果、技術と商品を輸入せざるをえなくなり、「世界経済の燃料での付属物の役割」となっている、世界経済のリーダーから遅れ、世界指導国から除外されることになるとも述べた。これに代わる唯一の道は、国の発展の革新イノベーションだ。そのためには人的資本への投資が欠かせない。学問や教育が重要だ。健康にも注意を払うべきだ。男性の平均寿命は59歳から75歳に、20年までに達成すべきだ、と指摘した。その後2月14日、プーチンは恒例となっている記者会見をおこなった。大統領として最後のサービスであった。07年の成果（経済成長8・1パーセント、個人所得10・4パーセント増、年金3・8パーセント増）を強調し、購買能力で世界7位となったとも喧伝した。

首相になることについて聞かれたプーチンは、「飛ぶ前にえいというな」ということわざを引用して、あまり語らなかったが、首相の役割として「国防能力と安全保障の確保と対外経済の実施」と言っている。つまり首相はより大きな権力を持つことになる。その際プーチンは象徴的なことを言った。自分の執務室には大統領の肖像を置かない、と。つまり決定権が大統領府から白亜館に移ることになった。実際政府の権限の変化や、副首相の増加も示唆した（AN/21/02/08）。

チーム・メドベージェフ

メドベージェフ大統領の新しい役割イメージを彫塑したのはスルコフやナターリャ・チマコワといったクレムリンの側近であった。彼らが描いた新大統領のイメージはやや遅れて大統領になったバラク・オバマ（1961―）であった（Zygar16: 171）。「ロシアのオバマ」として「非核世界」をうたいあげた核管理問題での進捗を望んだが、オバマ自身は冷淡であった。米ロ関係は結局進展することがなかったが、その責任ははたしてどちらにあったのか。

プーチンはKGBの同僚や後輩などのシロビキを自らのパートナーとしたが、メドベージェフはレニングラード大学法学部の民法関係者、いわゆるシビリキ（Civiliki）が人材給源である。[22] なかでも1987年卒業の同級生たちは、自ら会長を務めたガスプロム社に集まっていた。アントン・イワノフ（ガスプロム・メディア）、同じくガスプロムで法律関係のコンスタンチン・チュイチェンコ、ウラジーミル・アリソフ、バレリヤ・アダモバといった人物である。その他、アレクサンドル・コノバロフ（1968―）法相のような法律家出身もメドベージェフ系とみられた。

メドベージェフのシンクタンクとなったのは、ユルゲンスと社会学者エフゲニー・ゴントマッヘル（1953―）らの「現代発展研究所」だった。モスクワ大学経済学部出の経済学者のユルゲンスは、もともと保険関係の業務から、ロシア版経団連ともいえる産業家企業家同盟の書記を経て、メドベージェフ大統領の国家プロジェクトの策定にあたる組織のトップとなった。なかでも両名が2010年に出すことになる「21世紀のロシア・望ましき未来の形姿」という報告は、リベラリズムに基づくエリツィン時代の課題の復活といった性格を持ち、そのなかにはロシアの内務省やFSBの改組、ロシアのNATO加盟まで入っていた。NATO東方拡大から十数年経ってもまだこの考えが政権周辺に存在していたことは意外に思えたが、背景にあったのは、米国でのオバマ民主党政権を踏まえた親欧米路線への復帰であったであろう。この考えはタンデム体制下でのスルコフ路線への批判ともいえたが、米国で直後に起きた08年のリーマン・ショックが米国流グローバル化を目指す考えを挫折させた。ユルゲンスはその後、14年に『ロシアへの関与』を日本の佐藤行雄らを含む日米欧の三極委員会とともに著したが、すでに米ロ対決時代になって影響はなかった。

プーチンとメドベージェフ

このようなタンデムの微妙な関係は、メドベージェフの大統領の将来をめぐる議論を当然にも引き起こした。第一は、プーチン復帰説である。2012年に大統領に返り咲くための準備として、一時的に腹心であるメドベージェフを「技術的大統領」（ニコノフ）につけておき、大統領復帰を狙う、というものである。つまり最終的には何らかの理由で大統領が交代するという説である。しかしこれには有力な反論があった。上院議長ミローノフや『政治階級』編集長トレチャコフらによる三選運動がある程度広がっていたのに、プーチンは憲法が個人の権力に優越する、と三選を拒否したことである。

第二は、権力の中心が次第に経済に移ってメドベージェフ大統領は技術的大統領になる。あるいはドライバーが二人という説。この説の支持者のなかには、著名な政治学者シェフツォワらが主張するように、「外交と安保」がプーチン首相の権限に残り、社会経済など残りは大統領メドベージェフが担当するだろうというものもあった。彼女の『ノーバヤ・ガゼータ』論文では、まさに首相と大統領の「取り替えばや物語」ともいうべき役割交代を予想した（Novaya Gazeta/57/08）。

プーチン自身は、2008年2月14日の記者会見で、お互い知りつくしていて「ウマが合う」、ロシア語でケミストリーが合うと言った。他方、経済面での首相の役割はいまや大きくなっており、ドイツでの大統領とアンゲラ・メルケル（1954—）首相との権限分担に似たものになるのではないかという説もあった。このような議論をする際、大統領国家であるロシア政治でも、大統領の権限は、少なくとも第一期は限定的だという説が成り立ちえた。プーチン第一期を子細にみれば、エリツィン系との黙約によりエリツィン大統領とその一族には手をつけないことを約束していた。その結果、エリツィン系の人事である大統領府長官ボローシン、首相カシヤノフは、ホドルコフスキー事件が起きた03年10月末にいたるまでは現職だった。ボローシン辞任後は「管理民主主義」などを提唱したスルコフがクレムリンの戦略家になり、青年組織ナーシなどを作る（Zygar16: 98）。

にもかかわらず、大統領と首相との権限配分をめぐる議論はプーチンもおこなっていないない（AN/31/1/08）。したがって、ますます新大統領への傾斜は深まりはじめている。もっともメドベージェフのもとでリベラルが台頭しているという観察へは反論もありえた。2月末の週刊誌『アルグメンティ・ネデリ』誌は、プーチン首相のもとで政府の人員拡大が想定されていると指摘した。ロシア産業エネルギー相のビクトル・フリステンコ（1957—）が巨大国有企業ロステフのチェメゾフと接近しているともいわれた（AN/28/2/08）。リベラル派のエリビラ・ナビウリナ（1963—）経済発展産業相がこのことで辞表を提出したというような対立の噂もあとをたたなかった。

こうしたなか2009年1月、メドベージェフは大統領権限を4年ではなく6年に延長する法案を議会に提案した。こうして次期大統領は16年ではなく、18年まで任期があることになった。この年9月、バルダイ会議でタンデムの将来を聞かれたプーチン首相はどちらか一方が12年の大統領選に出ると発言したが、その回答は曖昧だった。そうでなくとも9月はロシア政治について世界の関心が集まる時期でもある。そうしたなか10日メドベージェフ大統領は「ロシアよ、進め」論文を公表、「原始的な原料依存経済」と慢性的腐敗というロシアの現状を厳しく批判、「近代化」への戦略的課題を提起する論文を出した（RG/10/9/09）。この革新的ニュアンスは大統領教書での民主化推進、国営企業の民営化促進という方針にも表れた。

メドベージェフ外交

２００８年５月のメドベージェフ政権発足当時、米ロ関係は実は緊張していた。同年２月に欧米諸国が、マルッティ・アハティサーリ（１９３７―）フィンランド元大統領の報告に基づいてコソボの国家承認に一方的に踏み切った。このことは国連安保理でのロシアの地位を傷つけただけでなく、正教国である新ユーゴスラビアとの連帯を無視したからである。１９９９年同地に関わったプーチンは許しがたいと批判し、直ちにロシア議会もアブハジア、南オセチアなどの未承認国家問題を指摘しはじめた（W. Hill）。４月のＮＡＴＯブカレスト会議がジョージアとウクライナのＮＡＴＯ加盟を将来的に決めたことも地域の緊張を高めた。ロシアがこれに抵抗すれば、これ自体がウクライナやジョージアの加盟への期待と準備を促すジレンマがあった（Colton17）。はじめてＮＡＴＯ会議に出席したプーチン大統領はブッシュ大統領と話し合い、４月のソチでの米ロ首脳会談までもつれ込んだものの、成果はなかった（Rice: 679）。

またリーマン・ショックによる米国経済の後退、Ｇ７の比重が低下するなかでいまや中国、インド、それにロシアなどＢＲＩＣｓ諸国の台頭が世界的注目をあびだした。東風が西風を圧倒しはじめた。プーチンは２００６年末の安全保障会議で戦略的な「脱欧入亜」を図りだした。12年９月にはＡＰＥＣのウラジオストク会議が予定された。実際08年７月の福田康夫首相が主催したＧ８洞爺湖サミットでもインド、中国などを含めたＧ20への移行が検討された。いまやグローバル・ガバナンス面での「多中心化」（メドベージェフ大統領）が本格化した。09年の６月半ばにはロシアのエカテリンブルクでおこなわれたＣＩＳ首脳会談にあわせ、はじめてのＢＲＩＣｓ首脳会談も行われた。これらは、メドベージェフ大統領とプーチン首相による双頭支配（タンデムクラシー）の基調となった。

ジョージア戦争

プーチンが、２００７年12月の「統一ロシア」党第８回大会で後継者としてメドベージェフを推薦したとき、彼は「よき法律家・専門家」から「国家的思考を持ったきちんと意志のある管理者でもある」ことをあげた。しかし08年５月の就任後メドベージェフの「国家的思考」を試す機会が、就任１００日もたたない８月７日にやってきた。ちょうど北京で五輪が開催されていたときである。このことをメドベージェフ自身は９月15日、モスクワで開かれた同年のバルダイ会議で次のように披露している。

「大きな国が世界秩序の基本を変えようとして」、軍事などの援助をおこなった結果「冒険は崩壊し、多くの我が市民も、ジョージア市民も多くが亡くなった」、として別の安全保障システムに移行する必要がある」（Medvedev08）。ちなみに筆者もこの席にいたが、普段は沈着でゆっくり話すメドベージェフがここでは早口であったことを思い出す。

２００８年8月8日北京オリンピック開会式の日に起きたジョージアとロシアとの武力紛争はいまから考えれば、その直後のリーマン・ショックともあわせて米ロ関係緊張への引き金となった。冷戦後一極世界を標榜した米国のブッシュJr.政権が、いわばその究極のカードとして、旧ロシア帝国、旧ソ連のウクライナ、ジョージアをもＮＡＴＯに取り込もうとしたことが背景にあった。冷戦後ユーゴスラビア解体とＮＡＴＯ東方拡大を通じた一極化への動きは戦闘的なネオコンなどの米国の支配潮流が促進した。ネオコン系の評論家ケーガンは『天国と権力について』（03年）のなかで、冷戦後も戦う米国に対しヨーロッパは戦わないとけしかけていた（Kagan）。夫人のＮＡＴＯ大使ヌーランドはライス補佐官からみてもウクライナとジョージアへのＮＡＴＯ拡大積極論者だった（Rice: 672）。もっともジョージタウン大学のチャールズ・クプチャン（１９５８―）のようにこの計画の前にロシアとの真剣な対話を求める考えもあったが、4月のソチ会議は成果がなかった（Kupchan: 273）。また、イラク戦争をめぐる欧米の対立が表面化した。国務省の報道官でヨーロッパ担当となったヌーランドはその後のウクライナ介入の先導役となる。ロシア帝国からの移民の孫でもあったが、強いロシア不信を背景にしていた。

そうでなくとも8月のロシアは鬼門である。古くは１９６８年8月のチェコスロバキアへのソ連などワルシャワ条約機構軍の介入から、91年のソ連崩壊を決定づけた反ゴルバチョフ・クーデター、最近では98年の金融危機も8月だった。２００４年のベスランでのチェチェン・テロリストによる小学校襲撃事件も8月末であった。

実際南オセチア紛争からはじまるジョージア（グルジア）とロシアとの武力紛争は、当時北京の開会式でオリンピックを楽もうとした人々、なにより招待されたプーチン首相を含め驚かせた。同時に紛争がどうはじまったかをめぐって混乱すらみられた。米国の学者スティーブン・コーエン（1938—2020）が「米国の代理人」というミハイル・サーカシビリ（1967—）政権やこれを支持した欧米のマスコミは当初、ロシアによるジョージア（グルジア）侵攻と報じ、当時の評論は1968年のチェコスロバキア侵攻との類似性を想起した（Cohen: 372）。

しかし時間がたつとともにこの事件の背景が冷戦終結後の安全保障をめぐる過程、特にNATO東方拡大という複雑な因果連関のなかにあることがわかってきた。軍事力の行使にかんしては、2008年8月7日にサーカシビリ政権軍が南オセチアの首都ツヒンバリを武力攻撃、紛争をはじめたことが明らかになった。ちなみにこの都市は9世紀ごろこの地にあったユダヤ教徒の町であり、このこともあってイスラエルは寸前で参戦をやめた。そのことが今度はロシア軍の首都トビリシ進撃という過剰な反撃という過程をも招いた。事実米国のソ連大使だったジャック・マトロックまでもが「大国間の対立を引き起こしたサーカシビリの重要な過誤」を指摘した。彼は国務省や米国ジョージア大使がロシアの反発を招くという忠告をおこなったにもかかわらず、サーカシビリ政権の強硬策を支持した勢力が米政界にあったという。マトロックは1998年のNATOのセルビア爆撃、2008年コソボ独立を、国連を無視して欧米が認めたことが、逆にジョージアからの独立を求める南オセチア、アブハジアという非承認国家を勢いづかせたとも付加した。[23]

この問題も古い因縁の歴史がある。共産党書記長であったジョージア人スターリンが関わる。1920年に民族問題の専門家スターリンがやったことはアブハジアをジョージアとは行政的に区別したことであった。ところが40年彼は、これをジョージア共和国に行政的に含めた。イスラム系であるアブハジア人たちはその後独立か、ロシア帰属を願った。ブレジネフ末期にもこのことをめぐる紛争が起きていた。

オセチアの扱いも同様であった。イラン系民族として一度もジョージア国民であったことのないオセチア人をスターリンは南北に分断、北側をロシアに、そして南をジョージアに強制的に入れた。つまりロシア内の北オセチア自治共和国とジョージア内の南オセチア自治州に分けた。この結果南オセチア自治州は、法的にはアブハジアと並んでジョージア共和国の一部とされた。ソ連崩壊後彼らは事実上トビリシからの離脱を進め自治を享受しだした。しかし事態は再び10年前のコソボをめぐる紛争と絡みだした。「未承認国家」というカテゴリーで呼ばれた分離主義を独立国として承認する動きが強まった。ロシアの立場はこの交渉責任者アレクサンドル・ハルチェンコが語ったように分離主義の新しい形態である未承認国家を承認すれば、世界大で紛争を呼び起こすというものだった(Iz/21/11/07)。しかし2008年4月にブッシュ政権がジョージアへのNATO東方拡大を課題とした。その欧米諸国もコソボの新ユーゴからの分離独立を認めたことによって、この地でも危機感が高まった。彼らは正教でも親米色を強めるジョージア民族主義を嫌ってソ連時代からロシアの保護を求めていたのである。

チェチェン問題も歴史的には関係した。米国が1990年代後半のチェチェン紛争にどの程度関与したかは不明だが、99年にクリントン政権の国務副長官タルボットが、98年からCIS執行書記となっていたベレゾフスキーと、チェチェン問題とNATO東方拡大の関係を議論したとき、それまでジョージアを拡大から除外するように暗示していたベレゾフスキーが突然表情を変え、「ジョージアは我々の隣人であって、お前たちのものではない」と声を荒らげたという（Talbott: 365）。チェチェン反政府派の拠点がジョージア側にあって、これをめぐって米ロは対立していた。

こうした文脈で2007年にはブルガリア、ルーマニアなど東欧諸国がNATO加盟を認められた。そうでなくとも同年2月10日にミュンヘンの安全保障会議で米国の「単独主義的支配」をプーチンは批判、ロシアはより大きな政治的主張を強め、いわば冷戦後はじめてNOを公言した。もちろん米国の専門家W・ヒルも指摘したようにこれは、ロシアの対西側協力を終わらせはしなかったとしても、ロシアが「西側を去る」ことを促した（W. Hill）。同年9月のバルダイ会議でもプーチンは米国の「一方的なモデルの押しつけ」が逆効果を生み出す、ロシアは自足的な国であり外部からの圧力がかえって社会の結束を促す、と指摘していた（Valday2007）。米国やNATOでの論争に、GUAM（ジョージア、ウクライナ、アゼルバイジャン、モルドバ）などロシアをめぐる周辺旧ソ連諸国の紛争が絡みだした。ジョージア戦争のころ中央アジアを旅していた英国のロシア専門家アクサナ・アントネンコは、中央アジアの市民は多くがロシア支持とみたが、同時に紛争がクリミアに飛び火する危険性を指摘した[24]。そうでなくとも08年はブッシュJr.後の米国大統領選挙の時期となり、いきおい米国内での論争と分裂がユーラシアでの地域紛争を加熱した。

2003年11〜12月にシェワルナッゼ大統領を追放したバラ革命を受けて04年から大統領となった

ミハイル・サーカシビリ（ジョージア風にはミヘイル・サーカシュビリ）の対ロ政策はもつれにもつれた。[25]彼は1967年トビリシ生まれ、ウクライナで大学教育を受け、ソ連崩壊後は米国で法律家となり、その支持を得てバラ革命によって大統領となった人物である。ポピュリスト政治家としてのサーカシビリは大統領になると大ジョージア主義を呼号しだした。彼に反発するアブハジアなどでは分離主義からロシア帰属への遠心力を強めた。これに米国共和党のジョン・マケイン（1936—2018）大統領候補が関与した、とプーチンは認識した。その後プーチンを「悪魔」と呼んだのも彼である（Cohen）。

しかしジョージア軍はロシアの平和維持軍などの反撃にあい、逆にトビリシにまで攻め込まれる。仲介に立ったフランス大統領ニコラ・サルコジ（1955—）とメドベージェフ大統領との2008年8月12日の緊急会見で紛争は6項目の調停が成立し、停戦に向かうかにみえた。実際には合意の文言をめぐって空転がみられ、通訳の問題があったとも指摘された（Novaya Gazeta/69/08）。

北京五輪とともにはじまった紛争は、いまや米欧とロシアとの非難の応酬になった。英国のデイビッド・ミリバンド（1965—）外相が「ロシアの侵攻に対する大連合」を唱えれば、ロシアのプーチン首相は事件を「次の米大統領選挙のための挑発だ」と応じた。ところが8月26日にロシアは南オセチア、アブハジアという二つの紛争地域の独立を一方的に承認した。つまりコソボ問題ではロシアはあれほど「領土の一体性」にこだわってきたのに、突然「未承認国家」に対し、「民族自決」の原則で動きだしたのである。仲裁の労に泥を塗られた形のサルコジ大統領から、それぞれ各国に複雑な民族問題をかかえる上海協力機構首脳まで、ロシアの変針には賛成しなかった。より批判的に反応したのは、ロシアが頼みとしたい中国とインド、中央アジア諸国であった。北京五輪のさなか、ただでもチベットやウイグル問題を抱え込んでいる中国や、カシミール問題などがあるインドがロシアの新方針に賛成することはできなかった。28日の上海協力機構は、平和解決への努力を訴えただけで、メドベージェフ大統領は期待したような支持を得られなかった。29日にはジョージア外務省はロシアと断交すると発表した。事態は古典的な「安全保障のジレンマ」へとエスカレートした。

この危機によって国連安保理も機能することなく、世界の安全保障の仕組みそのものの危機が露呈することになった。リベラルとみられたメドベージェフ大統領は、さっそく国際危機への対応を試されたが、ジョージアの紛争地域への関与に武力で対抗しただけでなく、未承認国家といわれた南オセチア、アブハジアを国家承認するところまで突っ走った。この危機自体は、一説によれば米国のポスト・ブッシュをめぐる選挙も絡んでいて少なくとも政治的には米国の一極支配の危機へと連動し、米国の世界での影響力の低下をも印象づけだした。

通常は中東での米国のパートナー役を務めてきたイスラエルまでこの件では手を引いた。これは事件のきっかけとなった南オセチアのツヒンバリが、もともとジョージアでもオセチアでもましてやロシアでもなく、9世紀にこの地にあったハザール王国というチュルク系ユダヤ教徒の末裔の町だったからでもある。しかしそれだけではない。中東危機が国内危機に直結するイスラエルではジョージアをめぐる米国の動きには同調しえなかったのである。

こうしたなかで2008年9月半ばにはいよいよリーマン・ショックにはじまる金融崩壊が顕在化した。めまぐるしい変動のなか、11月はじめには米国で共和党のマケイン候補が大統領選挙で敗北、民主党オバマ政権の誕生となった。09年1月からのオバマ政権のメドベージェフ大統領との関係リセットは新しい挑戦となった。

ロシアからみれば1990年代はその地位の低下の連続だった。ゴルバチョフ＝ブッシュ（父）政権による軍事同盟相互不拡大の了解は反故にされ、NATO東方拡大からユーゴ紛争にいたる米国のヘゲモニー的政策を受け入れざるをえなかった。しかしそれは冷戦をしばしば一方的譲歩によって終わらせたはずのロシアからすれば屈辱に近かった。98年夏のロシア金融危機は、IMF主導の民営化や市場改革もうまくいかなかったことを示した。

バルト三国や東欧諸国までもが米国の同盟国となり、ミサイル防衛の基地が東欧に建設されるなか、ウクライナやジョージアなどかつてのソ連構成共和国までもがNATOと米国の影響圏に入ることは、ロシアにとって容認できなかった。仏独など古いヨーロッパ諸国もまた米国の中東政策などに懐疑を示すなか、米国はあえてこの地域に手を出した形になった。

プーチンにならってメドベージェフ政権が発足した当初に掲げた一連の外交・安全保障にかんする文書や概念といったなかで共有しているのは「多極化」というキー・コンセプトである。ロシアが、ヨーロッパ統合や、片方で台頭してきたBRICs諸国とともにグローバル世界での一つの極となるという発想である。そのためにプーチン政権は、「新興経済諸国」と呼ばれた中国、インド、ブラジルといった歴史的大国ともバランスをとりながら進んだ。当初南アフリカは入らなかったが、BRICsという言葉をはじめて使ったのは2001年ゴールドマン・サックスのジム・オニール（1957—）であった（E/22/09）。中国がブラジルと人民元での貿易をはじめたというニュースを聞いたのがきっかけだったという。9月11日の同時多発テロで米国の世紀は終わると彼は予言、ブッシュ政権とは正反対の考えを示した。

この見解の当否はともかく、ロシアは単に経済だけでなく、国際政治面でもこの多極化のシナリオに従って行動を強めた。もともとロシアがインドや中国と結ぶべきことを1990年代に提唱したのはプリマコフだったことはすでに強調した。彼こそロシアの「ルック・イースト」の主導的イデオローグである。背景にあったのはソ連時代からモスクワの政治経済の専門家の間で主張された世界の多極化という考え方であった。45年に世界経済の4割を占めていた米国の比重は次第に低下し、いまや25パーセント以下になっている。他方で中国や日本、そして当時のECが台頭し、三極委員会やG7が誕生した過程をソ連・ロシアの国際政治学者たちはイデオロギーを別にしてみていた。

改革に出遅れたロシアのツケ

しかし石油価格の高騰によって驚異的経済成長を遂げながらも、いわば石油・ガス価格頼みの「ペトロ国家」に甘んじていた第二期プーチン政権の限界も当初から明らかであった。既視感というべきか、それは1970~80年代というブレジネフ時代の再現にすぎなかったからである。プーチン時代の8年を通じて高騰を続けたエネルギー価格がロシア経済に未曾有の成長を保証し、ロシアははじめて国民に対しても「与える国家」ともなった。10年前は1バレルあたり10ドル前後であった石油価格が2008年8月には150ドル前後にまではね上がった結果、ロシアの外貨準備高は中国、日本に続いて6000億ドルに近づいた。民衆がはじめて政府により一定の範囲で富と価値を均霑《きんてん》しうる余裕ができはじめた。プーチンは06年に第二子を生んだ女性への「お子様手当」と若干の土地を提供しだした。人口問題はプーチン体制の重要な柱であったが、そこには人口減が徴兵適齢期の若者の減少となって安全保障にマイナスになるという計算もあった。それでもプーチン人気は権威主義的なマスコミ操作だけが理由ではなかった。20年までに安定した福祉社会を目指し、遅れていた福祉だけでなくインフラ整備、高速鉄道から道路までばらまきの経済政策が可能でもあるかに思われた。一時は世界第3位と呼ばれた国策ガス企業ガスプロムの会長だったメドベージェフからすれば、エネルギー価格の変動を利用しながら、経済を多角化し、安定した中期的メカニズムを内外に築き、ユーラシア国家の安定を図るのが20年までの中期計画といった文書に示された選挙戦略であった。

双頭支配の内実はどうなのか？　大統領は二人の関係をよい警官と悪い警官という比喩で示すが、プーチン支配の隠れ蓑でしかないというのは誇張である。経済を管理するプーチン首相が依然として大きな比重を有しているのは事実だが、メドベージェフ大統領もまたこの危機を利用して、ますますはっきりした市場改革と中道リベラル寄りの政策体系を持ちだした。民営化の利益を得たオリガルフに代わってプーチン周辺で台頭してきた官僚たちの「国家資本主義」的な巨大企業を再度民営化することを2008年6月のサンクト経済フォーラムで公言した。経済リベラルのドボルコビッチ補佐官やコノバロフ法相らに支持された。後者は正教信徒で20年までリベラルな法相であった。12年の「外国代理人法」や翌年の「青少年でのホモセクシュアル宣伝禁止法」といった「愛国派」の圧力にもかかわらず、「法的リベラル」は総じて立憲主義の立場を保持しているという評価がある（Sakwa19:

59)。

ゴルバチョフ時代にもみられた政治クラブやサロンが復活した。こうした系列の学者たちは、スルコフ副長官周辺のプーチン系とは異質であり、政策エリートたち、たとえばソ連のモロトフ外務大臣の孫で「クラブ93」同人、「ルスキー・ミール」の総裁ニコノフや、安全保障担当のセルゲイ・カラガノフ（1952―）、ミグラニャンといった現実主義的ブレーンとはやや違ったリベラル寄りの発言をおこなっている。

このようなリベラル寄りの姿勢が強まった背景には、ソ連崩壊後のエリツィン流の「崩壊型自由化」に続いて、「国家型市場経済」の限界もまた明確になってきたからである。プーチン初期の政権もまた結果論からいえば国家と官僚の安定しか目指さなかったからである。肝心の国際競争力ある産業は、若干の軍需産業の輸出以外は放置された。その意味では石油の価格高騰が続いた2008年夏がメドベージェフ政権のピークであった。

メドベージェフが大統領となるに際して、彼はプーチン路線からの一定の軌道修正を課題としてあげた。民事に強いリベラルな法律家として、法の支配の優位を課題とした。中小企業を活性化することで、プーチン直系の国営企業優位とは違った政策を出した。2008年11月に出されたはじめての大統領教書のなかで一定の政治改革が提起された。少数政党や市民社会を強めるというメッセージであった。

もっとも双頭支配の具体的な内容は不透明であった。筆者はプーチン首相が握る経済以外では大統領の力が強まっているとみたが、その関係がソ連末期のゴルバチョフとエリツィンのような公然たる敵対的関係ではないとしても、兄弟的な関係なのかは判然としない。２００８年６月の経済フォーラム時、大統領は大胆な経済の自由化案を出すという観測も一部にあったが、やや曖昧な民営化推進案に終わった。むしろそこに出席しなかったプーチン首相がオリガルフのデリパスカが閉鎖しようとした企業現場に行って彼をしかる画像が評判となった。市場の論理か、政治介入か、どこでも曖昧な関係がみられた。こうしたなかでこの双頭支配の誤算と過誤もつきものであった。

グローバル金融崩壊の深度と、そのロシアへの波及の度合いをどうやら双頭支配は過小評価していた。筆者はたまたま２００８年末のリーマン・ショック時のモスクワに滞在していたが、超高級車ベントレーなどがさっそく投げ売りされていた。また銀行が続々倒産、新興中産階級の子弟が路頭に迷っていた。首脳の助言者やシンクタンクの最高責任者クラスなど経済をより知悉《ちしつ》した人物ほど、ロシア経済の現状について悲観的見通しを持っていた。世界第３位の外貨保有高に急成長したもののその利益は石油バブルの賜物でしかなかったことが明らかとなった。民間の資本蓄積がないまま、エネルギー依存体質を克服しなかったつけである。国家頼みと官僚的腐敗の結合のなか経済の多角化へという動きは決定的に阻まれた。

このことは危機の深度とグローバルな変化の予見が深まる２００９年春までに、大きな政策論争をモスクワの中で起こした。多極化というよりは混沌が支配している現代世界の論争は常に多次元方程式の解に似ている。パラメーターが各利害や集団によって異なる。必ずしも民主的とはいえないが多元的なロシアの政策・利益集団のなかでこの状況理解は一元的ではなかった。メドベージェフ＝プーチンのチームも、その内実はエネルギー、軍需産業から情報、サービスなど雑多な集団の集合体であって、決してプーチンがすべてを取り仕切っているわけではなかった。もっとも09年半ばまでに奇妙な安定感が支配しだした。一つには石油価格の持ち直しによって一息つき、外貨準備も回復基調となったこともあった。メドベージェフは財政教書で危機感を訴えたが、単一産業が支配する旧ソ連的な企業や地域では紛争も増えているとはいえ、まだ危機感も広がっているとはいえなかった。

タンデム・ロシアの対外観

タンデムのもうひとつの過誤は、2008年秋の米国大統領選挙でオバマ政権が誕生することを予見できなかったことである。ロシアのエリートは共和党マケイン候補の勝利を確信していた。ジョージア紛争を起こしたマケインを買いかぶっていた。その驚きぶりは当日予定された11月大統領教書演説がオバマの大統領選勝利により延期したことに示された。事実モスクワの対外専門家のなかでは、彼らが1970年代にひそかに憧れたキッシンジャーら共和党系リアリストの評価は高い。しかしロシア・エリートの保守偏重が、ポーランド・カトリック票やヒスパニックなどが重視されだした米国、特に民主党への理解を妨げることにもなった。

なによりオバマの米国に対する過小評価があった。そのころから一部でもてはやされたイーゴリ・パナーリンらの地政学者が2010年、米国の崩壊を主張して一部で受けたのもその例である。彼らの一部はドルが基軸通貨を放棄し、北米の共通通貨アメロに代わる可能性すら議論した。[26]「米国の万能」という前ブッシュ政権に対して、その力の限界を認めつつ改革を主張するオバマ政権が、逆にグローバルな影響力とアジェンダ・セッティングを持ちはじめた。気候変動やジェンダー、環境問題、大幅な核軍縮、イスラムとの対話、なによりGM国有化に対するような経済への国家介入しかり、その後の展開になるがイランやキューバとの和解である。

この点でかろうじてロシアがキャッチアップしようとしたのは核軍縮であろう。２００９年末に期限の切れるＳＴＡＲＴＩについては「リセット」の名で核軍縮にははずみがつきそうと思われた。オバマ大統領が09年4月、１９６８年のプラハの春、89年の民主化運動の舞台となったフラチャニ広場で反核演説をおこなった。もともと反核主義者である彼の真意は明らかであった。「オバマの男」として２０１１年末からロシア大使となったスタンフォード大学のマクフォール教授ら民主化推進派のブレーンたち、なによりキッシンジャーなど現実主義政治家らも核不拡散の観点から米ロ核交渉を促した。

だが米ロ関係では不信も大きかった。ロシアの政治学者、ニコノフやカラガノフといった政権ブレーンの人々は慎重な姿勢をくずさなかった。筆者が出席した米ロの知識人たちの対話やモスクワの開明的改革派でも反核を主張する米国の姿勢におよびごしの声が多かった。メドベージェフの軍改革を快く思わない軍部も抵抗した。ＮＡＴＯがロシアを「強力なパートナー」とみていたとき、２０１０年のロシアの軍事ドクトリンはＮＡＴＯを敵と規定していた（Stent: 129）。背景にあるのは反核へのイニシャチブでノーベル賞まで授与され、世界的に賞揚されたものの国内では国家崩壊の咎《とが》をまぬがれなかったゴルバチョフへの懐疑論と重なり合った。

第二に、ヨーロッパとの関係の問題も前者に劣らず悩ましかった。ブッシュ政権を通じて、いな冷戦終焉から、ヨーロッパ、特にドイツ、フランスなど伝統的ヨーロッパとロシアとの関係は悪くはなかった。ロシア自動車産業のドイツとの間の近代化計画もあって、メルケル首相らドイツ保守層との連携を壊したくない思惑もみえ隠れする。しかし反面で新たに生まれた旧ソ連諸国や中欧諸国とロシアとの関係は国にもよるが総じて悪化した。

ソ連崩壊からプーチン政権誕生、そしてタンデム期を含め、もっともやっかいな問題は「旧ソ連空間」とも呼ばれた地域をめぐる米ロ関係の問題であった。なかでも2008年4月のNATO首脳会談で米国ブッシュ政権が、NATO東方拡大をウクライナやジョージアへ広げることを決めたことが8月のジョージア紛争、14年2月のウクライナ紛争の理由となったと米国のボルトン補佐官も最近の回想録で率直に書いている（Bolton: 445）。つまり米国はロシアに対し旧ソ連圏でもヘゲモニーを承認することを求めた。しかし新ロシアはもはやソ連的な超大国のヘゲモニーをおこなう資源もイデオロギーもなくしたが、かといって米国のこれら地域での優位を認めることもできなかった。ロシアのNATO加盟とは、米国の主導的役割を認めることであって、メドベージェフ政権周辺にはこの考えもあったものの、プーチンからは難しくなった（MT/24/10/17）。ましてやチェチェン問題で、ポーランドやサウジアラビアを介した欧米の介入にも批判的になった。ミグラニャン・ドクトリンとかカラガノフ・ドクトリンと呼ばれた考えは、ロシアがこういった旧ソ連の「近隣国」での特殊な利益、つまり「影響圏」があることを欧米が承認すべきことを求めていた。ロシア版モンロー宣言だがもっともメドベージェフは「利益圏」とソフトに言い換えた。いずれにせよ米ロ間の潜在的紛争領域は拡大しつつあった。

ガス戦争

なかでもウクライナとの2007年はじめのガス戦争はそのようなやっかいな問題がはじまる契機でもあった。ソ連時代から「友好」パイプラインを通じてヨーロッパに送られる天然ガスを、米国の保守派は経済問題より安全保障問題とみた。ソ連崩壊後でもシュレーダー首相らドイツはロシアにエネルギー依存することを警戒した（Rice: 412）。事実、90年代の首相チェルノムィルジンがプーチン時代前半に同国の大使であったことが、ガス絡みの両国関係を象徴した。これらロシアと旧西欧との間に挟まれた「サンドイッチ国家」（マイケル・コックス〈1947―〉ロンドン・スクール・オブ・エコノミクス教授）ウクライナが、ブッシュJr.政権下で親米寄りの立場をとったもののそのまま金融危機のあおりを受けたことで危機がいっそう深まった。「改革」の先兵ともてはやされたハンガリーなどの惨状、依然として共産党政権であったために暴動が起きたモルドバなど、これら地域に対して米国はもとより、ＥＵも支援が及ばなかった。

それでは、第三に中国やインドなどといったアジアの国々との関係はどうか。ここでも東風が吹いている。戦後経済秩序の軸であったブレトン・ウッズ体制に代わる世界的な通貨体制の再編の議論もまた中国が仕掛けだした。2009年6月のサンクトペテルブルク経済フォーラムでメドベージェフ大統領もロシア・ルーブリの基軸通貨への移行を口にした。もっとも対中警戒感も実は意識された。06年以降中ロ貿易のなかでロシアからの機械や軍需製品の輸出は減少したし、10年の軍事ドクトリン改定での核の先制行使とは、実は中国の通常兵器増強への対抗としてロシアの戦術核を含意したとハーバード大学のヨゼフ・ナイ教授は指摘する（Nye: 38）。

冷戦終焉から20年の2009年、ソ連の崩壊を受けて米国の一極支配の時代だといっていたのはつい数年前だった。反テロの時代だという口実だったが、その「帝国」の支配はわずかしか続かなかった。それでもオバマ政権の誕生とリセット政策という米国の変化を受けてグローバル世界の行方は混沌としている。世界の政治と経済とではますます新しい国際的無秩序が支配しだした。

こうしたなかで確実なのは2011年から加わった南アフリカを含めBRICSが経済面に次いで、国際政治的にも台頭する時代になったことである。地政学的にいえば世界の政治経済の重心がいわば米国と西欧中心の大西洋から明らかに中国やインドを含む東側に移動しているということであろう。2000年から10年の間に中東諸国もエネルギーを欧米中心からインド・中国、日本にシフトしはじめた。IEA（国際エネルギー機関）は35年に9割の石油がアジアに向かうと予測した。つまりアジア太平洋＝ユーラシアに軸足を動かす時代となったということである。古い文明国であるのになぜか「新興国」といわれている中国、ロシア、インドなどが重視される時代になってきた。

2010年7月12日、メドベージェフ大統領は大使会議を招集、そこで①NATOとの関係改善、②中東の安定促進、③東アジア経済圏への参入を指示した。なかでも12月のリスボンでのNATOとロシアの会議では、ロシアのNATO参加も議論されたが、ミサイル防衛問題がネックで進むことはなかった。こうしたなかブレジネフ時代にできたソ連の米国研究所長だったゲオルギー・アルバトフ（1923—2010）が10年10月に亡くなった。この半世紀間、ソ連側ブレーンとして米ソ交渉のすべてをみてきた政治学者ゲオルギー・アルバトフは遺言となる回想録『冷戦のなかの鷹と鳩』のなかで、プーチン首相について、国内面の安定はよいとしても、まだ国際面での成果がないとも指摘していた(Arbatov)。米ロ和解を期待しての発言だったが、それは暗転しだした。しかも米国の政府要人の発言がこれを促したのは皮肉であった。

プーチンの大統領復帰(2012—)

2011年9月24日に開かれた統一ロシア党大会は、メドベージェフ現大統領の提案で、現首相プーチンを次期大統領に推薦すると決めた。この推薦を受けたプーチンはメドベージェフ大統領を次期首相として推薦することを提案した。3年9カ月前、つまり2008年におこなわれた双頭人事の逆転が提案されたことになる。

実は2011年春までは、メドベージェフが第二期大統領への意欲を燃やしているかにみえたときがあった。事実春の記者会見で彼は政治的近代化など野心的な発言をおこなった。リベラル系の『ノーボエ・ブレーミャ』誌は4月時点でのプーチンとメドベージェフの勢力図を、前者を支持する地方28知事対メドベージェフ支持14知事とはじき出した。またシロビキではFSBはプーチン系とみられたが内務省はメドベージェフ系の可能性ありとみた(New Times/25/4/11/8)。しかしプーチンはこの5月新たな国民運動「全ロシア国民戦線」を組織、そこにメドベージェフ系の人脈をも入れるという形でメドベージェフ支持派の道を封じはじめた(V/15/1/20)。この微妙な人間関係をめぐっては、05

年3月にスルコフが音頭をとり作られた反ファシズム、実際には反オレンジ革命を目指す青年組織「ナーシ」の組織指導者ワシリー・ヤケメンコについての事情があった。彼は2年後には国家青年問題委員会議長となったが、11年彼の解任をめぐって、政治分析家タチアナ・スタノバヤによればタンデム間に行き違いがあり、結局メドベージェフが首相に復帰した後に解任された(http://politcom.ru4908.html)。

すでに指摘したようにメドベージェフ大統領、プーチン首相の双頭体制は、2007年の大統領制の危機、憲法上の制約を回避するメカニズムとして編み出された。サンクトペテルブルク市政で子弟コンビの二人の間だが世代、考え方、支持基盤には相違があった。二人の個人関係は二人にしかわからない。それでも相違があるからといって、権力闘争や路線闘争があったわけでもない。むしろ技術的大統領は現代化派、実力首相は安定化装置で分業し合ったといったほうが現実に近かった。

メドベージェフの西側寄りの政策は、オバマ政権の政策がロシアをもNATOやEUに引き寄せるという前提からなっていた。しかし2008年のリーマン・ショックによる経済後退以降、パクス・アメリカーナはうまくいかなかった。復活するネオコン系のロシア観はますます保守的になり、ロシアには敵対的に思えた。それでもメドベージェフのもとのロシア政治は、経済の現代化と脱エネルギー化を志向、あわよくば次期大統領への継続をにじませる現大統領と、それからは距離を置くプーチン首相支持勢力との一種の瀬踏みであった。この独特の政治空間は二つの権力の間でのある種宙ぶらりんな状況と、それを奇貨とした一種のアパシーや官僚の半怠業をも呼んでいた。他方この間の世界の変動は危機対応から難民問題まであまりに激しく、安全保障上も危険な領域に入りかねなかった。

メドベージェフ自身、2010年8月末に環境派がその保護か、それとも道路建設優先かでもめていたモスクワのヒムキの森の伐採を禁止、一部で「新ペレストロイカ」と評された。この勢いをかって、強い首相を支持していたモスクワ市長のルシコフを追放することで強い大統領を演出、政治評論家ブーニンに「狐からライオンへ」と評された。ルシコフ市長は、首都の環状道路を建設するなどの政治力を示してきたが、夫人エレーナ・バトゥーリナ（1963―）の市政をめぐる経済活動での腐敗でも悪名高かった。このことはメドベージェフ大統領に二期もありうることも暗示したかに思われた。日露賢人会議（04～06年）のロシア側座長でもあったルシコフだったが、もっともモスクワの後任市長には統一ロシア党＝プーチン系のソビャーニンがなった。

たしかに2010年からはメドベージェフ大統領に勢いが出た。この年、キジ島で開かれたプーチン系のバルダイ会議にメドベージェフは欠席した。メドベージェフの誕生日（9月14日）にあわせたヤロスラベリ・フォーラムでは、米国の世界システム論で有名な歴史家イマニュエル・ウォーラーステインに「西側の観点はロシア政治に影響している」と言わせた。日本からも自民党の森喜朗元総理、民主党の鳩山由紀夫元総理が参加した。大統領支持率まで逆転しかかった。だがメドベージェフ人気は10年3月を頂点に（59パーセント）、次第に低下して11年8月には43パーセントまで低落した（Shimotomai）。10年9月にできた大統領支持の運動「ロシア前進」（公正ロシア党のゲンナジー・グトコフ議員）は翌年までに不発に終わった。もっともプーチン首相のそれも11年同月57パーセントと大統領ほどではないとしても低下した。

リセット

タンデムの関係が微妙な時期、この内政問題に連動していたのは、実は米ロ関係の展開である。2009年1月に就任したオバマ政権は、2月のミュンヘン安全保障会議でジョー・バイデン（1942—）副大統領が米ロ関係のリセットを主張、4月には大統領本人が核なき世界をチェコのプラハでうたいあげた。このことは国際世論を動かし、オバマは同年のノーベル平和賞まで得た。そうでなくとも米ロの二人の戦後派大統領は、ともに家族ぐるみで交際し、11年前半までは楽観的な関係を演出した（Stent: 308）。この結果10年4月10日には両大統領が同じプラハで新START条約に調印、両国の戦略核兵器の30パーセント削減を約し、6月にはこれが発効することになった。

2010年ウクライナ大統領選挙では親米ユシチェンコ政権の無能と腐敗もあり、地域党のヤヌコビッチが大統領として復権した。彼は必ずしも親ロシアというわけではなかったが、メドベージェフ大統領との4月のハリコフ合意でロシアとウクライナとの黒海艦隊の共同管理をそれまでの17年から42年まで延長した。ガス代金の値引きと引き換えであるとメドベージェフ大統領は取引の内幕を語った[27]。

なかでも米ロ関係の暗転を生み出す契機は、中東での民主化問題であった。特に「アラブの春」をめぐる政治過程はエジプトなどの権威主義体制を痛打、とりわけ隣国リビアでの問題が出た。チュニジアでの2010年12月のジャスミン革命は、翌年隣国リビアでのカダフィ体制への2月の反乱を誘発した。しかもその背後にＮＡＴＯが関与した。このことはロシアのエリートの分裂をもたらし、２月の国連決議をめぐって親欧米的なメドベージェフと慎重なプーチンとの溝を広げた。

米国でもオバマ大統領は２００９年7月の最初のモスクワ訪問を前に、「進歩的な」メドベージェフと中途半端なプーチンとの間にくさびを打つ考えを12日の『ニューヨーク・タイムズ』にしゃべった（NYT/12/07/09）。のちの米国大使マクフォールはイラク問題でのブッシュ前政権の独善がプーチンの「保守的で反米レトリック的な対米認識」を持った理由とみたが、彼もまた二人の差異を公言した（McFaul）。それでもモスクワ首脳会談は新戦略兵器削減交渉を進めた。

この微妙なタイミングに、マクフォールをして「最初にしゃべって、後で考える」と評判の副大統領バイデンがモスクワを訪問した。しかもこの二人にかんするきわめて微妙な発言をおこなった。副大統領バイデンは２０１１年3月10日、プーチン首相にも会った後にメドベージェフ大統領二期を支持するという発言をうっかり、しかし公然としゃべったのである。ロシアの首相と大統領の間には「アラブの春」をめぐって理解に違いがあったが、これはタンデムの両者だけでなく米ロ間の大きなしこりとなった。5月にはカダフィ対策をめぐるタンデムの溝まで広がり、これは米国大使をも悩ませた（McFaul: 226）。ちなみにカダフィは10月20日にはＮＡＴＯの空爆で暗殺されたが、そのあとには巨大な内戦の暗渠が広がった。

バイデンの介入のことはオバマ大統領の特使で、駐ロシア米国大使となったマクフォールが『独立新聞』社主にも語っていた（NG/04/03/11）。ちなみに彼も中立な外交官とはなれなかった。彼はメドベージェフ就任後の２００８年、プーチンのバルダイ会議と同時に開催されたヤロスラベリでの大統領フォーラムで主要講演「民主化と経済発展」をおこなった。米国大使となった彼をロシアの保守派は民主化革命の伝道師とみなした。事実彼の代表作は『海外での民主化の推進』（2009年）であった。

そうでなくとも冷戦後も米ロ経済関係は、実は貿易レベルでは日ロ関係程度、あるいはそれ以下であった。ロシアが得意とするエネルギー輸出では相互依存関係はなく、それどころか米国のシェール革命の成功で米ロは、特にヨーロッパ市場をめぐってライバル関係を強めた。ポーランドやウクライナ、黒海周辺でも2010年前後、米国政府やエネルギー企業によるシェール旋風が吹き荒れた。もっともそれは数年以内に止まるのだが。兵器輸出ではもちろんミサイル防衛など米ロ経済関係は利益相反、ここでもライバル関係であった。ロシア製のS—300、S—400はトルコなどNATO加盟国にも安価で売れるようになる。その分米国は、ロシアのかつての裏庭、東欧諸国を市場とすることで、むしろ「新冷戦」への誘因となった。

メドベージェフが得意とするはずの司法面でも空転しはじめた。きっかけはニューディール時代のアメリカ共産党党首の孫でもある投資家ビル・ブラウダーのロシア人顧問弁護士であるセルゲイ・マグニツキー（1972—2009）の事件だった。ソ連崩壊後「世紀の大安売り」でブラウダーがもうけた利益をめぐって弁護士が取り調べ中獄死した。ブラウダーは米国議会を舞台に共和党右派のマケイン議員らと組んで、2012年ロシアの人権にかんするマグニツキー法を成立させる。「ソーセージと法律は作り方を知らないほうがいい」と述べるように、畜産業者の利益と抱き合わせでこの人権保護法が通るが、これはジョン・ケリー（1943—）国務長官の対ロ緩和外交を縛ることになった（Browder）。米ロ関係は悪化、ロシアは反マグニツキー法で米国人との養子縁組を禁じた。16年末にマグニツキーの名はさらにグローバル化した。米国議会が単にロシアだけでなく人権違反した世界中の人物を相手に「グローバル・マグニツキー」法を採択したからである（杉田：１１３）。

ウクライナ問題も暗転していた。大統領復帰を決めたプーチンは２０１１年10月「ユーラシア連合」の形成を呼びかけた（Iz/4/10/11）。ＥＵとロシアの間で揺れるヤヌコビッチ政権を引き寄せる構想だった。しかしこの動きは米国政府、特にヒラリー・クリントン（１９４７—）国務長官やマクフォール大使からすれば「地域の再ソ連化」にほかならない（McFaul）。旧ソ連地域はこうして米ロのゼロサム・ゲームの競技場となり、米ロ関係のリセットは次第に相互不信をためた。

こうして国内においてもメドベージェフ得意の司法改革や反腐敗キャンペーンもいま一歩であった。メドベージェフには古い幹部を解任する力はあったが、新しく任命された知事らの顔ぶれはよくみるとプーチン系であった。メドベージェフ大統領が頼みとする政治改革でも、新しい与党系のリベラル派「右派の事業」を２００８年11月に「右派勢力同盟」などを統合して立ち上げたが、成功しなかった。このこともあって11年末の第六回下院議会選挙は統一ロシア党を率いるのがメドベージェフなのか、それとも首相のプーチンなのかははっきりしなかった。

こうしたこともあってメドベージェフ大統領再選とプーチンの大統領復帰の動きとは微妙な交錯をしはじめた。２０１１年３月21日大統領がリビア問題での国連決議を「十字軍」と指摘したプーチン首相を批判するという事件が起きた。これをきっかけに４月の統一ロシア党大会では、プーチンを大統領とすべきという声が上がりはじめた。同月末に大統領は同派の活動家に対しメドベージェフ支持を求めた。事実同年5月プーチンは政治運動「全ロシア国民戦線」を組織すると公言、その目的と意図をめぐって、特に党との関係をめぐって議論が広がった。大統領側がセーチンの国営企業ロスネフチの腐敗などで首相を解任するという推測も飛び交った。こうしたなか5月18日メドベージェフは外国のジャーナリストを含む記者会見をおこなったが、「無内容さ」（『ザフトラ』）、「政治的ハラキリ」（評論家ムーヒン）と酷評される内容となった（AN/25/5/11）。6月にもメドベージェフは「オバマ大統領の二期目」に期待しているという微妙な発言をおこなった（FT/18/06/11）。

不透明な政治状況に関与していたのは、ロシア政治の常でもあるが「権力と所有」の問題でもあった。プーチン政権をめぐる権力と所有の葛藤はすでに政治学者のゲオルギー・アルバトフもいうように、「90年代はオリガルフが官僚を恣《ほしいまま》にしたが、いまは逆である。ただオリガルフ的国家独占資本主義は変わらない」状況だった（Arbatov: 149）。この全般的状況を不透明になったタンデムの政治状況が左右しだした。特にプーチンの「東方シフト」、北極圏構想とも関係する当事者たちが自らの所有を確定する動きであった。２０１１年は、ゲンナジー・ティムチェンコ（１９５２―）の率いる独立系エネルギー会社ノバテク社がレオニード・ミヘルソン（１９５５―）と組んでシブネフチガス株式を取得するなどの動きをした。このときプーチン首相は旧来のガスプロム社を批判したことが注目される。またコバリチュークはメディア部門で、またアルカディ・ロッテンベルク（１９５１―）はソチ関連の建設部門を中心に動きだした。分析家アレクセイ・マカルキン（１９７１―）のいう「２０１１年は所有の正当化」の動きとなった（http: //politcom.ru/11679.html）。結果的にはタンデム前後に躍進した新興オリガルフは首相プーチンとのつながりを強めることになる。ノバテク社はフランスのトタールとのLNG合弁企業を進め、また13年は民間企業としてはじめてガスの輸出権限を得ることになる。もっともこのころメドベージェフも、チュバイスの率いるロスナノを含めオリンピックなどに関係する国営企業体を「八つのリバイアサン」と呼んで厳しく批判した（AN/2/2/11）。

こうしてプーチン首相の立場は強まった。リベラル的なジャーナリストであるエホ・モスクワ放送のアレクセイ・ベネディクトフ（1955―）はプーチン復帰の確率を7割と想定したし、どちらかといえばメドベージェフ・ブレーンと当時目された政治学者のツイプコもプーチン復帰は不可避と断言した。2011年8月末にはこの方向はどうやら決まっていた。問題はどのタイミングでこれを告知するかであった。この月に開かれた大統領系ヤロスラベリ・フォーラムに招かれたメルケル首相は欠席した。プーチン系ブレーンのミハイル・ドミトリエフ（1961―）はメドベージェフ二期となると危機が訪れると語った。

プーチンが9月24日に大統領選挙への出馬を決めた。統一ロシア党は第十二回党大会でメドベージェフ党首のもと、大統領選挙はプーチン、そして議会選挙は統一ロシア党と決めた。このことがプーチンの12年大統領復帰への重要な布石となった。この年の第八回バルダイ会議は、両者の決着がつき、次の選挙となる直前の11月はじめにカルーガで開催された。タイトルは「2011〜12年の選挙とロシアの未来、5〜8年のロシアの発展」と率直だった。事前の報告案ではメドベージェフ大統領が降りたのでロシアは予測性を高めたと、あたかも20年までプーチンでいくことを暗示するような内容であった。

不正選挙反対運動と大統領選挙

だが事態はそう単純でもなかった。結局当時のメドベージェフ大統領が「統一ロシア党」党首として戦った２０１１年12月4日の下院選挙では、統一ロシア党は49パーセントで第一党を維持したものの、議席は２３８と減らし、得票率が5割を切るなど、事実上敗北に終わった。逆に共産党は19パーセント強の得票で92議席、以下公正ロシア党が64議席で第三党、自由民主党は11パーセント強で56議席となった。比例区で政党別7パーセントに高められた当選バリアーもあったが、リベラル系は、ヤブロコ派も、当初はキリエンコやハカマダなどメドベージェフ系でもあった「右派の事業」も、オリガルフの関与もあったものの、結局は40万票以下であった。

なかでもこの選挙で不正選挙がおこなわれたことへの抗議活動が急速に高まった。12月22日にメドベージェフ大統領は恒例の教書演説をおこなったが、その内容は２００５年のベスラン事件後、選挙制度を厳しく変えたことを緩和する内容であり、①05年政党法での要件を緩和し7パーセントから5パーセントに戻すこと、②地方ごとの比例代表を強化すること、③知事公選を復活することなど、というものであった。

しかしこうした動きより、モスクワなどで２０１１年12月10日、ボロトナヤ広場での不正選挙糾弾運動に10万を超える市民が登場したことが注目される。その参加者に同年秋に辞任したプーチン系リベラル経済専門家のクドリン前財相もいたことは、盤石なプーチン体制内の分岐ともみられた。24日にもサハロフ広場で抗議が続いた。このことについてプーチン系政治学者（ミグラニャン）は、これらはメドベージェフが二期政権を目指した、事実上のロシア流「カラー革命」であるという議論まで展開した（E/24/1/12）。

なかでももっと微妙で重要な声明はこのボロトナヤ広場での抗議運動のさなか大統領府第一副長官で、イデオローグのスルコフが『イズベスチヤ』紙に民主化運動の担い手を「まったく現実的で自然的な抗議」運動である、「システムはすでに変わった」とまで評価したことだった（Iz/22/12/11）。この発言によりプーチンが大統領に復帰する前に、彼はこの職を解任された。もっとも27日には副首相となったが、常に複雑なクレムリンのなかでバランス感覚を表現した人物が、メドベージェフ寄りと評価されだした。代わってクレムリンの大統領副長官、政治担当に任命されたのはサラトフ州出身の憲法学者でプリマコフの祖国系からプーチン支持の統一ロシア党が作られたときの事務局長であったビャチェスラフ・ボロジンであった。下院議長にはナルィシキンがついた。

実際この抗議活動は大統領選挙直前まで長引いた。２０１２年２月４日にはモスクワだけで４つの政治的に異なる潮流が集会を開いた。選挙直前の２月26日には「人間の鎖」運動に数万人が参加した。本当にロシアでカラー革命が準備されたとは思えないが、この「民主化」運動に対抗してプーチン大統領三選を目指す選挙キャンペーンは、主として「反オレンジ集会」で保守系勢力が大動員されることになった。

この選挙対策には保守派映画監督の巨頭、スタニスラフ・ゴボルヒン（１９３６―）、ニキータ・ミハルコフ、ロシア版『キリング・フィールド』というべきアフガニスタン戦争の悲劇『第九中隊』

を作った中堅で、巨匠セルゲイ・ボンダルチュク（1920—94）の息子フョードル（1967—）らが選挙対策に関与した。民間では民族右派系新聞『ザフトラ』編集長アレクサンドル・プロハノフ（1938—）やユーラシア主義者の哲学者アレクサンドル・ドゥーギン（1962—）、国家主義的な経済学者グラジェフといった保守・愛国系の論客が3月選挙に向けた対抗キャンペーンに乗り出した。

ウクライナ危機の初期、重要な役割を果たすことになる彼らの背景にいたのはどうやら軍産複合体担当の副首相ロゴージンらの「イズボルスキー・クラブ」である。このクラブは2012年9月に正式に旗揚げするが、きっかけはこのボロトナヤでの不正選挙への抗議活動への反発である。彼らは抗議運動の背後に「カラー革命」の影をみた。ちなみにプロハノフは、ロシア革命前後、正教異端派のモロカン派と呼ばれた反戦派が革命後赤軍に協力すべきかでもめたとき、赤軍支持を訴えたイワン・プロハノフ（1869—1935）の孫でもある。特に1969年の中ソ対立のとき、イズベスチャ紙での愛国報道で著名になった。その他トレチャコフら保守派とでもいうべき潮流の論者を含んでいた。

なかでもプーチンⅡの保守化の原動力の中心は、政治家のロゴージンである。ソ連末期からの軍産複合体出身で、エリツィン時代の安全保障会議書記ユーリー・スコーコフ（1938—）とともに1993年にロシア人共同体会議KROを組織したジャーナリストとして知られる。2003年にはこの派から「祖国」派が誕生、下院選挙で9パーセント近くの得票を得ていた。ちなみにロゴージンはこういう呼称はモスクワの古儀式派司祭派の拠点である墓地の名と同じであり、モスクワ出身であることから古儀式派という推測もある。NATO大使などを経て、2011年から副首相となるが、プーチン固有の人脈ではないことが注目された。

2012年3月4日の大統領選挙の結果は、はじまる前からプーチンの楽勝は予想されていた。その結果よりも誰が前に出たかを考えることが重要であった。そこではリベラル右派グループからオリガルフとして国家的と評された「ノリリスク・ニッケル」のミハイル・プロホロフ(1965―)が出たことだけが新鮮といえた。残りは共産党のジュガーノフ、公正ロシア党のミローノフ、自民党のジリノフスキーらが並んで名乗りを上げた。その他、カシヤノフ元首相やヤブリンスキーは署名簿の偽造をめぐる選管委員長の判断で出馬できなかった。セルゲイ・ウダリツォフ(1977―)という「左翼戦線」の急進活動家やブロガーのアレクセイ・ナバリヌィ(1976―)もこのころから街頭活動で話題となった。ちなみにウダリツォフの祖父イワン(1885―1958)は革命時のレーニンの同志で、1920年代末のモスクワ大学学長でもあった。

結局プーチンは63・6パーセントを獲得、1回で当選した。以下ジュガーノフ、17・18パーセント、3位につけたプロホロフの7・98パーセントが目を引いた。その結果プーチンは「ロシアで勝ったが、モスクワで負けた」とも評された。プーチンは当選を前にして西側主要のメディア代表との会見に応じ、そのなかで朝日新聞の若宮啓文に日ロ平和条約問題での「引き分け」解決を示唆した。領土問題への意欲を示したものと野田佳彦総理ら民主党だけでなく安倍晋三自民党総裁ら日本政界は注目した。

第5章　プーチンⅡとウクライナ危機

精神的総主教？

こうして2012年5月に再登場したプーチン大統領については、プーチンⅡという言い方がなされた。その場合プーチンⅡ政権の特徴として特筆すべきことは、以下に要約できる。

第一は、プーチンの表象を、それまでのマッチョな肉体派政治家から「保守的理念」の体現者、あるいは正教の「精神的総主教」としての道義的政治家へと転換することであった（NG/4/12/12）。そうでなくともロシア正教会のロシア国家における位置は09年2月にアレクシー二世総主教の死去とキリル総主教の着座で高まっていた。国際担当の府主教のときからキリルは保守的立場であってルスキーという愛国的表現を使うべきだと公言していた（NG/21/11/07）。

こうしたなか、スルコフに代わった新イデオローグ、ビャチェスラフ・ボロジンが演出した2012年12月のプーチン教書演説では「国民的理念と精神的繁栄」が称揚された。このために利用されたのが、プーチン再選に抗議して救世主キリスト聖堂でおこなわれた女性パンク・バンド、プシー・ライオットのスキャンダルと裁判であった。

この保守主義キャンペーンとの関連で興味深いのは2012年末、レーニン廟撤去問題が再度持ち上がったとき、大統領が聖人の遺体保存はロシアの伝統であるとしてこれを支持したことである。撤去派にはリベラル派に加え、与党の統一ロシア党で文化大臣となった保守派のウラジーミル・メジンスキー（1970―）も加わった。だがプーチンは維持派となった。彼は尊崇して赴くギリシア正教の聖地アトス島の聖人に類比、共産主義もまた一種の「宗教」であるという考えを披瀝した。

この考えは実は穏健保守の哲学者ベルジャーエフに由来する。ベルジャーエフは19世紀末には当時ようやく合法化されたマルクス主義者であったが、その後求神論者となり、ロシア革命ではレーニンの敵として1922年にソ連を追放され、欧州に亡命した。彼は共産主義とはロシア正教の裏返しのメシアニズムであり、第三インターナショナルなども「モスクワは第三のローマ」といった自称普遍主義の焼き直し、共産党とは無神論者の国家教会であるという指摘をおこなった人物として知られる。

実はベルジャーエフやイワン・イリーイン（1883―1954）のような20世紀初頭ロシアの穏健保守派の潮流は、ブレジネフ体制のなか1960年代半ばから共産党内でもひそかに研究されていた。ペレストロイカ期になるとベルジャーエフは自由化、民主化派に対する保守派の支柱として評価された。ソ連崩壊直後は欧米流の市場化、民主化論者がもてはやされたが、プーチン時代になって、イリーインやベルジャーエフを含む宗教的、保守的潮流が再評価されだした。2014年のクリミア戦争前後からクレムリンはベルジャーエフの研究会を立ち上げ、「穏健保守主義」の指導理念とした。特に大統領府ではスルコフに代わった政治学者ビャチェスラフ・ボロジンがベルジャーエフを評価、統一ロシア党のイデオロギーとして重視しだした。

2014年5月、クレムリン系のシンクタンク「社会政治経済研究所」は、保守主義の理念の再考を取り上げ、ベルジャーエフの事績の再検討を主張した。所長のドミトリー・バドフスキー（1973―）は政治哲学の研究者であるが07年社会院の委員となり、プーチンが大統領に復帰する12年から大統領府の内政分析を担当した（GR/15/05/14）。評論家ドミトリー・トレーニン（1955―）も、保守化をキーワードとしてウクライナ危機前後のロシア政治の変動を分析する必要を訴えた。[28] プーチン自身、正教やイスラムとの和解を13年10月のバルダイ会議で主張した。

メジンスキー文化大臣のような保守派とリベラル派、そして共産党の交錯のなかでプーチン大統領の立ち位置が問われたのはロシアの歴史をめぐる教科書問題であった。タタールの軛《くびき》からはじまり10月革命やスターリンの評価など、ロシア史の解釈をめぐって、ソ連崩壊後は各派の政治思想潮流の交錯もあり、文字どおり「歴史政治」が展開されてきた。たとえば、ロシア10月革命をアンドレイ・ズーボフなどリベラル史家は西欧リベラルと同様クーデターと考えた。このような論争に火をつけたのは2007年のスルコフの「主権」愛国主義の鼓吹もあったが、大きな外交問題にもなったのはメドベージェフ大統領期であった。特に旧ソ連での1932〜34年の飢饉問題がきっかけになったが、ユシチェンコのウクライナ政府がスターリンの政策を、民族抹殺を図るホロドモールと言いだしたからでもある。これをきっかけにロシアでは2009年、「歴史の偽造」に対抗するナルィシキン委員会ができた。ロシアでの教科書策定をめぐっては12年にプーチンが教科書問題に直接関与してから政治家と歴史家、評論家も絡んだ論争となった。特に左派とリベラル派からの批判が目立った。これらの論争におけるプーチン自身の関与は、愛国寄りはもちろんであるが、実は総じてバランサーというか、永綱憲悟のいう「穏やかな妥協策」を志向したというが、おおむね首肯できよう（ロシア・東欧研究、45／16／101）。

政策決定

こうした微妙な権力内の陰影にもかかわらずプーチン二期は、プーチンにとっても政治権力の憲法的態様と現実の運用が比較的一致した体制であった、といえよう。外交・安全保障といったハイ・ポリティクスを大統領が担い、他方メドベージェフが首相として経済を中心に担当するという分業体制である。もっともエネルギー政策は、ロスネフチのセーチンや大統領府が担い、政府の改革派ドボルコビッチ副首相の役割は縮小した。

一つにはシェール革命の伸展に伴い米国の世界市場での比重が強まるなか、大統領の外交指針となった2013年2月の「大統領外交概念」が示したように、ガスプロムの保守主義よりも北極海開発を進めるプーチン系の民間ガス会社ノバテク社を重視したことがある。台頭するミヘルソンとティムチェンコ率いる民間企業にはじめてガスの輸出許可を与え、ガス需要が大きい中国や日韓をめざす東方重視外交を推進した。ちなみに政治分析家エフゲニー・ミンチェンコは12年までの政治サイクル後60名ほどの専門家のアンケートを基礎に「政治局II」という評価表を公表した。12年の最初のリストでは、①メドベージェフ、②セルゲイ・イワノフ、③セーチン、④ティムチェンコとコバリチューク、⑤チェメゾフ、⑥ソビャーニン、そして⑦ビャチェスラフ・ボロジン、であった。多くが政治家のなかでティムチェンコとコバリチュークの二人の企業家が「政治局」の正規メンバーとなったことが注目を引いた。その後毎年更新されるこの表でも、ロッテンベルクを含む企業家は安定したプーチン政治の構成エリートとなっている。[29]

東方シフト

そのプーチンⅡ政治のなかで東方シフト（脱欧入亜）は次第に大きな比重を占めだした。なかでも２０１１年３月11日に起きた東日本大震災は、ロシアでのエネルギー輸出における対日関心を強めた。12年に政府には新たに極東発展省が新設された。これは19年には北極海問題をも担当することになる。初代大臣にはハバロフスク地方知事から極東全権代表となっていたビクトル・イシャエフ（１９４８―）が任命された。この年９月には極東のウラジオストクでＡＰＥＣ会議がおこなわれ、このためにルスキー島、連邦大学など極東開発を進める方針が強まった。バルダイ会議のブレーンで、本来はヨーロッパ専門家であったカラガノフは、ウラジオストクを「第二の都」にと提言した。また『エクスペルト』誌社説は７月、極東を否定的にみた20年間は終わったと主張した（E/27/12）。12年９月の民主党の野田佳彦総理とプーチンとの会談は、当初は柔道家の山下泰裕も入ってウラジオストク柔道場で予定されたがＡＰＥＣ会議時ルスキー島の連邦大学に変更しておこなわれた。事実上日本の民主党政権との本格協議となった。会場はにわか普請で会議終了後に天井が落ちてきたと斎藤勁官房副長官は記憶する。10月末にはパトルシェフ安全保障担当書記が来日、日ロ間の安全保障対話が発足する。年末の森喜朗元総理の訪ロも検討された。これが流れたこともあり、野田政権は12月総選挙に打って出る。この結果、自由民主党が勝利、第二次安倍政権が成立した。

これを受けロシアへのシフトとして10年ぶりとなる安倍総理の国賓訪問（2013年4月）となった。そこでは日ロ間の「戦略的パートナーシップ」への格上げが実現、それを象徴するかのように日本とロシアとは外務、国防レベルでの「2プラス2」を作ることで合意、11月には東京でラブロフ＝ショイグ訪日が実現、岸田文雄・小野寺五典大臣との会談となった。ウラジオストクは15年から東方経済フォーラムが毎年秋に、インド太平洋の最高首脳クラスを含んで開催され、安倍総理はもっとも熱心な賓客となった。

この流れを受け、ロシア大統領の公式外交概念は2013年2月に改定されたが、ここには日ロ関係の最終解決を意味する「国境問題の国際的な最終解決」という文言が概念に加わった。ちなみにメドベージェフ時代の概念には「国際的」が抜けており、平和条約への意図、1年前のプーチンの「引き分け」発言の真意を意味しているかに思われた。13年8月には天然資源相だったユーリー・トルトネフ（1956—）が副首相兼務で極東連邦管区大統領全権代表になった。極東発展大臣は、保守的なイシャエフからビジネス経験のある若手のアレクサンドル・ガルシカ（1975—）に9月に交代した。13年末の大統領教書では「シベリア・極東の発展が21世紀を通じての国家的プロジェクト」であるとして東方シフトを進めた。

もっともプーチンⅡ体制の発足にあたっては、「主権民主主義」などプーチン政権のイデオローグでもあったスルコフ大統領府第一副長官の処遇をめぐって混乱、このことがウクライナ紛争発生時の不安定に拍車をかけた可能性は否定できない。彼は13年5月に副首相も解任されたが、9月に大統領補佐官に復帰し、その後のクリミア併合での「新ロシア」企画やミンスク合意をめぐる交渉などを担当することになる。

シリア危機

タンデム期に両指導者の対立面が出たのは米国の「大中東構想」をめぐってである。なかでもリビア問題で、メドベージェフが欧米の軍事的介入方針を支持し、これに現地で抗議したウラジーミル・チャモフ大使を更迭したことはプーチンの反発を招いた（佐藤16：129）。プーチンのイスラム穏健派重視とは、欧米の「アラブの春」による民主化への危機感が背景にあった。それはロシアにとってサウジアラビアやカタールなどの急進主義への警戒とセットでもあった。リビアの悲劇に続いたのは、シリアで2011年4月に勃発したアサド体制に対する抗議活動、そしてその後の内戦である。ロシアではワッハーブ主義は依然として国内安全保障上の脅威でもあった。シリアの急進各派の戦闘員は、ドイツ側情報によれば95パーセントはチェチェンを含むロシア、中央アジア、そしてアジア系であって、アラブ系ではなかった。これに対抗するアサド体制下のシリアはバース党という、もとはアラブ社会主義を呼号した潮流を起源としており、ソ連時代から同盟関係にあったこともあって、ロシアは同地に海軍基地も持っていた。

もっともシリア危機を通じて米国のオバマ大統領はアサドをやめさせよとはいったが地上軍を派遣する意図はなかった（Bacevich）。こうしたなか、2013年夏にシリアでアサド政権がサリンなど化学兵器を使用した疑惑が浮上し、英米政府が空爆を主張した。だがプーチンはこの年の9月11日、

『ニューヨーク・タイムズ』紙に寄稿し、ロシアと国連も関与した平和解決を訴えた。こうして中東問題にロシアが関与、9月のバルダイ会議で解決策を示したことはプーチンのロシアが国際政治に戻ってきたことを印象づけた。「アラブの春」が民主化どころか、混乱とイスラム急進主義しかもたらさなかったとプーチンは批判した。シリア問題はロシアの安全保障問題に直結していると、中東専門家でブレーンのビタリー・ナウムキン（1945―）東洋学研究所長らの専門家も指摘した。米国の空爆中心の「民主化」支援は、むしろ多くの聖戦派を生み出していると指摘、イスラム穏健派との政治対話を主張した。ちなみにソ連時代から同研究所内には聖地巡礼のためだった帝政ロシア・パレスチナ協会本部があり、プリマコフなど歴代所長はロシアとパレスチナの関係を形式的に担当していた。

オバマもロシアが提案した化学兵器の国連監視下の解体に賛成し署名した。このときは英国も理解を示した。だがこのタイミングが、CIA職員で米国の情報収集を暴露してモスクワに逃れたスノーデンの亡命問題と符合したことはその後の米ロ関係には不運となった。プーチン補佐官ウシャコフは、シリア、イラン問題など米ロ関係は首脳会談を必要としていると説いたが、プーチンが彼の政治亡命を認めた段階で、オバマ大統領は秋の米ロ首脳会談を取りやめた（McFaul）。首脳会談をセットするはずのマクフォール大使はその時辞任を決意した。

マイダン革命の原因

しかしもっと大きな国際関係の危機がウクライナをめぐって迫っていた。いうまでもなくロシアとウクライナとの関係は、２００８年4月に米国ブッシュ政権がウクライナへのＮＡＴＯ東方拡大を決めたことで複雑になった（Bolton: 455）。悪いことに欧州諸国の反対を考慮し時期を特定しなかったことで、よけいに不安定化した（W. Hill）。旧ソ連空間といわれた地域をめぐる対立は冷戦後最大の地政学的紛争であった。なかでも04年のオレンジ革命では、西ウクライナの勢力を背景にしたユシチェンコ政権が成立したが、10年2月の大統領選挙では政権の腐敗と無能さもあって東部を基盤とするヤヌコビッチがティモシェンコ候補に勝利し、第四代大統領となった。地域党など東部系ロシア語世界の影響も増したが、リナト・アフメトフ（１９６６—）など東部オリガルフの支援があった。オバマ政権もリセットを理由に同政権との関係を維持した（Stent: 188）。ヤヌコビッチは親ロシアというわけでは必ずしもなかったが、4月にメドベージェフ大統領と「ハリコフ合意」を締結、黒海艦隊とセバストーポリの地位協定を25年延長し42年まで共同管理することで合意していた。抜け目ない彼は他方でＥＵとの連携協定を求めた。

しかもこの東西紛争に、米国の大中東構想だけでなくイスラム急進主義が絡みだした。かつての駐米大使として米国の保守派とつながりのあるサウジアラビア急進派で安全保障担当のバンダル・ビン・スルタン（１９４９—）王子が２０１３年7月プーチン大統領と会った折、翌年のソチ五輪の安全保障とシリア問題の取引を持ちかけた（下斗米16）。急進派チェチェン・ゲリラの活動を押さえる代わりにシリアでのサウジアラビアのスンニー派の活動を認めよということである。ナウムキンは米国とサウジラビアの合同の圧力と受けとめた。プーチンは提案を退けた。米ロ関係が首脳会談の中止で緊張する9月にプーチンはチェチェン系のスルコフを補佐官に再起用した。プーチンは化学兵器の国際管理を主張、平和調停者としての人気はオバマ大統領を超えた。そうでなくともシリア難民問題がヨーロッパで深刻化していた。

他方でこの間ウクライナ大統領ヤヌコビッチはEUとの連携協定とガス代金値引きというロシア援助とを天秤にかけていたが、12月までにロシアに傾いた。もっともこのことはウクライナをめぐる反ロシア世論を刺激し、西ウクライナの勢力が２０１４年2月10日首都のマイダン広場に動員をかけた(Dnevnik: 44)。そこにはヤヌコビッチ政権の腐敗に対する反発と並んで、欧米政府系の地政学的思惑が強く反映した。実際ネオコン系のヌーランド国務次官補は米国ウクライナ協会の講演で、ソ連崩壊後約50億ドルを関係ＮＰＯに支払ったと述べている。ラブロフ外相は彼女を「偽情報大臣」呼ばわりしたが、クリントン国務長官に近い彼女は同年1月にクッキーを持ってキエフのマイダン派を激励する「シャトル外交（マクフォール）」をおこなった。ＥＵはウクライナとの連携協定を進めた。ロシア大使は米欧協調したこの目的はレジーム転換ではなく、問題の平和解決だと強調したが、ヤヌコビッチ政府と反政府派との街頭での緊張は激化した。

介入の内幕

その後の展開をめぐって、ロシアとウクライナ、そして欧米との解釈は異なっている。ロシア側は欧米政府が「カラー革命」を仕掛け、ヤヌコビッチの正統政府を武力で追放したためにクリミア併合にいたったとみる。他方ウクライナなどではプーチンが最初からクリミア併合を周到に狙っていたとみがちである。双方に論拠があるだけにかみ合わない論争であるが、マイダン革命の1年後オバマ大統領自身がその裏側を明らかにしていることはあまり知られていない。2015年1月30日のCNNインタビューで、ヤヌコビッチの逃亡などウクライナでの「権力移行」を米政府が「仲介した」ことを正式に認め、このことがプーチンをして「即興的に」、クリミア併合にいたらせた理由だと率直に語った。[30] プーチンに「大戦略」があったわけではないと。しかし米国の反ロシア派からはプーチンとはヒトラーであり、同時にソ連帝国の復活を意図的に画策するものと映じた。他方ロシアでも「カラー革命」から「マイダン革命」というレジーム・チェンジの波及に神経をとがらしてきたロシアの各勢力も関心を深めだした。ソチ五輪の華やかな場面の裏側で米海軍が黒海での警戒を強めた。

プーチン政権のなかではウクライナ強硬派の影響が増した。なかでもウクライナ生まれのグラジェフはマイダン革命時には関税同盟書記として政権内での保守的で大国主義的な役割を演じた。『ブラスチ』誌によれば2014年2月半ばにプーチン本人が直接関与するまでは彼が主要な役割を演じ、2月末にもウクライナ政変を「バンデラ派（戦時期西ウクライナの親ナチ的民族派＝筆者注）が政権を握ったと表明した」（Komersant Vlast/10/14）。6月にはペトロ・ポロシェンコ（1965—）大統領をナチと呼んだ。本来大統領府でウクライナ対策を担当するのは前年9月に補佐官に復帰していたスルコフであった。もっとも2月までの役割はグラジェフに見劣りした。

スルコフらのウクライナ観がグラジェフらイズボルスキー・クラブ系保守派と違っていたかは議論の余地があろう。2020年2月、ウクライナ担当を解任され公職から退いたあとインタビューに応じたスルコフは、「ウクライナ」という「国民は存在しない」、と断じた。あるのはウクライナ国家でなく、ウクライナという名の混沌（Sumbur）だ、「ウクライナはもはや存在しない、少なくともいまはない。将来のウクライナはどうなるか、国境はどう存在するか、それともいくつの国家となるかは開かれた問いだ」と主張した。[31] 彼のもとで動いたドンバス義勇軍（15年9月創設）の正教系のオリガルフ、コンスタンチン・マロフェーエフ（１９７４―）らも同様の認識だった。たしかに国家としてのウクライナの歴史的短さとも相まって、ネーション意識は曖昧だった。

ロシアの言語学者マックス・バインライヒ（１８９４―１９６９）は「国語というのは陸・海軍を持った方言だ」といったことがある。ウクライナ独立後の国語や公用語をめぐる争いはやむことがなかった。東ウクライナはロシア語か、あるいはウクライナ語とロシア語の中間的言語集団に属している（服部）。またロシア・ウクライナが１９９７年に共同管理した黒海艦隊を統制するのはどの国かという紛争とも直接関係した。事実２０１４年２月のマイダン革命後の暫定政権は一時ロシア語を禁じ、このことがクリミアのロシア編入、黒海艦隊の分裂、そして東ウクライナでの反マイダン紛争の引き金ともなった。

危機のなかの米ロ首脳

危機回避の動きもあった。２０１４年2月7日のソチ五輪開会式にプーチンは外国首脳を招待した。そのなかにはコンタクトしたオバマ大統領も当然入っていた。前年の9月首脳会議の流会も念頭にあって大使も大統領の参加を促した。しかし五輪嫌いなのかオバマはソチを含め一連の大会に参加しなかった（McFaul）。いまから考えれば、米ロ首脳間のこの不信と対話不足は高くついた。ロシアのリベラル派政治学者ウイリアム・スミルノフがマイダン革命直後3月に筆者に語ったことによれば、プーチンはそこでウクライナをめぐる紛争、ロシアとの関税同盟とＥＵ連携条約との齟齬《そご》を解決しようとしていた。しかしＬＧＢＴ問題でのロシアの態度を理由にほかの欧米首脳も開会式には不参加であった。

しかも閉会式直前の2月18日までにマイダン広場での流血の衝突は双方の武装部隊を巻き込んで、39名とも１０４名ともいわれる死者を出す紛争となった。ヤヌコビッチ政府の機動隊ベルクートも暴力を行使したが、ウクライナ右派勢力も西ウクライナ住民を首都に動員した。ここで不可解なスナイパー部隊が広場でのデモ参加者を狙い撃ちにしたことが流血に拍車をかけた（Petro: 58）。カナダの専門家イワン・カチャロフスキーはジョージアの武装集団とみているが、マクフォール大使は誰がやったかは「曖昧」だが親ヤヌコビッチ派スナイパーが警官を含め殺害したという（McFaul）。この間ヤヌコビッチ大統領をオバマ大統領は批判した。ソチ閉会式直前の2月21日には英独ポーランドの外相が関与し、ロシアの人権オンブズマンを兼ねたロシア外交官のウラジーミル・ルーキンも参加した妥協案が模索された。ここでヤヌコビッチは反対派とともに憲法改正、連立政権と選挙の前倒しを約束した。

だがその直後にヤヌコビッチは首都から逃亡した。このため、ウクライナ議会はクーデターであるという憲法上の疑義はあったもののオレクサンドル・トゥルチノフ（１９６４—）大統領代行、なによりヌーランド米国務次官補によって推薦、事前に祝福されていたアルセニー・ヤツェニューク（１

974―）首相からなる暫定政府を成立させた。2月19～22日に西ウクライナ勢力がヤヌコビッチ政権を実力で打倒した形になった。こうして首都でのマイダン革命は東西「2つのウクライナ」の亀裂を余計に鮮明にした。それが黒海艦隊の共同管理体制の崩壊と言語戦争を同時に誘発した。もともとロシア領で人口の6割以上がロシア人のクリミア半島では、24日に議会前の衝突で死者が出た。

2月21日にヤヌコビッチ大統領が暴力的に追放されたと理解したプーチンは問題への本格的対応に入った。午後に安全保障会議が開催され、それから嵐の激動が一月続く。3月1日に大統領は上院にロシア軍海外派遣の許可を求めた。そして最終的には3月18日にプーチンがクリミアとセバストーポリのロシア連邦への併合条約に署名、20日下院は反対1票で可決した。他方プーチンはこの行為は国際法違反と認め、ロシアをG8から追放した。さっそく西側はプーチンを国際法的に合法であるとして、コソボ独立の2008年宣言をあげた。国際法にいう併合という言葉の誤解があったかもしれない。ロシアでは革命時のレーニンの「平和の宣言」で無併合を主張して以来、国民の意志を問わない国境変更を併合と理解する。地元住民の国民投票を経たクリミア併合とは編入にほかならないというのである。ちなみにコソボ独立のときロシア連邦は反対していたので、いずれにしても東西双方ともご都合主義の批判はまぬがれなかった。

ロシアの決定作成

この過程で、プーチン政権では誰が、またどのような機関が決定に関与したのか。この点について翌2015年3月15日のテレビ番組でプーチンが部分的に明らかにしている。それによると14年2月23日朝7時にいたる決定作成のメンバーはプーチン以外4名であった、という。[32] メドベージェフ首相、大統領府長官セルゲイ・イワノフ、国防相ショイグ、それに安全保障会議書記のパトルシェフであった可能性が高い。大統領府のホームページによると21日に定例の安全保障会議が開催され、メドベージェフ首相らが参加していた。25日にもラブロフ外相らも関与して臨時に開催されている。このうち国防相ショイグは古くからのプーチン・チーム、12年11月以来現職であった。

このウクライナ問題をめぐるロシア指導部内での「和平派」と「戦争派」の関係はどうか。ウクライナ紛争をめぐって和平派と戦争派とが存在し、プーチン自身はむしろバランサーであるという議論がある。欧米の一部にあるプーチン個人こそ決定の中心で、彼を無力化すれば問題は解決されるという考えとは異なる。ロシアの専門家だけでなく、リトアニアやウクライナの専門家（ウクライナの軍事評論家デニス・ポポビッチ）らの間にも一部支持がある。この観点にはたとえプーチンが退場しても、よりタカ派の指導者が出かねないという判断が背景にある。[33] このような角度から2月末のクリミア介入以来誰が、どの派閥が戦争を主導し、誰が反対であったかの議論が問われた。もちろんリベラル改革派の論客、政治学者ではユルゲンス、イノゼムツェフ、シェフツォバ、ツイプコ、歴史家ズーボフらは介入に批判的であった。

しかし2014年3月6日の安全保障会議では単なるクリミア独立だけでなく、ロシア連邦への併合と並んで、東南部ウクライナ、つまり帝政ロシア期の「新ロシア」への介入に積極的に乗り出したと推定できよう。この考えは補佐官スルコフが進めたが、これはグローバルな米ロ対立になった。プーチンの方針も、クリミア、特に「新ロシア」をめぐっても揺れた。

指導部周辺では1997年に合意した友好条約の立役者であるプリマコフ元首相らが特に東ウクライナでの「新ロシア」キャンペーン、スルコフらの「戦争党」に対する批判者であった。[34]キッシンジャーは2016年プリマコフを追悼するモスクワの会議で演説し、プリマコフとキッシンジャーが共同議長で07年から09年にかけて米ロのトラックⅡの共同議長として機能していたことを明らかにしている（Matvienko: 233）。他方明確な「戦争党」的な潮流を代表しているのは、チェチェン共和国のラムザン・カディロフ首長である。彼はチェチェン人大隊をドンバスに送った。

興味深いのはクリミア併合決定の安全保障会議参加者のなかで、米国の制裁リストに載っているのはセルゲイ・イワノフであり、その他同会議の常任メンバーでは下院議長ナルィシキン、上院議長マトビエンコらも含まれていた。逆に入っていないのは、実際に決定したプーチン、メドベージェフ、そしてショイグである。その他パトルシェフ書記、元下院議長グリズロフ、副書記ヌルガリエフ、対外情報庁長官フラトコフ、アレクサンドル・ボルトニコフ（1951—）FSB長官がリストに入っていないことが興味を引く。[35]このうちボルトニコフは、2015年2月末、ネムツォフ元副首相暗殺に際し、これはチェチェンの防衛組織「セーベル」のメンバー、チェチェン内務省の犯罪であると断じた。このときプーチン大統領が10日ほど表に現れなかったといわれる（Zygar16: 319）。プーチン自身同年12月の会見でカディロフとの関係を問われて、このようなことで会うことはないと関連を否定した。

また2016年2月はじめになってであるがパトルシェフは、クリミア併合は住民が希望したものであると合理化し、ロシアは同地での流血を防いだと主張する一方で、ドンバスはウクライナだとも主張している（MK/27/1/16）。スルコフが中心になったドンバス介入の「新ロシア」企画を批判したことになる。

２０１４年3月4日まではクリミア独立論であったプーチンが6日には同地の併合論に傾いた理由は何か。筆者はティモシェンコ元首相の５日のＢＢＣでのハリコフ合意破棄発言にそれを求めた（下斗米14）。黒海艦隊は１９９７年のエリツィンとクチマとが署名した友好条約で共同管理されていたが、10年に両国政府がハリコフで合意し、共同管理の枠組みを42年まで延長するということになっていた。この合意が破棄されれば、17年にはロシアが同地から撤退することになり、いずれにしてもプーチンを併合に駆り立てたであろう。実際はウクライナ側軍人の多くが数倍高いロシア年金欲しさでロシア側に寝返ったのである。14年3月18日プーチンは「クリミアはいつでもロシアと不可分」であると宣言した。

ちなみにプリマコフは２０１４年7月はじめのテレビ演説で、クリミアを確保するに際し、住民による人民投票だけでなく外国との協議を求めたもののウクライナの反対でうまくいかなかったと言っている。この件についてロシアのジャーナリスト、ベネディクトフは、トルコとの協議はあったことを日本の学者・報道者会議に示唆した（9月20日）。トルコのレジェップ・エルドアン（１９５４―）大統領がこの併合を黙認した可能性は高等経済院の研究者オレグ・マトベイチェフも指摘するが興味深い（下斗米16）。

新ロシア企画

他方新ロシア企画をめぐってプーチンは2014年4月に1回述べただけであった。[36]この間モスクワでも2派が争ったと主張するのは、リトアニアの専門家モーリス・ラウリナビチスである。彼によると、和平派は、プリマコフ周辺のグループ、他方ウクライナでの強硬論を実施したのはロゴージン副首相らのグループであった。なかでもロゴージンやグラジェフらが主導した新しい企画は「新ロシア」である。帝政ロシア期のウクライナ東南部で新共和国を設立する試みであった。3月からは「ロシアの春」の名でサイトが立ち上がり、4月から本格化した東ウクライナ、ドンバスやルガンスクといった「新ロシア」をめぐって、ウクライナの「反テロ作戦」と衝突した。軍事史家ミハイル・ポリカルポフ（1968—）は1992年にボスニア紛争に義勇兵として関与したイーゴリ・ストレルコフ（1970—）がドンバスのスラビャンスクではじまった戦闘に参加したのが2014年4月12日であったと指摘する（Polikarpov）。その後南のオデッサでは組合会館をめぐりマイダン派と反マイダン派の衝突で46名の反対派と2名の支持派の死者が出る悲劇（5月2日）が起きた。同月11日にはドネツィク、ルガンスク州が住民投票でウクライナからの離脱を宣言する。実際ドネツィク人民共和国は憲法案で正教国家建設を掲げた。指導者アレクサンドル・ボロダイ（1972—）は正教系オリガルフのマロフェーエフの支援を受けた政治テクノロジストであった。背景には灰色の枢機卿、スルコフ補佐官があった。同年6月24日にドネツィク人民共和国とルガンスク（ルハンスク）とは国家連合

「新ロシア」を立ち上げた。

もっとも7月末までにボロダイ「首相」らはウクライナ軍の「反テロ政策」でスラビャンスクを放棄するなど暗礁に乗り上げ、責任をとって8月にストレルコフ（別名ギルジン）「国防相」とともに辞任した（下斗米16：87）。クレムリン系評論家セルゲイ・クルギニャンの説得でロシアに引き揚げ、ウクライナ人のアレクサンドル・ザハルチェンコ（1976―2018）らに代わった。ストレルコフは「降伏を勧めた」としてクレムリンとスルコフを批判した（Petro: 93）。

ちなみに「新ロシア」のイデオロギーについては『ザフトラ』紙などで展開されている。イズボルスキー・クラブの9月円卓会議「新ロシアのイデオロギー」は正教こそ「ロシア世界の基盤」であるとし(Z/38/14)。ウクライナはもはや存在しない、存在するのは「新ロシア、小ロシア、そしてガリツィアだ」（パーベル・グバリョフ）。正教だけでなく、「ソ連復活」、社会正義、社会主義というのも彼らの共通イデオロギーであった。

なかでもこの組織者のクルギニャンは、ソ連復興という主張で有名であったが、「ソ連邦Ⅱ」という組織を立ち上げた[37]。彼らの影響下の組織は「キエフを首都とし、ロシア、ベラルーシ、そしてウクライナからなる国家」の創設を主張した。同様の考え方はエドワルド・リモノフ（1943―2020）の民族ボリシェビキ党にも共通し、著作『ソ連――我らの古いローマ』は、ソ連復活論がローマ帝国復活と通底しているという、ロシア民族右派の発想を継いでいる。

だが悲劇は続いた。なかでも2014年7月17日のドネツィクにおけるマレーシア航空機撃墜事件で298名が死亡する、といった事件の連鎖によって冷戦後最悪の東西関係へといたった。ウクライナとロシアはこの悲劇を起こした責任をめぐって責任を押しつける情報戦をおこなった。こうしてウクライナ東部での内戦的な衝突の死者数は国連推計で1・4万人、ドイツの非公式な推計では5万人を超えるという。

その間も外交面では4月のウイーンでのEU、米国、ロシア、ウクライナによる4者協議のように紛争の沈静化、調停や和解の模索がなかったわけではない。なかでもOSCEはようやく中心的な役割を果たした。5月の選挙で大統領に就任したポロシェンコ大統領は和解政策でプーチン＝ロシアとの接点を模索しようとした。しかし、ウクライナ軍の「対テロ」作戦とルハンスク（ルガンスク）、ドネツィクの義勇兵などの間に激しい衝突が生じた。ロシア側も公式には認めなかったが正規軍を投入、8月末のイロバイスクでの戦闘に直接限定的に関与し、ウクライナ側は打撃を受けた（Petro: 61, 93）。

この結果和解の動きも本格化した。なかでもその画期は東部ウクライナのルハンスク、ドネツィク州のウクライナ内での自立を認めた9月4日のミンスクⅠ合意であろう。プーチンとポロシェンコがミンスクで会談、ロシア、ウクライナ、それに両「人民共和国」が停戦合意した。このミンスク合意はフィンランド外務省が仲介して、IMEMOのアレクサンダー・ディンキン（1948―）所長、核専門家のアレクセイ・アルバトフらの学者と米国のキッシンジャー・アソシエイトのトーマス・グラハムなどの専門家が24項目で6月に合意したトラックⅡのロードマップが下敷きになった。ウクライナの中立化の提案もあった。これによってウクライナとロシアとの一定の妥協を独仏などOSCEが保障する模索もなされた。米国はメルケルの主導に期待した（W.Hill）。ちなみに米国のネオコンと連携していたサウジアラビアのワッハーブ系バンダル王子は影響力を失い、2015年2月のミンスクⅡ合意までに同国の安保会議事務局長を解任された。オバマ、ケリー国務長官らは欧州と組んで7月にも予定されたイラン核合意に向かった。

もっとも2014年秋以降も、ウクライナ内政の不安定さと経済破綻、制裁の強化といった問題もあって、紛争をめぐる内外事情は悪化の一途をたどった。ウクライナをめぐる東西関係もまた安定しなかった。散発的な軍事行動はやむことなく、また10月末のウクライナ議会選挙ではヤツェニューク首相が率いる戦争継続派がリード、ポロシェンコ大統領の和平派は後塵を拝した。ウクライナには大統領と首相の二つのパワーセンターが存在したという。なかでもNATO加盟を目指す潮流の存在はロシアを刺激した。他方EUでは11月、外相役に和解派の上級代表イタリアのフェデリカ・モゲリーニ（1973―）がついたが、理事会議長はポーランドの強硬派ドナルド・トゥスク（1957―）だった。米国では対ロ政策をめぐって、ロシアにとっての「聖像」であるキッシンジャー（シェフツォバ）と「大敵」ブレジンスキーとが宿命的な対立を演出した（Shevtsova10）。

もっともプーチン大統領の外交において安全保障会議など政策の中心概念を形作っているのはミグラニャンやアレクセイ・アルバトフ、カラガノフといったリアリスト政治学者たちであって、彼らにとって目的は「新ロシア」ではなく、あくまで「ウクライナの連邦化」である。なかでも新ロシア批判潮流の中心的存在であるプリマコフは7月はじめロシアにとって必要であったのはクリミアの政治的統合であって、「新ロシア」企画はスラブ系民族の対立となり、行きすぎたと批判した。[38]

もともとプーチンの東ウクライナ政策の中心理念となったのは「ロシア世界」である。かつての

「近い外国」を再統合、ロシア語話者など同胞の文化を擁護するという観念である。ソ連崩壊後ウクライナやベラルーシではそれぞれ国語が制定されたものの、実際にはロシア語圏が残っていた。ウクライナ語重視を叫ぶ大統領候補まで実際はしゃべれなかった。ロシアの言語学者ウラジーミル・アルパトフ（1945―）は、これをアイルランド独立後も英語が残った状況に対比した。「ロシア世界」基金は2007年6月、クレムリン系学者のニコノフを総裁に設立された。彼らからみると独立後ヨーロッパを目指すウクライナではウクライナ語が政治家や外交官などの必須な国語となり、学校教育でロシア語が差別されたと考えた。

だがロシアでは世界（Mir）と平和（Mir）とは同語である。「新ロシア」などでの東ウクライナへの関与政策が、かえってウクライナを西側に追いやり、ロシアの平和をくずしたという批判も強く存在する。ロシア世界を体現するはずのロシア正教会も慎重で、クリミア併合問題ではウクライナ正教会は中立を守った。「新ロシア」企画には、モスクワ総主教系のウクライナ教会もウクライナ政府側を支持しその領土保全を主張した（Pro et Contra/38: 41/14）。プーチン大統領を野蛮人と呼ぶ聖職者もいた。

またソ連期に共産主義をはじめて批判した政治哲学者ツイプコは、クリミア介入とロシア編入こそ、「ルスキー・ミール」の一体性と安定を破った、平和は存在しないと厳しく批判した。彼は、ソ連崩壊時のロシア一国独立派である元リベラル派のグラジェフらがウクライナ独立を弄んだ末に、それを「反ロシア国家」にしたとコメントした。ツイプコは、「バンデラ派を作ったのは、ヒトラーではなく、スターリンだ」とも明言した（Tsipko14: 524）。クリミア併合により「予測がつかない」ロシアへの審判をさせたとも語った。

こうしたなか2014年12月4日、毎年恒例の年次教書でプーチン大統領はウクライナ危機以降の経済的政治的変化を総括的に述べ、そのなかでクリミア編入を正当化するとともにそれに伴うG7諸国の制裁措置が長期にわたることを強調、これに対応する必要性を説いた。なかでも988年のキエフ・ルーシ受洗の地を取り返したとクリミア併合の歴史的な意義を説いたのが目立った。クレムリンの横にはウラジーミル大公の像が建ったが、ちなみにプーチンの名前もウラジーミルであった。他方プーチン大統領自身はウクライナ問題をめぐって欧米政権と戦争まで予定しているわけではなかった。こうしたこともあってこの教書演説では「新ロシア」企画についてまったくふれなかった。

それでもこうした変化の結果もあって欧米政府が進める制裁のレベルは、当初はプーチン周辺やクリミア併合に直接関与した人間から次第にエスカレート、2014年9月には金融やエネルギーなどへの制裁にいたった。特にエネルギー部門全体を制裁対象にする米国の分野別制裁は、経済的打撃となった（杉田）。12月にも第四次制裁が発動した。

これらの事情は油価の低下と相まってロシアの通貨ルーブリの信用低下へとつながった。特に12月半ばには瞬間的には1ドル80ルーブリと、2014年当初から約45パーセントも減価した。このことは同年6月以降次第に顕在化しつつある石油価格の下落傾向とも相まって、プーチン政権にとっては経済危機という大きな負荷を課した。メドベージェフも危機を「深刻な経済後退」と呼んだが、それというのもロシア財政の半分はエネルギー価格によるからである。分野別制裁は、ロスネフチと関係したエクソン・モービルのような欧米の企業も対象になった。

ウクライナをめぐる東西関係

問題はウクライナ側にもあった。しかもソ連崩壊から20余年、潜在的に豊かなはずのこの国は民営化の失敗と、エリートの腐敗、オリガルフの露骨な支配と、貧富の格差、周期的に起きる東西間のエリート交代などで、旧ソ連圏でソ連時代よりも貧しい国になった。ロシアの5分の1、ベラルーシの半分の国民所得、しかも減少する人口といった現象は、そうでなくともこの国の病理を深めた。とりわけロシアからガス代金などの事実上の補助で成り立つような国民経済、絶え間ない政治エリートの交代といった問題が危機の淵源となった。かつてのソ連のブレジネフ政権の拠点ユジマシを握ったイーゴル・コロモイスキー（1963―）らオリガルフはウクライナ側の「義勇兵」を組織した。

こうしたなかウクライナ紛争を通じてどちらかといえば影の薄かったメドベージェフ首相であるが、ミンスク合意をめぐる過程のなかで影響力が回復してきた側面もある。ミンスク合意をめぐる欧米との交渉や制裁解除をめぐって、クレムリン内のバランスが微妙に流動する可能性が指摘された。ウクライナからシリア問題へのシフトが顕著になった2015年秋に一時、メドベージェフ首相が16年9月には下院議会選挙担当になり、またヤルタⅡを狙ったプーチンの国連演説後、メドベージェフ率いる代表団の訪米計画まであった。

特にユニークな歴史的和解は、2016年2月にローマ教皇フランシスコとロシア正教会のキリル総主教とがキューバに赴いて、オバマ政権の進めたキューバとの和解に関与したことである。もちろんキリルは東方正教会を人格的に代表するものではないし、1000年前に分裂して以来かどうかは議論があるとしても、和解へのはずみとなった。ウクライナ紛争とミンスク合意を議論した16年2月のミュンヘン安全保障会議にはメドベージェフ首相がロシア側団長として参加した。メドベージェフは、キューバの和解を引き合いに冷戦批判をおこなった。事実10月にソチで開催されたバルダイ会議で米国のハーバード大学の学者コルトンは、プーチン大統領が回想記を書くとしたらウクライナはどう記述されるかと論及、あえて間接的に引退の可能性にふれた。このときプーチンの表情が一瞬曇ったように筆者には思えた。ウクライナ問題の国際的処理をめぐる微妙さが背景にあった。[39] 事実第四期プーチン大統領問題にかんして、16年1月ドミトリー・ペスコフ（1967—）報道官が「次期については私（ペスコフ）は知らない」とも答えたが、クレムリンの対米メッセージとしても読めた。[40] この1月7日正教のクリスマスに際しプーチンは一族の故地、モスクワから北西120キロのトゥルギノを訪れた。

これらの紛争を通じてはっきりしたのはウクライナ政府のヨーロッパ志向である。2014年9月16日、ポロシェンコ大統領はウクライナとEUとの、自由貿易協定を含む包括的な連携協定を批准した。ウクライナは「脱ロ入欧」となった。ポロシェンコ大統領も20年までにEUへの加盟申請をおこなう方針を明らかにした。もっともウクライナのNATO加盟となると、国内の意見は分裂気味であり、またドイツを含めた周辺諸国は総じて否定的であった。

ウクライナ移民の多いカナダもソ連崩壊前後から、親ウクライナ、反ロシアの強い潮流ができた。ロシア民営化の闇をついた著作『世紀の大安売り』で著名なジャーナリスト、クリスティア・フリーランド（1968―）は2013年末に国会議員から制裁問題を担当する貿易大臣、外相に出世した。カナダ・ロシア間には北極圏をめぐる利害の衝突もある。もっともEUでも、ロシアと国境を接するポーランド、バルト諸国とそうでないチェコなど中欧とでは対応が異なった。その中で「ヨーロッパの旗艦」とヤツェニューク首相をして言わしめたメルケル・ドイツ首相の立場が注目の的であった。ドイツは15年のG7の主催国でもあった。彼女は保守リベラルな政治家だが、もともとは東ドイツ、ハンブルクの出身でプロテスタントの牧師の娘で、統一労働者党の青年組織でイデオロギーを担当、ドネツィクでロシア語を学んだ経験もあった。かつて東ドイツ勤務のプーチンとはドイツ語でもロシア語でも交流できる仲であった。そうであってもウクライナ危機、マレーシア航空機撃墜事件後の制裁問題ではプーチン・ロシアにより厳しい立場を保った（Stent: 101）。

ウクライナ経済を支えてきたのは同地のパイプラインを経由してロシアと欧州とを結びつける天然ガスなどのエネルギーである。少なくとも欧米諸国はウクライナ政府にエネルギーなどで支援をする予定はなかった。それどころかIMFやEUの厳しい条件が課されており、ウクライナ経済は危機に瀕していた。ヤツェニューク首相らの改革計画は緊縮財政で臨み、義務教育の3年短縮などを推し進めたものの、その結果次第では不満が高まり、第二のマイダン革命といった事態もありえた。こうしてウクライナの国内情勢は、①政権内の齟齬、特にポロシェンコ大統領とヤツェニューク首相の対立、②国内経済の破綻、③西側政権の支援政策次第となった。

ウクライナ問題におけるロシアの政策は結果的には多くのウクライナ人をも敵に回した。クリミアを得たものの、ウクライナを失った、という評価もある。ロシアとの関係が深いカザフスタンやベラルーシからも理解が得られなかった。外国だけではない。ロシア国内でもこの点ではプーチンを批判する声も出た。ロシア軍の「新ロシア」駐留について支持は少なかった。ロシアが孤立を深めた最大の要因は、クリミアを併合したことである。もちろん1945年に国連加盟国となったウクライナにはクリミアが本来的には入っていなかった。なによりプーチン・ロシアがクリミアを今後手放す可能性は皆無だ。こうして欧米による制裁レジーム自体は長期に及ぶ。プーチンはEUの制裁が2015年3月までの時限的なそれであることに期待したがそうならなかった。こうして金融分野を中心とした欧米の制裁が続けば、ロシアの長期的な成長低落は避けられなかったし、事実そうなりだした。

プーチン・コンセンサス

こうしたウクライナ危機を通じてロシア国内で決定的な要素となったのは、愛国主義のなかで高まったプーチン体制の性格である。プーチン大統領は2014年12月4日恒例の大統領教書演説をおこない、また8日には外国人を含むメディアとの記者会見に応じている。これらの内容をみると現在のプーチン体制の性格や方向が一定程度浮かび上がる。

第一点はプーチン大統領が、この過程を通じてロシアの国内政治のなかで押すに押されぬ立場につき、2018年の大統領選挙をも視野に入れた長期政権を意図しはじめたことである。つまりは24年までの大統領任期、つまりは10年計画を構想しだしたといえよう。ライバルは存在しない。彼に次ぐ人気のセルゲイ・イワノフ大統領府長官は1953年、ショイグ国防相は1955年生まれとほぼ同世代である。東ウクライナ介入論の急先鋒だったロゴージンは独自の政治基盤を持つものの力不足であるし、他方釈放されたホドルコフスキーや、ブロガーのアレクセイ・ナバリヌィなど反対派の多くもまた周辺化した。

第二点は、プーチン大統領は、ウクライナ問題での欧米との妥協や和解について考えてはいないということである。大統領周辺ではやや妥協的な和解を模索する人事異動もあったが、そのことが欧米との関係を動かさない以上、ロシアは愛国主義の鼓舞と反米主義の基調を緩めない。プーチンは欧米からの制裁レジームは長期化するという判断にたっていた。幾人かの専門家がプーチンは戦闘的モードにあると指摘した。このことは、「戦争と平和」と題された2015年10月の第12回バルダイ会議でも、特に米国の対外姿勢批判などを強めたことで示唆された。そこではシリア攻撃が、「ヤルタⅡ」企画として反テロ、反ISとシリア政府との協調、そして間接的に対欧米協調の要素を持つものの、ロシアとその国民の利益を守るものと強調された（Valday2015）。

とりわけ欧州諸国とのミンスク合意のさらなる進化を目指したミンスクⅡの模索が進んだ。2015年2月のミンスクⅡ合意ではドイツのメルケル首相、フランスのフランソワ・オランド（1954―）大統領がドンバスでの停戦と和平に動いた。つまり東部はウクライナ主権のもとで自治を享受するが、国境管理についてはウクライナに返還することが約された。9月にはプーチンはオバマとの国連での会見で米国の関与も求めた。シリアのアサド政権が反体制勢力と和解すべきことも指摘された。もっともその多くは履行されることがなかった。

第三点は、2015年12月になって顕在化した経済危機、つまり大統領教書では論及されなかった原油価格暴落や、16年になり大幅に下落したルーブリ、さらにはインフレといった危機に見舞われだしたことである。オバマ政権が進めたイランとの核和解によってイラン原油が世界市場に入ると油価はさらに下がる。政府内でも経済ブロックの代表からは経済の現況については批判的コメントが聞かれた。なかでもプーチン系でありながら防衛予算増額に抗議して12年に下野したクドリン財相は経済が「全面的危機」にいたっていると、メドベージェフ批判を明らかにした。欧米のウクライナ制裁がロシア国債の危機を招くとも警告した。原油価格の低落はルーブリ安の原因の一部でしかない、とバルダイ会議で批判する（Valday2015）。

もっともこのようなリベラルな経済ブロックからの批判もしばしば政治面では支持を得るにいたっていない。ルーブリが4分の1に減価した1998年の危機や、2008年リーマン・ショックのような危機と比較してもプーチン政府の信認は低下しなかった。ロシアは外貨準備高を減らし、近代化が遅れることにもなる。もっとも実際には外貨準備高は4000億ドル以上の水準を維持していた。

内外での危機にもかかわらず、プーチン・コンセンサスといわれるクリミア後のプーチン体制の安定には理由があった。第一の理由はプーチン大統領や政府の信頼がクリミア併合で50パーセント上昇し、他方指導者としてふさわしくないと思うものは12パーセントから4パーセントに低下した。1990年代の市場改革をリードしたリベラル知識人たちも、オリガルフの台頭などその経済的結果から見て信用されなかった。

第二の理由は、ロシア人の大多数の生活にとって外貨や金融の世界はほとんど無縁だ。ロシア人の旅券所有率は28パーセント、ごくエリートをのぞけば外国経験はリゾート止まりである。ジャーナリストのゲオルギー・ボフト（１９６０―）によれば約90パーセントのロシア市民にとっては銀行預金もない。つまり、欧米の制裁や、その結果ロシア経済、金融危機が起こったとしてもそれは大多数の市民の生活と直接には関係がない。もちろんインフレや年金の目減りなどは大問題となったが、少なくとも２０１８年までは政治課題とはならなかった。

こうしたこともあって制裁が強まれば強まるほどプーチン支持率は上昇、体制は長期的制裁の効果が限定的になる。むしろ農業など輸入代替効果が出はじめた。プーチン大統領の八割を超える支持率は堅調で、これは「プーチン・コンセンサス」とも呼ばれている。

第三として、プーチンは潜在的脅威たりえたオリガルフを取り込み、彼らの海外資産を罰することなく国内に戻す活動に着手した。プーチンは政敵でもあったユーコス社のホドルコフスキーをウクライナ紛争直前の２０１３年12月末にメルケル政権の忠告もあって釈放していた。15年12月19日にはクレムリンにオリガルフの主なものを招いたが、その中にはバシネフチの株式をめぐる醜聞で一時拘束されたシステマ社のウラジーミル・エフトシェンコフも含まれた。エフトシェンコフは、石油企業バシネフチ社の株式の多くを09年に得ていたが、これをセーチン率いるロスネフチ社に15年に最終的に売却した。セーチンはエフトシェンコフがこの優良資産を西側に売ろうとしていたとプーチンに告発したという（Zygar16: 305）。しかしプーチンは一義的にはセーチンを支持しなかった。エフトシェンコフはチュバイスやモスクワ市長だったルシコフと近かった。メドベージェフ内閣の支持率や中央銀行の支持も低迷したことは事実だが、大統領にまで及ぶことはなかった。

もちろんなかにはオリガルフ系の『ノーバヤ・ガゼータ』紙で２０１５年にプーチン体制が終焉す

ると大胆に予測したダニール・コッィビンスキー（1965―）のような政治評論家、ジャーナリストがいないわけでなかった。彼は、プーチンの戦争がウクライナをめぐる帝国主義だ、そして石油ガスをめぐる戦争でプーチンは敗北したと書いた。その結果地方の反政府勢力が台頭するのは不可避だとみたが、このシナリオは当面不発に終わった。

2014年のウクライナ危機は1989年から四半世紀にわたったグローバル化という名の「パクス・アメリカーナ」の終焉を意味していた。パクスという秩序は軍事力といったハードな権力と、自由貿易、共通言語や基軸通貨といったソフトな権力のミックスであることは、E・H・カーが古典的定義を与えた（Carr: 213）。エリツィンの後継者プーチンは、多分に米国内政上の理由から拡大したNATOが、しかも「革命の輸出」というかつてのソ連的やり方で、ロシアにとっては譲れないクリミアにまで到達した地点で、ハードなやり方で対抗した。それはユーゴ崩壊、コソボ紛争、ジョージア戦争をへて米国が進めた展開の延長ではあったが、従来とは異なってロシアにとって引き下がれなかった。こうして協調から対抗を含む秩序へと国際社会は変わった。もちろん米国の有するすべてのパラメーターが無効になったわけではない。それでも軍事面では実は13年に「世界の警察官」を降りるとオバマ大統領によって事前に明示されていたのである。

第6章　プーチンと保守的ロシア

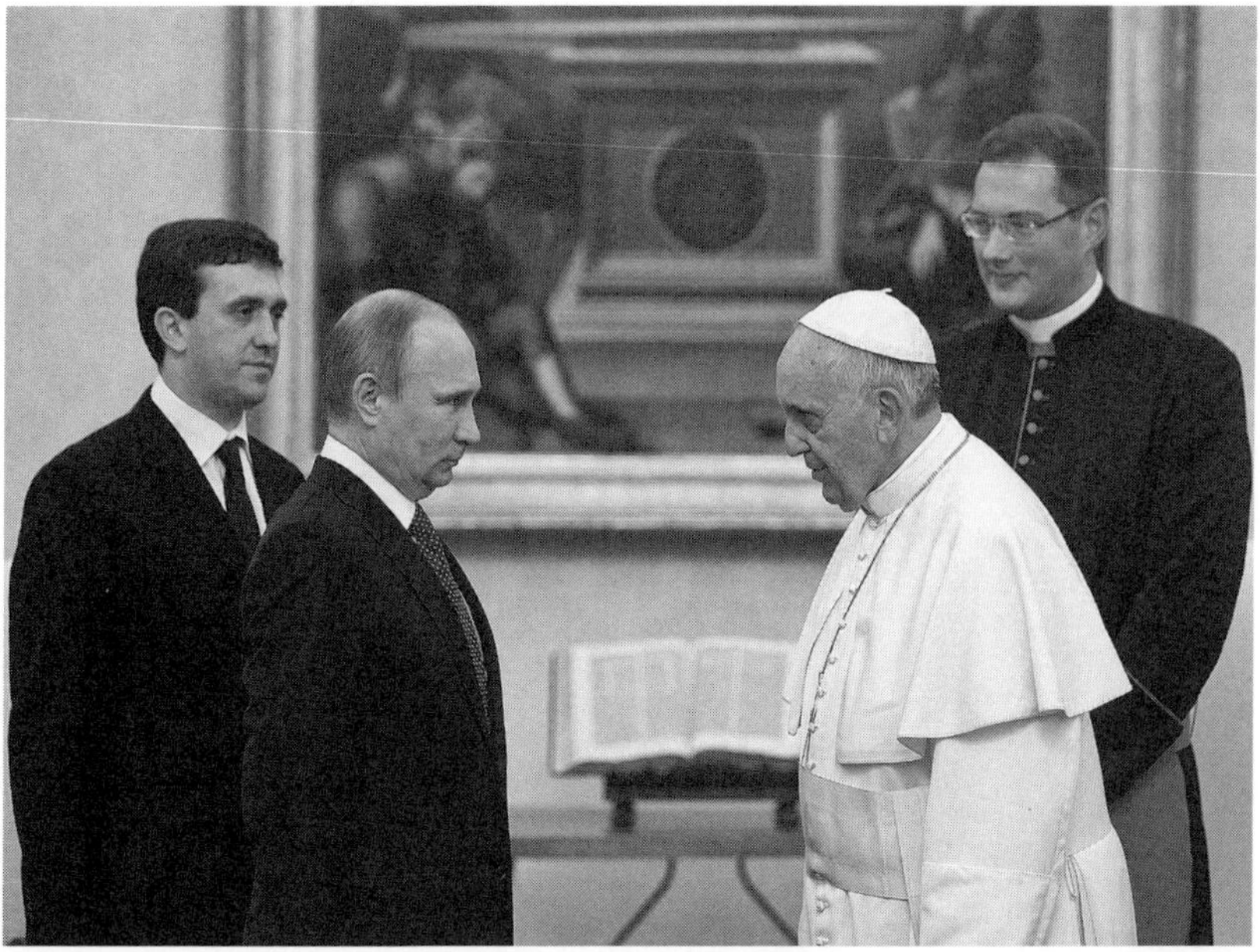

とりわけウクライナ紛争後のプーチンの個人的役割、リーダーシップの対応がさまざまな角度から議論されてきた。特に欧米の一部では、問題がプーチンの個人的性向であるのか、それともロシアの現代のエリート全般が彼と似た価値観を共有しているのか、といった議論が討議されている。「プーチンなきロシア」といったロシアの反対派（体制外反対派）のスローガンに対し、2014年10月のバルダイ会議では、プーチン保守主義を強調した新イデオローグ、ビャチェスラフ・ボロジン第一副長官が「プーチンなくしてロシアはない」といった「個人崇拝」にも似た旗を振った（Valday2014）。

またそのプーチンの個人的思考と性向もまた議論されている。日本の専門家でも、プーチンを、①ソ連的価値観の持ち主、②KGB的なソ連復帰論者、③保守的権威主義的政治家、④ヒトラーと似たファシズム的政治家（ウクライナの評論家）、といった、しばしば相反する評価すらなされた。とりわけソ連崩壊を悔やむ発言を繰り返したことから、欧米ではソ連復帰論者とみなされることも少なくない。

ここではあらためてプーチンの政治思想を、①レーニンとプーチンとの関係、②ロシア保守主義、③プーチンと正教の観点から整理しておきたい。それを通じてプーチンには伝統的ともいえる保守主義があることを確認できよう。そしてそれらは2017年のロシア革命100周年をめぐるロシアの言説空間でも示された。20世紀の共産主義の実験、ソ連崩壊前後の「民主主義」、エリツィンのもとでの「自由主義」に対して、21世紀プーチンが志向する「保守主義」がどの程度ロシア人に共有されているかが問題であった。そうでなくともロシアは19世紀から左右を含めありとあらゆる政治思想の培養地であった。20世紀の混乱とソ連社会主義の実験はソ連崩壊によって一巡した。

ちなみにロシアでの自由主義というのはソ連崩壊前後はじめて現れた潮流と思われがちだが、実は19世紀末からのロシア経済の台頭を支えたモスクワやボルガ河周辺の古儀式派資本家に由来するというのが新解釈である（下斗米13、Thurston; Shelokhaev）。米国の歴史家ロバート・サーストン（1949—）が1905年前後のモスクワ・リベラルの代表とみるアレクサンドル・グチコフは17年の2月革命時の陸海軍大臣となるが、同時に古儀式派の無司祭派指導者でもあった。当時のモスクワは、首都ペトログラードより遥かに自立的、進歩的であった。ほかにもモスクワのリャブシンスキー、モロゾフ一族、トレチャコフ一族、ニジニ・ノブゴロドのブグロフ一族、コストロマのコノバーロフ一族などボルガ河周辺の古儀式派は、ロシア帝国の抑圧のなか祖父の時代から100年かかって資本蓄積した。ちなみに20世紀末の自由主義系オリガルフは、チュバイス流の民営化政策により1年半程度で促成栽培された。

プーチンと革命ロシア

プーチン自身が最初の選挙用著作のなかで祖父がレーニン家の料理人であることを開示したこともあり、ロシア革命100年を前に、レーニンやソ連体制との関係が問われた。共産党の支柱、KGB

勤務員であった過去も指摘された。レーニンに対するプーチンの考えには一部学会では「弟子」という連続面の指摘もある（木村）。しかしイデオロギー面では差異のほうが多い。実際2016年1月レーニンに言及したプーチンは共産主義の理念にしばしば、宗教、『聖書』での理念が含まれること、さらにはレーニンの連邦制支持を批判し、その考えがソ連崩壊を導いた、ともいっている。後者はソプチャーク流の単一共和国への志向が垣間見られる。しかしイスラム系をはじめ多くの民族共和国との共存もまたプーチン政治の安定の要諦でもあった。

事実、ロシア革命100周年に際してプーチンがおこなった評価は、スターリン犠牲者の「嘆きの壁」建設であり、なかでも2017年10月30日のプーチン演説はスターリン体制の犠牲者を追悼するというものであった。だがレーニン廟については、カディロフや上院議長マトビエンコらが出した撤去論には賛成しなかった。

もう一つはしばしば20世紀はじめの自由主義と社会民主主義（マルクス主義）との接点にあった正教異端派、つまり古儀式派との和解であり、国家指導者としての会見であった。2017年3月16日古儀式派の穏健派のコルニーリー府主教とプーチンは会見し、5月にはその本拠のあるロゴジスコエ教会を訪問した。ロシア国家首脳がこの派の教会指導者と会ったことはロシア正教会分裂から350年なかったことであった。ちなみに11月にはそのとき正教会のニーコン総主教が建てた「新エルサレム」をメドベージェフ首相と訪問、その復興状況を視察した。その地イストラは実は1941年12月はじめ、ナチス・ドイツにより破壊されたが、スターリンがシベリア軍団の力を動員して反撃したモスクワ攻防戦の主戦場でもある。シベリア軍団の指揮者は「モスクワは第三のローマ」と信じるイルクーツクの古儀式派系A・ベレボロドフ中将であった。

そうでなくともプーチンは2013年末の大統領教書演説以降、ロシアの民族主義と保守主義の再興を訴えていた。もっともリベラル派の『ノーバヤ・ガゼータ』の19年9月23日号は、プーチンの5月の古儀式派教会訪問後に古儀式派聖職者がセバストーポリに教会を建てられたことに注意を払った。また古儀式系4派の情報センター「ロシアのプラウダ」財団にチェメゾフの「ロステフ」の財務担当重役がついていることを批判している。またコルニーリー府主教が40歳まで「忠実な党員」であったことまで示した（Novaya Gazeta/11 9/19）。もっともこの記事の筆者はコルニーリーの出身のオレホボ・ズエボ地区が典型的な古儀式派地区であることまでは考えが及んでいない。

宗教とプーチン体制

ロシアで保守主義を考えるとき、実はその歴史的起源としての宗教、ロシア正教は不可欠となる。無神論国家と考えがちのソ連であるが、スターリンは1941年にはロシア正教を事実上復活させた。「大祖国戦争」の遂行のためであった。その後フルシチョフは消極的であったものの、80年代はじめのアンドロポフ政権時、米国のレーガン政権、特にポーランド連帯運動へのカトリックのテコ入れに対抗するため、部分的解禁に踏み切った。アンドロポフは60年代後半からKGB議長だったが、KGBは職掌柄ソ連期の教会と宗教活動を監督し、70年代も正教会だけは信仰の自由の範囲で事実上黙認していた。なかでも80年代前半に正教会をより許容した外相グロムイコは自己の一族のルーツがモスクワの古儀式派だったとソ連末期公式の自伝で書いた。ペレストロイカで88年に正教やイスラム教の布教を含む宗教活動はこうして解禁された。

ロシアの研究者(ウラジーミル・プリビロフスキー〈1956―2016〉ら)は、この正教とKGBとの関係はソ連崩壊後のFSBにも受け継がれ、その保守的グループが「正教的KGB」に転化したと論じている。プーチンもその一人であったと考えられる。彼らの思考はウクライナ危機までにいっそう宗教化し、かつ民族化していた。プーチンの別荘仲間で正教信奉者であるヤクーニン(ロシア鉄道社長を2015年に解任された)やメジンスキー文化大臣、そしてギリシア正教を重視するロシア・アトス協会のような有力組織ができた。その支持者には正教系オリガルフといわれるマロフェーエフらもいる。彼らは東ウクライナとの統合、「新ロシア」企画に熱心とされ、14年3月にマロフェーエフはドンバスにストレルコフやボロダイらを顧問として派遣した。彼が中心となっている教会系慈善組織にはプーチン個人が帰依する司祭チホン(シェフクノフ)らも入っていた。ロシア正教など宗教が、プーチン・ロシアの新しいソフト・パワーともなった。実際ロシアの13年の大統領外交概念などの公式文書は「正教外交」をうたった。プーチンにとってイスラム急進派への対抗から、イスラム穏健派と正教との和解は優先度が高かった。

とりわけウクライナ紛争をめぐっては東西教会の和解、西ウクライナのユニエイト(儀式は正教だが叙任はローマ教皇)対策もあって、2015年6月にはプーチンはローマ教皇との会見をおこなっている。ちなみに米国のオバマ大統領もクリミア併合直後の14年3月28日に教皇に会見していた。こうした経緯を経てロシアの正教会総主教キリルとローマ教皇フランシスコとの16年2月12日のキューバにおける会見がおこなわれたことは先述した。プーチン政権が、反テロ対応やウクライナ問題や中東での宗教的和解を念頭に、ローマ教皇との会見を画策した結果という側面も無視できない。

もっともこのようなプーチン・ロシアによる正教の利用には、欧米やギリシア、特にウクライナ正教会もまた危機感を持った。モスクワ総主教がこれまで3世紀にわたってウクライナでの教会の人事権を握っていたことはウクライナ正教会についての混乱のもとであった。2018年までに人気の低迷するポロシェンコ大統領は次の大統領選挙を見据えながらウクライナの正教会に政治介入し、ウクライナの正教会がモスクワでなく、トルコのコンスタンチノープル総主教の管轄に入ることを推進した。

なぜウクライナで正教をめぐる国際紛争が起き、ロシアとの関係に発展するのか。それは正教会という潮流のわかりにくさとも関係する。唯一の教皇がいるカトリックとは異なり、東方正教会では中心となる総主教座はモスクワ、コンスタンチノープル、アンチオキアなど複数が存在した。もう一つ西方教会と東方正教とがもっとも異なるのは「国家」との関係だ。正教会史の権威ティモシー・ウェアによれば、ロシア革命直後は教会抑圧が激しかった。しかし第二次世界大戦のさなか戦争鼓舞のためスターリンが一転してロシア正教会を事実上「国教」化した。

これらのこともありソ連崩壊前後からウクライナ正教会は混乱を極め、3派の組織に分かれた。一番正統とみなされたのはモスクワ総主教系、それからソ連崩壊直前に復活していたウクライナ独立系の二つの系譜である。その他西ウクライナではローマ教皇が人事権を持つ正教系ユニエイト（東方典礼カトリック教会）も存在した。宗教というソフト・パワーをめぐる「文明の衝突」が、2014年のウクライナ・クーデターとロシアのクリミア併合で深刻化し、正教世界を巻き込んだ。このなかでプーチンを支えるのはモスクワが正教の「総本山」、つまりは俗に「第三のローマ」といった考えを持つ古い、しかし公定されない潮流だ。

もっとも多民族国家ロシアは、同時に2割のイスラム教徒や仏教徒も存在する。ウクライナ紛争に際しても、カディロフ配下のチェチェン系準軍事組織セーベルなどが関与、またショイグ国防相は仏教徒ともいわれ、過度なロシア正教的な帝国ロシアの国家像には批判的といわれる。それでもショイグ国防相は先にふれた戦勝70周年記念パレードで史上はじめて十字を切ったことでも注目をあびた。プーチンがウクライナ東南部の「新ロシア」企画に消極的であった理由も一部には、ロシアが多民族国家であり、プーチンはその指導者であることからくる制約もある。

プーチンと新エリート

プーチンが大統領となった2000年からの現プーチン体制下のエリートについて、欧米志向の「リベラル」と、保守的で民族的なKGB出身など強力官庁（シロビキ）出身者を区別する二分法が11年ごろまではやっていた。このような分類は政治社会学者のクリシュタノフスカヤや政治評論家ベルコフスキーの分析が代表的であった。このような分類がプーチン政権一期からタンデム期までもてはやされたのは、エリツィン系の自由化、民営化によって台頭したオリガルフと、これに対抗したプーチン系官僚層とのとりわけエネルギーなど戦略資源をめぐる対抗をうまく説明してきたからである。

とりわけメドベージェフ首相やドボルコビッチ、あるいは前財相クドリンなどの「リベラル」と、これに対抗したかに思われるセーチン、セルゲイ・イワノフ、ショイグなどシロビキとの二分法は、とりわけ07年からタンデム期を経て12年までのプーチン政治を説明するのには有益にみえた。

しかし特にクリミア併合以降のプーチン政権をこのような二分法でもって説明することは次第に不適切になっている。そうでなくともいまや、2020年代から30年の構想を立てる時期に入り、ペレストロイカからソ連崩壊前後に生じたエリートは、ジリノフスキー、ヤブリンスキー、ジュガーノフといった政党指導者を含め世代交代が迫られている。また、ウクライナ併合までに生じていた「保守化」の論調のなかで、そして決定的にはロシア民族主義の台頭のなかで、正教などの要素が明らかに重要視されてきたこともある。とりわけクリミア編入によってロシアの政治環境は対米対抗と民族主義へと舵を切ったからである。

このような変化をとらえて、ミンチェンコら政治分析家は2012年に「政治局II」モデルを提示し、プーチン体制下のエリート内の分化と統合を論じた[41]。ミンチェンコのリストでは、メドベージェフ、セルゲイ・イワノフ、ビャチェスラフ・ボロジン、ソビャーニン、チェメゾフ、ノバテク社のティムチェンコ、セーチン、銀行家から6TVチャンネルを握るコバリチュークらがソ連期の政治局員に相当するようなパワーエリートと分類された。もっともウクライナ危機で指導層の構成が変わった。14年秋の論文「政治局II」ではメドベージェフ、ソビャーニンといった「政治局員」の地位が下がり、代わりに「3人のセルゲイ」、つまりイワノフ大統領府長官、ショイグ国防相、チェメゾフ（軍産部門）ら安全保障関係者の比重が上がったと指摘されている[42]。その後の17年8月の新バージョン「政治局Ⅱ」ではソビャーニン・モスクワ市長の比重が上がった。シベリアの古儀式派の流れをくむ彼はモスクワでの200ほどの正教会建設や、モスクワのリノベーション、特にフルシチョフのスラムと悪評の60年代5階建てアパートを建て替えようとした。その後19年6月の「政治局Ⅱと反体制潮流」になると、ティムチェンコ、ロッテンベルク兄弟とセーチンの地位が上がる一方、ボロジンの比重が低下したと分析されている（minchenko.ru）。このうちアルカディ・ロッテンベルクはパイプラインやプーチン・プロジェクトの北極航路銀行を基盤とするプーチン系オリガルフといえる。

もう一つ、ソ連時代の政治局は強固な制度として構造化され、いまはその議事録や議題まで公表された存在であるのに対し、ミンチェンコのそれはあくまで仮説的データにすぎないことだ。単なるプーチン周辺のパワーエリートとの区別もはっきりしない。エリツィン時代後期の「家族」にはベレゾフスキーやホドルコフスキーのように政治化したオリガルフが入っていたが、ミンチェンコの場合は、プーチンの金庫番的存在まで入っている。

それでもミンチェンコの分析にそれなりの説得力があるとすれば、プーチン人事は、初期に政敵として追放したオリガルフ以外を完全には排除しないことである。自然独占ともいわれるソ連末期の鉄道（ヤクーニン）、電力（チュバイス）、ガス（ミレル）、貯蓄（グレフ）、やそれなりに利害対立のある国家的部門でも、タンデム前後に人事で微調整をすることができた。また徴税部門や検察局の人事、最大のシロビキも、国家親衛隊創設などで、微妙なバランスをとってきた。

一言でいえば政治局モデルもプーチン政権のインフラ計画の進展と絡むことから政治分析よりも政治経済の影響力分析というのがふさわしい。たとえば北極圏LNG計画ではティムチェンコ、コバリチュークらの企業がコミットしているし、ロッテンブルク系建設部門はソチやクリミアでの橋建設の責任企業でもあった。プーチンとこれら企業のトップが会う理由は経済的理由であって、そのために政治的アクセスを個人的関係でやっているとみるべきだ。

経済的要因を加味して考えるとき、プーチンとオリガルフとの関係の変化が問題となる。その際、このような資本との関係は重要性を増そう。とりわけ、エネルギー部門が２０１４年後半から原油価格の低落によって大きく変わるとき、プーチンと政治局の類比は、静態的将来しか提示しなかった。しかしたとえば制裁下のロシア経済で、農業は輸入代替の発展モデルとして可能性が増している。ちなみに１９８５年に原油価格が低下したときペレストロイカのチャンピオンとなったのが、農業担当書記ゴルバチョフであったような可能性が、今後どう出るか興味深い。

毎年12月クレムリンで開かれるオリガルフとの会議への参加が両者の関係の変化を表す徴表となっている。近年は40名ほどのオリガルフをクレムリンに招いているが、そのような形態で、役割を制度化しつつある。２０１５年12月の会議でプーチンは「主権」を守るうえでのオリガルフの貢献をたたえ、かつての関係が「家族」のようだとまで語った（K/24/12/15）。また招待者名にはティムチェンコやロッテンベルク兄弟などプーチンと60年代からの柔道仲間のオリガルフの名がないことも興味深い。この参加者リストは、欧米の制裁を恐れるオリガルフと親プーチン系との踏み絵にもみえる。18年の会議にはソフト会社のカスペルスキー社は夫人のみを出した。アリファ銀行のフリードマンが、ロッテンベルク兄弟らとともに欠席しているのは、欧米の制裁を恐れてなのかは判明しない。

この問題もまた、ロシアの対外政策と経済政策の結び目となるが、ここでも「自由化」と民営化を志向する改革派が親欧米的であり、他方保守派が親中派を含めた反欧米といった二分法で理解されがちである。実際、政権内での経済ブロック、特にアントン・シルアノフ（1963—）財相やドボルコビッチ副首相、あるいはいまや半体制的存在であるクドリン前財相が経済改革とエネルギー依存経済からの脱却を強く訴えており、欧米のメディアでも注目を引いている。特にクドリンは政権入りを2015年末にプーチン大統領に懇請したほどだ。他方、ウクライナ危機で浮上した保守派の経済学者グラジェフ、デリャーギンらが危機管理的な経済政策を提案していることと対比される。

経済危機と対外政策

ただこのことは対外政策とは直接結びつかないことも事実である。高いエネルギー価格依存からの脱却という方針自体はプーチンだけでなく、2015年末の「安全保障ドクトリン」などでも強調されていることであるからだ。むしろエネルギー部門と対峙する軍産部門もまたロゴージン副首相やチェメゾフを中心に、経済の多角化に賛成した。

その際エネルギー価格をめぐっては、米国がシェール革命により、エネルギーの輸出国になりつつあるという経済・エネルギー事情がある。これに対し、ロシアとサウジアラビア、OPECは価格調整よりも増産で対抗したが、このことはオバマ政権のイラン制裁の終わりとも絡んで、油価の大幅下落をもたらした。ウクライナ危機の遠因であったイスラム急進主義のバンダル王子失脚（2015年）後は、しばしば「北のサウジアラビア」と揶揄されてきたロシアとサウジアラビアとの結び目も

15年1月80歳のサルマン（1935―）新国王就任により強まっている。17年10月には国王として初のロシア訪問をおこなった。この背景にはセーチンが指摘したように、世界のエネルギー価格の決定権はもはやOPECではなく、シェール革命により米国が握るようになった事情もある。このことは米国の中東離れと並んで、中東の米国離れをも促す結果となった。ロシアの対中東政策の活発化は、この米国の中東離れに伴う、従来の同盟国（トルコ、イスラエル、サウジアラビアなど）との関係の希薄化が関係している。ロシアは、デタント期のソ連も機能的にはOPECとは協調関係にあったが、いまはOPECプラスとなった。16年にOPEC協力憲章ができたことをエネルギー関係者はロシアなどプラスの制度化と考えている。

このことはシリア・シフト後のロシアの中東プレゼンスの拡大を促している。仇敵のはずのイスラエルとイランがともに2014年3月の国連でのクリミア併合非難決議に欠席することでロシアに恩を売った。このことはウクライナ危機後のロシアの中東での位置を示す重要な要因となった。イスラエルはイランとの和解に動く米国オバマ政権への不満もあって、ロシアとの関係強化に動いていた。もっともロシアにとってもトルコやサウジアラビアが同盟国シリアで影響力を強めることにジレンマがある。それでも16年1月のマトビエンコ代表団のイスラエル訪問はベンヤミン・ネタニヤフ（1949―）のイスラエル＝ロシア関係が改善方向にあることを示した。

他方、イランはゴラン高原問題でイスラエルとの関係では慎重に動いていた。そのイランに対しては、米・ロ・独など6者協議が2015年7月に核問題にかんする制裁解除へ動き出し、16年1月に正式解除した。ロシアはケリー長官が主として推進したイランの制裁解除に、油価の低下というリスクを冒してまで賛成した。シーア派のイランとの関係は政治的には近いものの、エネルギー政策をめぐっては相反する利害があるにもかかわらず、である。もっともロシアが16年11月のドナルド・トランプ（1946―）候補の大統領当選まで予見できなかったことは明らかである。トランプはその後、親ネタニヤフ・イスラエルと反イランに大きく舵を切ったからである。

同様のことは、イスラム急進派のカタールについてもいえる。2001年の9・11事件の背景にカタールの特殊機関を指摘する声もあった。しかし他方ロシアとカタールとはガス生産国という共通性がある。16年1月タミーム（1980―）首長はクレムリンでプーチンと会見、テロとの戦いで協調すると言った。カタールは、エジプトのイスラム同胞団を支持するなど、むしろサウジアラビアより急進派といわれるが、サウジアラビアとは距離を置いた。[43] 同様に2月にはバレーンの国王ハマドと2度会見し、エネルギーとシリア問題などを議論したという。[44]「世界の警察官」の役割をやめるというオバマ・ドクトリンもあって米国政権の中東へのコミットが減少しようとするなか、プーチンの中東での立場が逆に強化されだした。その過程はトランプ政権になっていっそう早まった。

これらのことが、シリア空爆後のトルコの反ロシアの姿勢を一時強化したようにも思えた。関係が急変した事情にはクルド独立問題も作用していよう。というのもクリミア併合に際しては、トルコとロシアとが事前に話し合った形跡があったほど関係はよかったからである。[45] NATOメンバーでもあるトルコのこの急進化、ロシアとの関係悪化には、シリアでの対ロ協調へ傾いたケリー長官までもが牽制に走ったほどである。ちなみに、アジア系戦闘員が多いIS（イスラム国）の拡散を恐れる側にインドが正式メンバーとなった上海協力機構があることもこの関係でふれるべきであろう。中央アジアやウイグル系でもＩＳ支持者、戦闘員が増えることが背景にある。またマレーシアやインドネシアでもその拡散が問題となりはじめている。

シリア戦争

もっともこのときはシリア危機以降急速に現れたＩＳのようなイスラム急進主義が脅威となったときでもあった。パリでは風刺雑誌『シャルリー・エブド』編集部が２０１５年1月7日イスラム・テロに襲われ、ロシアではプーチン政権に批判的な元第一副首相ネムツォフが2月27日にクレムリン間近の路上で暗殺された。チェチェン内務省系の「犯人」が捕まった。このこともあって米欧とロシアとはウクライナ危機にもかかわらず反テロ面で和解に動くかが問題になった。

なかでも国連創設70周年を記念した２０１５年9月28日の国連総会に出席したプーチンは反ＩＳ、反テロ統一戦線をうたいあげ、実際直後にアサド政権支援のためとしてシリアを空爆した。これを70年前の連合国の戦勝をもたらしたヤルタ会談にならって、米ロがヤルタⅡで動くという見立てだった。再度、欧州、ロシア、米国が中東・欧州の安定化のためある種の一括解決を図ろうというのだ。米ロがウクライナと対ＩＳでも和解する可能性も含めた。背景にはサウジアラビアで1月のサルマン国王の即位など中東の政治潮流の変化もあった。たしかに米ロ双方ともシリアの安全保障面では手詰まりがあった。他方米国もまたシリアでの反アサド戦略が失敗、米国が支持する「穏健反対派」の、対ＩＳ義勇軍はわずか数名といわれた（NHK/16/1/16）。ＩＳと対決するにはクルド人との共闘とともに、ある程度はアサド政権との妥協を進めるしかないようにオバマ政権も追い込まれた。

2016年の乱気流とトランプ登場

2016年はグローバル政治が予想外の乱気流に巻き込まれ、大転換を迫られた時期となった。そうでなくとも米国大統領選挙がおこなわれる年は内外の利益の葛藤がうずまく。オバマ政権の壮大なビジョンとそのみじめな履行の差異が世界を混沌に陥れた。なかでも米英の政治潮流は「世界の警官」といったグローバル政治の関与から後退し、自国第一、孤立主義潮流が6月の英国のEUからの離脱、つまりブレグジットの国民投票に現れた。なかでも11月9日の米国大統領選挙でのトランプ候補の勝利に示された米国第一主義の台頭が目立った。孤立主義と保護主義を主張するトランプ候補が多くの予想を覆して勝利、17年1月20日から米国新大統領となることが決まった。オバマ大統領の米国との付き合いに苦慮したロシアにとって、まったく別の相貌を持つ米国が浮上したことは想定外でもあった。

そうでなくともソ連崩壊後の米国のグローバルな一極支配とそのなかでのロシアの位置をめぐる両国の認識の差異は、NATO東方拡大により米国の影響が旧ソ連地域に及ぶことで不透明となった。プーチン政権が最初に直面したチェチェン紛争は、米国が2001年の9・11事件以降中東世界への関与を進めるなか、変転する関係のバロメーターともなった。04年のウクライナのオレンジ革命や08年のジョージア戦争など、ロシアが最優先の外交領域とみなす旧ソ連地域で米国が「カラー革命」という名の政権交代に関与の度合いを強めたことにプーチン政権は警戒心を深めてきた。とりわけ14年2月のヤヌコビッチ政権に対する「マイダン革命」に対し、3月までにプーチンはクリミア併合で対抗、一部で「新冷戦」といわれるほど最悪の関係となった。

このことはロシア政府の政策的基盤を揺るがし、2014年末以降はG7による経済制裁と原油安、そしてルーブリ安という経済後退を経験してきた。もっともプーチン政権はこの危機を利用、国内の「愛国的世論」の動員と支持調達に一定程度は成功し、経済面でも輸入代替戦略を進めた。G8から除名されたロシアは、こういった欧米からの圧力に対してG20や上海協力機構諸国、なによりユーラシア経済同盟諸国などとの連携でかわすという戦略もとってきた。また超大国化しつつある中国との戦略的パートナーシップがより深まった。

2016年にはサンクトペテルブルクの経済フォーラムで「大ユーラシア・パートナーシップ」を提唱し、インドや中国だけでなく欧州との関係改善にも乗り出すなど、ある程度ロシアは欧米、特に欧州との関係改善を模索していた。この傾向は「米国第一」のトランプ候補の当選確定後は加速され、プーチン大統領はトランプ新大統領との早期の首脳会談を呼びかけた。これを裏づけるようにロシアは「ロシア連邦の外交概念」を12月に改定、また大統領教書で、トランプ政権登場を見据えた政策基調に急遽切り替えた。もっとも米国の大統領選挙をめぐりプーチン政権がサイバー戦略で米国の内政に関与したことが米国政府の公文書で確認されたことなど、関係の緩和の展望は開かれることもなく、17年1月のトランプ政権登場後も東西間での緊張が続くことになった。

これらの事情もあって、2006年末以降アジア・シフトを強めてきたロシアは、特に中国との関係改善を急いだ。14年以降は戦略的パートナーを越え、準同盟的なレベルにまで達しているかにみえる。もっとも拡大する中ロの経済的格差、非対称さにはプーチン政権も懸念を示し、G7メンバーである日本の安倍政権との首脳会談を持つなど日中間のバランスをとるなど改善にも取り組んできた。なかでも後述するように16年12月の山口県長門において日ロ首脳会談が開催され、共同経済活動の国際条約(約束)締結など平和条約締結に向けた関係改善へと進むかにみえた。

プーチン内政の成果と変容

世界を動かす政治家ランキングで4年連続1位となったプーチンの2016年度の政治と政策とについて、年度末のロシアの高級誌『エクスペルト』誌は、リーマン・ショック以降の8年にもみられなかった肯定的傾向が生じ、「後退よ、さようなら」と高く評価した。なかでも11月の米国大統領選挙でそれまでのロシアへの制裁を批判してきたトランプ候補が勝利したことは転換を予感させた。この選挙を通じてプーチンを「心のないKGBエージェント」と呼んだ民主党のクリントン候補にプーチン政権が好意を持っていなかったことは明らかであった(Cohen19)。この年10月のバルダイ会議では、米国のあるロシア専門家が11月大統領選挙について質問し、Sheが勝つとしたらと言ったとき、会場内に笑いが起きた。ロシア側参加者を含めHe、つまりトランプ候補が勝つとはほとんど想定されていなかった。だからといってどこまで民主党全国委員会のコンピュータ介入を含めてロシアの選挙干渉があったのかは明らかではない。ここでは19年5月米国のロバート・モラー(1944

ー）特別検察官の「ロシア側の関与は証明されなかった」ということで次の考察を進めよう。

『エクスペルト』は、２０１７年の巻頭社説で経済面でも成長が、貿易、建設部門で伸長し、また国際政治面でもシリアでのアレッポ奪還などの「成功」があり、そしてＯＰＥＣとの協調による石油価格の反転やロスネフチがらみの民営化の成功といった肯定的成果がみられたとした。16年までの２年間の否定的傾向は克服され、17年は高揚の年となると主張した（E/1-2/17/13）。ロシア・エリート間での「主権」と愛国を代表するこの雑誌の年頭評価に、もちろん異論がないわけではなかった。エネルギー価格の低下に伴う国家財政の緊縮、そして欧米諸国との関係悪化が依然として深刻となっている。米国でも民主党優位の議会がトランプ新大統領と同じスタンスとは思えなかった。それでもウクライナ危機以降の「新冷戦」とも評されている米ロ関係の極度の緊張にある種の転換、ないしは一定の緊張緩和が期待されていることは、16年12月に公表された大統領教書や「ロシア連邦の外交概念」といった公文書でも感得された。

２０１６年議会選挙と台頭するテクノクラート

なかでも内政面でプーチンの得た成果は２０１６年9月の下院議会選挙をようやく乗り切ったことである。現代ロシアの政治体制を「競争的権威主義」という表現で表した研究者永綱憲悟は、この選挙で監視団体「ゴロス」が選挙直前に「外国エージェント」とみなされるなど、権威主義的統制色が強まったと指摘した。選挙は12月から9月18日に前倒しされた。同時に選挙管理委員長にはプーチンと親しいチューロフから、ソ連末期からの女性活動家であったエラ・パンフィーロワ（１９５３―）がなり、一人区を復活させるなど同時に選挙ではやや肯定的側面もみられた。

この選挙は９知事選挙と同時であった。投票率が約47・８パーセントと過半数を切ったことは、国民の間でプーチン的コンセンサス、「愛国」的世論の動員に対する「飽き」が生じたことも示した。それにしても「統一ロシア党」は３４３議席と圧倒的支持を獲得、得票率でも54・19パーセントと過半数に達した。他方共産党は得票率13・34パーセントで42議席に甘んじた。自由民主党（13・15パーセント）は39議席、公正ロシア党（６・22パーセント）は23議席など、野党は支持を大幅に減らした。

選挙はメドベージェフ首相が仕切ったが、選挙直前の８月に大統領府長官としてアントン・バイノ（１９７２―）が、セルゲイ・イワノフに変わって就任したことも注目できた。エストニア共産党第一書記を祖父に持ち、ソ連崩壊後に国際関係大学を出てから、東京でアレクサンドル・パノフ（１９４４―）大使の秘書であったバイノはソ連崩壊後の世代で、シロビキの過去はなかった。東京から帰国後大統領府でプーチンの儀典を担当し、プーチン側近となった。

その選挙後の第七期下院議会では新議長としてビャチェスラフ・ボロジンが内政担当の大統領府第一副長官から横滑り、大統領府でのテクノクラート的で保守的影響が議会でも強まった。プーチンの支持率は２０１７年８月で83パーセントだった。もっともプーチン大統領は年度末恒例の国民対話では、バレリー・ソロベイなど一部政治学者が主張する大統領選挙の前倒しや憲法改正といった予測もあったものの、18年３月に予定される大統領選挙については特に発言しなかった（MK/11/16/17）。

それでも「次の」プーチン体制を予感させる動きははじまっていた。第一は、２０１６年９月の下院議員選挙前後から顕著となっている「幹部の交代」、反腐敗キャンペーンである。なかでもこれまでプーチン政治を特徴づけた、リベラル経済部門と法治機関（シロビキ）との並存という構図に加え、新しいテクノクラート的若手が大統領府などで台頭しはじめたことである。大統領府長官は元外交官バイノに代わったことにふれたが、内政担当の第一副長官には、元首相でロスアトム社のキリエンコになったことは、クレムリンがソ連崩壊後のオリガルフとシロビキの対立からようやく解放されだしたことを意味した。元首相のキリエンコは、華やかな経歴だが、もともと19世紀以来のニジニ・ノブゴロドの歴史的な「赤いソルモボ造船」工場での共産党若手エリートだった。

第二は、そのシロビキ再編成である。元下院議長ナルィシキンがシロビキ系治安機関の再編成を担当することになった。この相手は実はチェチェンの戦争党カディロフであった。彼は２０１６年９月の議会選挙を前に議会内反対派を「人民の敵」呼ばわりしてはリベラル派との対立をあおった。彼はまたチェチェン大統領の呼称を返上したが、ロシアに二人の「大統領」はいらないという理由であった。プーチンにとってもチェチェン問題に関わるジレンマとなった。これにはネムツォフ暗殺やその前の06年10月7日、つまりプーチンの誕生日に、チェチェンのテロを報道したために暗殺されていたジャーナリスト、アンナ・ポリトコフスカヤ（１９５８―２００６）の例がある。この殺害に関与した疑いのあるカディロフの「半主権的」な動きを封じ、より効率ある行政再編成をするというものであった。この結果旧内務省軍などをベースに16年4月に創設された国家親衛隊（ゾロトフ長官）がこの動きの中心になった。また知事クラスにも若手シロビキ系の登用もみられ、なかでもトゥーラ州知事となった44歳のアレクセイ・デューミン（１９７２―）が注目をあびた。彼は大統領警護を務め、

14年2月にはヤヌコビッチ大統領のロシア側救出責任者といわれ、その後ショイグ国防相のもとで次官から現職となった。

第三に、リベラル派のクドリン前財相(現会計検査院長)や、保守派のグラジェフらとの交代説が絶えないメドベージェフ首相であるが、議会選挙をこなし依然として地位を保持したことは注目できた。その配下の副首相レベルでもウクライナ危機後も大きな人事異動はみられなかった。農相になったアレクサンドル・トカチョフ(1960—)は元ソチ五輪を担当したクラスノダール知事で、いまやルーブリ安もあって輸出能力を高めている農産物などの輸入代替戦略を進めた。もっともこの人物はカディロフとぶつかり、次の農相を若手で、安全保障担当書記ニコライ・パトルシェフの息子ドミトリー(1977—)に譲ることとなる。

反腐敗キャンペーンの関係としては、2015年にサハリン州知事ホロシャビンやウラジオストク市長クラスを含めた人物の摘発が続いた。キーロフ州のニキータ・ベーリフ知事は、メドベージェフ系で右派勢力同盟の指導者だったが16年6月に収賄容疑で逮捕された。なかでも前経済発展相で、日本のロシア担当相世耕弘成の相手だったアレクセイ・ウリュカエフ(1956—)が10月に逮捕されたことは、彼が日ロ関係担当であったこととも相まって大きな驚きとなった。彼はセーチンのバシネフチの民営化をめぐる収賄で逮捕された。エリツィン時代の民営化のイデオローグだったガイダル副首相の関係者であり、経済のリベラル・ブロックの代表格であるドボルコビッチ副首相、シルアノフ財務相などリベラルに対する警告とみる論者もいた。もっとも後任に若手の改革派マクシム・オレシキン(1982—)が任命されたことは、依然として経済部門ではリベラル主導であることを示していた。彼は高等経済院出身の若手官僚だが、市場改革派のクドリン、シルアノフらが影響を持った。政治分析家スタノバヤは、プーチンと国家オリガルフとも呼ばれるセーチンのようなシロビキとの関係は、あまりに強大な利権もあって近時次第に冷却しているとみている。[46] ロシア鉄道トップで別荘仲間のヤクーニンも15年に解任された。

このようなロシア内政の変容とトランプ政権の登場で、米国共和党政権とのデタントへの多少の期待からか、2016年12月までにまとめられた大統領教書、そして「ロシア連邦の外交概念」はまだ宣言的性格ではあるものの、西側への協調的なトーンに変わりはじめた。この「概念」はプーチン外交戦略の行動綱領とでもいうべき性格を帯びるが、これまで同様に欧米諸国の世界政治と経済での影響力の低下、また一部の国が内政に関与していることへの否定的性格を指摘している。またロシアが正教国家として「ロシア世界」に関与することにもふれている。米ロ関係の緊張と核戦争の脅威についても強調された。

他方、ウクライナ危機以前の2013年2月版との対比でいえることは、第一に、ヨーロッパでの英蘭といった国への関心が低下し、代わってドイツ、イタリア、フランスといった国家への関心が増えたこと、CIS諸国ではミンスク合意の関係もあってベラルーシとの比重が増えたこと、またアジアでは中国の重要性はもちろんであるが、日本とモンゴルの重要性に論及されている。第二に、グローバル化のもと「極端なイデオロギー」が国際テロ、イスラム主義の形で拡散する脅威、それがISのような国家の形をとりはじめていることにもふれた。人権批判から正当に作られた政権を「革命で」打倒することへの批判にもふれている。特に北極海も重視されだした。[47]

そのような政策基調の変容の一つの背景にあるのは、ロシア経済のエネルギー依存から容易に脱しえず、石油価格が２０１６年以後は、10年前の１バレル１００ドルを超した高価格で推移した時期とは異なり、石油価格が１バレル40ドルから60ドル水準で今後とも推移するというクドリンらの見通しに基づくものであった。16年バルダイ会議においてクドリン前財相はこの変域で原油価格は推移しようと発言した。実際にはその後少し高い数値になった。ロシアはエネルギー市場では、米国のシェールガス革命以降、価格形成に占める役割は減じているもののＯＰＥＣ諸国との協調というシナリオが有効となった。なかでも12月に国営ロスネフチ社の民営化で株式の２割近くをカタールとスイスの投資会社が落札したことは、ロシアと産油国カタールとの天然ガスをめぐる政策協調が重要となっていることを物語った。

それでももはや21世紀最初の10年のようなエネルギーの高値は、高成長が望めなくなってきた中国経済の行き先なども絡んで、短中期的に戻ることはない。カーネギー・モスクワのモブチャンも２０１７～19年の３年間の予算を論じたなかで、ロシア経済・財政の見通しが明るいものとはいえないと指摘した。ロシアの軍事費は米国の６分の１以下、19年も４００億ドルと、サウジアラビア以下、日本やドイツの水準にとどまると彼はみた。[48]

このようにロシアが軍縮や西側との一定の協調に向かわざるをえなくなっている。それまでの２０２０年にいたる軍事近代化の綱領は、クリミア後の苦境もあってやや削減方向に向かっている、とロシアの戦略専門家のアレクセイ・アルバトフが、英国の経済専門家のジュリアン・クーパー（１９４５―）同様に指摘している。クーパーは、10年にメドベージェフ大統領のもとで推進されだした野心的な軍近代化、つまり20年までに7割を近代兵器で装備するという案はウクライナ危機後の財政状況もあって25年まで先送りされようと論じた[49]。実際17年の予算に占める軍事支出は4000億ルーブリ削減され、2兆8000億ルーブリになった。

もっとも「ロシアは軍拡に向かわない」と言いながらも新型ミサイルを50発配備するという課題は両立しがたく、依然として反ロシア的傾向の強い米議会などは様子見の姿勢である。トランプ政権との合意ができないと、アレクセイ・アルバトフも指摘したが、核戦略近代化の「2020年戦略」もまた25年計画にいたる可能性があった。

こうしたなかプーチンは2018年3月1日、大統領選挙のキャンペーンを兼ねた年次教書報告を提示した。そこで、米ロ核戦略交渉などが失敗した場合にはロシアによる超音速戦略ミサイル開発などを含めた新たな軍拡が起きて、危険な兵器類の脅威が増すことを巨大スクリーンで提示し、米国などの世論に警告した。

シリア・ウクライナと東西関係

この間、ロシアのG7など西側諸国との関係は、安倍政権の対ロ交渉が続いた、日本との悪くない関係をのぞくと改善しなかった。2016年11月の米国大統領選挙をめぐるロシアのサイバー攻撃による関与の疑惑が深まり、オバマ政権は公式にプーチン大統領とロシア政府の関与を批判した。プーチンがトランプ候補の当選を実際画策したかは、確実な証拠が提起されることはなく「疑惑」が報道されるだけで、真実は判然とはしない。[50] 事実米国の専門家の意見も分かれた。それでもオバマ大統領に続いてトランプ次期大統領もロシア政府のサイバー戦での関与を確認しており、トランプ米国政権の方向とも絡んで米ロの関係改善は進まなかった。

　問題は米国内部でのロシアをめぐる論争が背景にあった。とりわけロシアとの関係改善を公言していたトランプ候補は当選後、新国務長官として、サハリンなど対ロ・ビジネスに20年以上従事した経験を持つエクソン・モービル社のティラーソンを指名した。米国の政治学者ニコライ・ペトロはこの人事を冷戦後の東西関係で最大の人事とまで評価した。たしかにサハリン1で生産物分与法を実現し、ロスネフチ社のセーチンとの関係もいい対ロ・ビジネスで手腕を持つ人物の国務長官起用はトランプ政権の対ロ方針転換を示したかに思われた。もっとも就任1年後の３月末には、特にヨーロッパ諸国が進めたイランとの核合意をトランプが破棄したことをめぐって大統領と衝突、解任された。

　それでも米国では老キッシンジャーらも働きかけて２０１８年７月のヘルシンキにおける米ロ首脳会談を模索した。しかし米上院の民主党を中心とした対ロ警戒論が強いなかで、この会談は動きかけたかに思われた。しかしトランプ大統領が会談後の記者会見でロシア政府と米国議会のどちらを信用するかという記者の質問にロシアと発言、会談は成果を作れなかった。

　その間も米国政府では、大統領と安全保障専門家の間に食い違いが目立ったものの、特に２０１７～18年にかけて、12月の国家安全保障戦略、翌年1月のマティス国防長官の国家防衛戦略、そして２月の核戦略の見直しを通じて、ロシアと中国といった「修正主義」勢力に対する核抑止強化の戦略を提示した。これからの世界が米中ロの３極からなる大国間の対立の時代になると宣言した。世界は多極世界となるが、中・ロは修正主義だというのである。実はこの公式文書が出る前後の１月末、制裁リストに載るロシア安全保障担当者３名（ナルィシキン、パトルシェフら）がワシントンをひそかに訪れていた。世界は政治ゲームを超えて危険な時代に入ったからでもある。

なかでもウクライナ危機にかんしては、２０１５年２月のメルケルなど独仏が仲介して、ドンバスでの年内の兵力引き離しなどを目標とするミンスク合意Ⅱが重要な和解への道標となるかに思われた。サウジアラビアのバンダル王子が１月に同国の安保会議事務局長から失脚したこともあり、オバマ政権はイラン合意を急いだ。ヨーロッパ首脳はウクライナ危機によって本格的米ロ代理戦争が起きかねないことを懸念した。イラン合意は期限となる15年末までに達成できなかった。

このこともあり２０１６年１月には米ロの直接交渉で関係改善を期待するミンスクⅢへの期待もあった。このためロシア側はスルコフ補佐官、そして米国側はヌーランド国務次官補がその代表になり、１月にカリーニングラードで会見した[51]。それでも年明けにロシアのグリズロフ交渉代表もキエフに赴き、ポロシェンコ大統領と交渉した。ケリー国務長官も１月のダボス会議で制裁解除を示唆した。しかし結局オバマ民主党政権とプーチン政権との関係は改善することなく、ウクライナ問題は停滞し、ミンスク合意の多くは履行されなかった。16年後半にはＥＵの連帯を重視するメルケル政権は制裁強化に向かった。ウクライナ国内での混迷は深まり、民族右派の跳梁も強まった。

もっともウクライナではマイダン革命のユーフォリアが完全に終わり、国内ではロシアとの関係修復を図る現実主義が強まった。初代大統領だったクラフチュクは、独立25周年演説でクリミアをロシアから取り戻す可能性がなくなったと述べた。９月には、クリミアはフルシチョフによってウクライナに押しつけられたとまで発言した（真野：３７５）。同半島は水も食糧もないのでこれをウクライナに併合すべきだと押しつけられたのが真相だと語った。この動きは対ロ協調を公約に掲げた11月に共和党のトランプ候補が大統領選挙で勝利したことにより加速された。有力なオリガルフで、マイダン革命の立役者だったビクトル・ピンチューク（クチマ大統領の娘婿）もまたウクライナの中立、クリミア問題棚上げといった平和のための「つらい妥協」について米国の『ウォールストリート・ジャーナル』紙で言及したのが12月29日、トランプの大統領就任直前であった。クチマ自身はもともと東部の軍産部門の出身で、ベレゾフスキーのＣＩＳ統合支持だったが、彼の変針で西側支持に変わった人物だった。彼らは欧米との政治対話（ヤルタ＝ヨーロッパ戦略、ＹＥＳ）をおこなってきた人物だけにトランプのもとでのロシアとの関係改善の動きとみられた。

こうしてトランプ政権のもと、米ロ関係改善の可能性が一時ではあったが高まった。国務長官にティラーソンがついたことは述べた。ちなみにこのとき彼の出身母体、エクソン・モービル社は制裁強化もあってロスネフチ社との北極での企画を断念した。また米国のＮＳＣロシア責任者には、英国人だがハーバード大学で北方領土も研究したフィオナ・ヒル（１９６５―）が着任したが、彼女も２０１９年夏までにトランプ政権を去ることになる。新ロシア大使にはミンスク合意の影の立役者のグラハムが一時擬せられた。事実彼は「ボイス・オブ・アメリカ」に、「可能な次期」大使という資格で、経済制裁の段階的緩和、ウクライナの中立、ＮＡＴＯ加盟の停止、そしてクリミア問題の最終的解決を訴えた（VA/3/1/17）。クリミア問題の解決としては、5～10年の単位で、①ロシア側の賠償、②再度の国民投票などによるロシア支配の法的正当性まで踏み込んだ。もっとも新トランプ政権で彼の席は与えられなかった。こうしてトランプ政権のもとでの米ロ関係改善はまもなく消えた。むしろ議会の民主党系とマスコミの間で、ロシア政府が選挙干渉したという「ロシア・ゲート」問題が表に出たこともあり、17年6月末のハンブルグでのG20首脳会談はうまくいったとはいいがたかった。7月には米国議会で「制裁による敵性国家対抗法」が採択され、特にロシア関連のパイプライン企画が狙い撃ちになった。米国のウイリアム・ヒルは、当時専門家でもロシアがだんだん敵対的で権威主義になったとみるにもかかわらず、プーチン権力は「普通」で「国益」を望んでいるとみる者もあったと書いた（W. Hill）。もっともその後も18年7月のヘルシンキでおこなわれた首脳会議も結局はうまくいかなかった。内容というよりも最後の記者会見でトランプ大統領がロシアの選挙干渉について米国の情報機関よりも、プーチンのほうを信じると答えたためだった。同席したボルトン補佐官は凍りついた（Bolton: 156）。案の定翌日の報道は破局的となり、彼の外交とは20年秋の大統領再選のためのキャンペーンだとまで酷評された。事実北朝鮮問題には関心を示したが、議会の民主党系などが懸念するロシア・ウクライナ問題への関与を避けた。

ウクライナ国内では宗教問題が表面化した。それまでモスクワ総主教が取り仕切ったキエフ正教会が、２０１８年ポロシェンコ大統領と欧米政府の誘導でコンスタンチノープル総主教側にシフトした。これは同時にポロシェンコ再選キャンペーンの一環でもあった。ポロシェンコ大統領は訪問したボルトン補佐官に、彼の再選の障害となっている反対派のオリガルフ、コロモイスキーへの制裁を求めた（Bolton: 447）。この後の漁船衝突事件から11月の戒厳令発令にいたるポロシェンコの動き、そしてこれに同調し反ロシア的声明を準備しようとした米国務省にボルトンは懐疑的であった。19年の選挙で、ゼレンスキーが4月に当選するまで、ロシアとは低調な関係に終始した。

シリア問題については、2015年秋からのロシアの関与は、「反テロ」での米国務省のケリー長官との関係改善による「統一戦線」の試みにもかかわらず、オバマ政権全体との関与にレベルアップすることには成功しなかった。9月にプーチンはシリアのラタキア港を拠点に地中海での戦略的展開能力を示しだした。これは米軍に対するにらみであるだけでなく、アサド派の敵に対する攻撃拠点となった（Bacevich: 31）。このギャップはオバマ政権が当初からシリアのアサド政権打倒を第一の目標とした時点で懐胎していた。その結果はといえば、IS勢力の台頭であった。孤立主義が高まるトランプ政権誕生が示したのは米国の分断であって、これが世界の政治に跳ね返った。

このようなトランプ政権の現状は、米国の同盟国をいっそう刺激した。なかでもトルコでは、エルドアン政権が次第に反米的なニュアンスを示しだした。2014年8月から大統領になったエルドアンに代わってトルコ首相になったのは同じ穏健イスラム系の厚生発展党のアフメット・ダウトール（1959—）、彼はクリミア・タタール系といわれマレーシアでも教鞭をとった政治学者だが、彼が首相職だった2年間はロシアとの関係は悪かった。なかでも15年11月には国境侵犯をめぐってロシアの爆撃機撃墜事件が起きたほどである。

しかしその後トルコとロシアは接近しはじめ、ロシアがトルコと反IS協調で動きだしたとロシアの研究者アレクセイ・マラシェンコ（1951—）は考える（GR/29/12/16）。ロシアは、トルコ・ストリームのパイプライン建設も絡んで、独裁色を強めるエルドアン大統領との接近を進めた。反政府勢力とISとの区別に成功し、シリア軍を反ISに集中させる戦略を選んだ。

アジア政策と対日関係の転換？

ウクライナ危機を通じて、ロシアのアジア・東方シフトはいっそう強化された。もっともプーチンは「東方シフト」という、拡大するアジア市場に新しい活路を見出す新戦略をクリミア危機以前、正確には2006年12月の安全保障会議で提起していた。実はこのころが中国シフトのピークでもあったことは重要であろう。05年ごろから一部の政治専門家は「ロシアの未来はウラル以東にある」（ソロベイＭＧＩＭＯ教授）と主張した（PK/6/05/55）。ウラジオストクへの遷都論もこのころから聞かれだした。なかでも12年秋のウラジオストクでのＡＰＥＣ首脳会議や16年からの同港の国際自由港化、16年4月に、ソユーズ2・1aを打ち上げたボストチヌィ宇宙基地の建設、世界経済のアジア・シフトに伴う石油ガスの東方シフトが注目ポイントとなった。

ロシアは対欧米関係が経済制裁もありますます悪化するなか、超大国化している中国との戦略的パートナー関係を促進、とりわけ2014年からのウクライナ危機後は、準同盟的関係を強化した。同年5月には4000キロに及ぶ「シベリアの力」など巨額なガスパイプライン建設企画に合意し、翌15年には上海協力機構とユーラシア経済同盟の連携を強め、中国のいう「一帯一路」構想との接点を拡大してきた。16年には、この東方との関係、上海協力機構とユーラシア経済同盟とで深め、6月にはさらにその勢いでヨーロッパとの関係拡大にも進むという大ユーラシア・パートナーシップという構想が、その内容は必ずしも判然とはしないものの、提起された。

もっとも「新常態」という最近の中国での標語が示すように、2018年あたりから中国の経済成長に陰りがみえ、またエネルギーなどで中国はロシアとの関係を急がないこともあって、中ロ貿易は減少しはじめた。17年はじめには中国の外貨準備高も3兆ドルと、最盛期から1兆ドル低落した。何より陸と海の「一帯一路」を通じて、とりわけヨーロッパとの関係拡大を深めたい中国と東進したいロシアとはベクトルが反対である。そのうえ「氷の一帯一路」と呼ばれる北極海への中国の関与が、ロシアの安全保障上の懸念を増している。そうでなくともロシアの有力者にも一種の対中脅威論があった。16年6月にはプーチンの有力支援者、映画監督ニキータ・ミハルコフが対中警戒を示すテレビ講演で世論を驚かせた[52]。

日本との関係では、日本のエネルギー安全保障とロシアのエネルギーの東方シフトとが諧調してきた。もちろんそれ以前、東シベリア太平洋パイプラインの開通とロシアの東方ガス計画の進展、サハリンLNGプロジェクトの輸出によって2010年ごろから関係は拡大しはじめた。特に東シベリア太平洋パイプラインは、当初はユーコスの大慶までの民営パイプライン構想に対抗し、国営トランスネフチ社が東方シフトの目玉としてナホトカのクジミノまで運ぶものとして00年から構想された。ユーコス事件後は双方を統合し、大慶コースも建設工事がはじまった。プーチンは特に環境問題を考慮し、バイカル湖の北コースを選んだことは一部で中国と日本とのバランスをとったものと理解された。

特に日本で自由民主党政権が倒れ、2009年9月に民主党を中心とする鳩山由紀夫政権が成立したことは自由民主党政権で行き詰まった平和条約交渉には刺激となると思われた。実は1955年末の自由民主党結党とその結党決議での北方四島は当時の吉田派が牽制のために出したことが構造的隘路となっていたのであり、この点日ソ関係の原点を作った鳩山の祖父・一郎など、パノフ大使のいう「ハトヤマ・クラン」の政権誕生は、日ソ共同宣言を交渉の原点としたプーチン政権の2000年9月の表明以来「相互に受け入れ可能な」模索の原点でもあった。もっとも鳩山政権は沖縄問題など対米関係や党内での対立で短命に終わった。その後の菅直人政権は対応が遅く、メドベージェフ大統領の10年9月の国後訪問で関係改善は期待薄に思われた。しかし翌年の3月11日の東日本大震災が日ロ関係改善を加速し、プーチン首相は非常事態省の部隊の東北派遣やLNGガスの提供を約した。福島原発危機以降の日本のエネルギー事情が日ロ経済での新しい関係を深めた。そのこともあって15年で石油、LNGガスとも輸入先として、ロシアの比重は約9パーセントにまでいたった。石油はいまやサウジアラビアやUAEに続きロシアは第3位の石油輸出国の地位を占めた。中東の現在の政治経済危機からして、日本が隣国とのエネルギー依存関係を2~3割まで高めるというヨーロッパの水準に高めたとしても不思議ではない。民主党の野田政権は、特に12年9月のプーチン・プロジェクトであるウラジオストクでのAPEC首脳会談やパトルシェフFSB長官訪日、2プラス2の話し合いなど安全保障対話にも前向きだったが、プーチン会談の予定がたたなかったため11月に議会解散に踏み切り、12月の安倍政権自民党の復権にいたった。07年にも対ロ外交に積極的であった安倍総理が復権したことは1955年当時の岸幹事長の孫、ペレストロイカ期の安倍晋太郎外相の子でもあったこととあわせてロシアには理解された。

プーチン・ロシアにとって対日関係は、急速に超大国化する中国との関連でも、またウラジオストクなど東方シフトの関連でも重要となった。インド、あるいは韓国との関係にはない魅力がある。科学技術では新素材、先端技術、AIやIoT、ロボットなど、ロシアでも話題の「第四次産業革命」への関心に見合う期待がある。

こういう背景があって2013年5月のソチにおける日ロ首脳会談で提案された安倍8項目がプーチン大統領の気を引いた。つまり①健康寿命の伸長、②都市作り、③中小企業交流・協力の抜本的拡大、④エネルギー、⑤ロシアの産業多様化・生産性向上、⑥極東の産業振興・輸出基地化、⑦先端技術協力、⑧人的交流の抜本的拡大、ということで交流枠の拡大が進んだ。安倍は領土問題での彼の接近法を「新しい発想に基づくアプローチ」というキーワードを出し、平和条約交渉の加速化の進展を図ってきた。もっともこの過程は14年2月安倍が訪問したソチ五輪以降のウクライナ危機とロシアのG8追放などの制裁措置で中断した。

それでも2016年G7で「制裁のラストランナー」であった安倍政権は、首脳会談の中止を求めるオバマ政権の圧力にも独自性を発揮、モスクワとのコンタクトを続けた（駒木）。なかでもウラジオストク東方経済フォーラムから、11月のリマでのAPECを踏まえ、年末の12月15～16日、山口県長門と東京とでおこなわれた安倍とプーチンの首脳会談を通して次第に構想を示そうとした。その際両首脳は首脳合意を優先し、トップ・ダウンで対話の深化を図った。その結果、北方領土の4島での「特別な制度」のもとで共同経済活動を開始すること、旧島民などの自由往来について拡大することでも意見の一致をみた。朝鮮半島、米中関係など、「2プラス2（外相、防衛相）」の枠内で協議する安全保障対話も進むはずであった。プーチンは「平和条約がないことは時代錯誤だ」と述べた。

この件について、プーチンは11月リマ会談で、ロシア側は基本的にはその主権のもとでおこないたいが、いくつかの対案もあることを認めていた。プーチンの本心はどこにあったか？　ロシアは大統領外交の国である。プーチンの優先順位について、11月末に改訂された最新の大統領による「ロシア連邦の外交概念」は、その26条e項でロシア国家の国境を「国際法的に確定する活動を活発化する」とふれている。ロシアは中国・ノルウェーとの国境画定をやった結果、２０１３年２月に前の外交概念を規定したときは、実は日本との国境画定しか残っていなかった。その後のウクライナ紛争でクリミアとの国境というやっかいな問題を持つことになるが、日本との平和条約は国境画定の枠組みで進めることが示された。20年の憲法改正においても、領土不割譲と並んで日ロ間での「国境画定」は進めることとされている。

ロシア内政は２０１７年、翌年に予定される大統領選挙もあり、より内政重視と福祉向上を優先せざるをえなくなった。中東特にＯＰＥＣ諸国との協調によるエネルギー価格の上昇などはこのような外交面でも当然、シリア、ウクライナで対米トランプ政権との和解、早期首脳会談の設定などの積極性となって表れている。12月14日プーチン大統領は恒例となっている国民対話の席で、ロシアは「現代国家」としての柔軟な政治体制、ハイテクに基づく経済が必要だと、主として内政課題に重点を置いた発言をした。インフラ建設、健康、そして教育といった課題が重要であるとも語った。これは18年に大統領選挙があることからくる要請にもみえたが、それだけではない。同年５月に発足する第四期プーチン体制にとって内政的課題がますます重点となることをも予期させた。

パクス・アメリカーナの終焉とロシアの国際観

ロシアがクリミアを併合した2014年は、同時に中国経済の比重が米国のそれを超えた年でもあったと、米国の政治学者グレアム・アリソン（1940―）は指摘している（Allison）。それから3年、世界はますますプーチンも指摘したように、世界秩序は多極化と「西欧（The West）」の比重の低下に当面した。米国がその軍事力をふくめ主導する世界、つまり「パクス・アメリカーナ」が終わった。

第一に、2017年は「米国第一」を標榜するトランプ大統領の就任によって、米国は国際社会での指導的役割力を自ら放棄しだし、グローバル政治における比重の低下がいよいよ顕著となった年として記憶されよう。ただし誤解されがちであるがこのことは米国の国力の低下だとかに直接由来するものではない。シェールガス革命もあって米国が国際エネルギー価格を独自に決定できるようになり、これまでの外交・安全保障の基軸であった中東依存の水準は下がった。同時に対ロエネルギー外交は、対ロ制裁という側面も大きいが、むしろヨーロッパへの輸出をめぐる競争者との重商主義的性格を帯びるとの観測もある（Sakwa19: 109）。このこともあり「イスラム国家」といった対テロリズム、地球温暖化対策など国際政治における米国の指導力は、ますます低下した。なかでもこの事態を象徴するのはエルサレムをイスラエルの首都に認定するという12月の米国政府の決定であった。米国は冷戦初期以来のこの問題での仲裁的役割を放棄し、イスラエルのネタニヤフ右派政権の側に明確に立脚することになった。このトランプ政権の新決定には、通常は親米が基本となっている日本や英国政府など128カ国もが反対を表明した。この決定によって米国がグローバル社会で決定的な指導的役割を果たすという戦後秩序、とりわけ冷戦後の役割が自明ではなくなった。この決定がパクス・アメリカーナの象徴といえた中東での米国の覇権の放棄と「米国第一」政策と関係していることに注目したい。

この米国の役割転換は、ロシアがシリア紛争においてこれを成功裏に完遂したとして、ロシア軍の撤兵を命じた12月の決定とは顕著な対比をなしている。周知のように2015年9月プーチン大統領は国連演説でシリア紛争への関与を表明、「イスラム国」への対テロ戦争を、米ロ協調を含意した「ヤルタⅡ」という名目で、しかし実際には同盟国アサド政権への支援として開始した。結果的にはロシアの対テロ、反「イスラム国」キャンペーンが奏功した。こうして中東政治での指導権がゆらぎ、イランなど親ロシア国だけでなく、サウジアラビア、トルコやエジプトなど、これまで親米国とみなされた国々までもがロシアとの関係改善に動いていることが物語っている。いまや中東情勢はプーチン・ロシアの意向抜きには動かなくなった。つまり中東での米国覇権がくずれ、代わってロシアなどの台頭が顕著となったのが17年のグローバル政治の特徴であった。

第二に、ロシアの対外政策にこれまで決定的な意味を持った米ロ関係が悪化、ますます停滞的な側面を示したことである。しばしば「新冷戦」（ロバート・レグボルド・コロンビア大学教授）といわれる米ロ関係のウクライナ危機以降の悪化である（Legvold）。ちなみにロシア側指導部で2014年10月に米ロ関係を「第二次冷戦」として表現したのは、安全保障担当書記であったパトルシェフ書記であった（Zygar16: 343）。彼はソ連崩壊もブレジンスキーとＣＩＡの所業といった。もちろん旧冷戦とは異なり今回の米ロ関係にはイデオロギー的な対立の要素はない。NATO東方拡大では独仏等と新加盟国の対立もあるように同盟も自明でない。むしろ地政学的変動と米ロ経済関係の希薄化が関係悪化の主因と思われる。米国の移民票といった国内要因も見逃せない。こうして国益重視の伝統的な大国間関係、競争に移ってきたのである。

冷戦後の米ロ関係では、すべての米政権が対ロ・リセットを試みたものの失敗してきた歴史がある。米国の研究者アンジェラ・ステント（1947―）はトランプ以前の3政権ともリセットを試みたが、実はロシア側の各政権も同様であったという指摘をしている（Stent: 301）。リセットという表現の生みの親オバマ政権が特徴的であるが、2016年11月の予想に反して当選したトランプ政権も例外ではなかった。プーチン政権は当初対ロ関係改善に期待を持ったものの、17年1月のトランプ大統領就任以前から深刻化していた「ロシア・ゲート」事件もあって、米ロ関係の新たなリセットをトランプ新政権の政策課題に載せる目論見には成功しなかった。

トランプ共和党政権は90年代から米国政界の「超党派的でネオコン・リベラル的な介入主義」コンセンサス（Cohen19）がもたらした中東やロシアなどでの対外政策の挫折や隘路を修正し、「国益」に基づいたEUやロシアを含めた対話と「取引」をもたらそうとした。共和党の古い伝統に基づいたバランス外交の復活でもある。ロシアとの対話復活はその中心でもあった。しかしそれどころか米国政界で広まった「ロシア・ゲート」が大統領就任後の米ロ関係の悪化にもより反映される。当初はクリントン民主党系選対が、トランプ候補を追い落とすといった党派的目的でロシア政府との関連をリークさせて話題となった。しかしトランプ候補当選後も退任予定のオバマ大統領は大統領選挙に外国政権が関与したとして捜査当局に調査させた。これを受けて米国の関係捜査機関は、ロシアの大統領選挙関与を強くにおわせる報告書を出した。この結果深刻化したのがロシア・ゲート事件である。

もっともロシア政府が米国大統領選挙にどの程度直接関与していたのか、それとも最近顕著なロシアの「民間機関」による関与なのか、この問題をめぐってトランプ政権がプーチン政権と実際どの程度「共謀」したのか、したがって対象がロシア政府の問題なのか、それとも米国の内政の問題なのかがはっきりしない。議会、民主党やマスコミ、そしてロバート・モラー特別検察官らが調査したが、結局は2019年5月モラーはトランプ大統領の訴追を見送った。状況は「煙は立つものの銃口はない」状況が続いた。

それでもその政治的効果は明確で、就任直後の対ロ打開は国内圧力で挫折した。米ロ首脳会談は2018年を通じて7月にヘルシンキで一度しかおこなわれることなく、19年にも6月の大阪で短くおこなわれただけであった。それどころか、トランプの当選後米ロ関係改善に動こうとした娘婿ジャレッド・クシュナー（1981―）、マイケル・フリン（1958―）補佐官らは批判を受け、個人的にプーチン政権との関係改善に動こうとしたトランプ大統領は議会やマスコミでのロシア不信を払拭することもできなかった。

なかでもその極点は12月米政府が出した「国家安全保障戦略」である。そこではロシアが中国と並んで、米国の「国益と価値観の対極にある修正主義勢力」であると位置づけられた[53]。この決定についてロシアの代表的イデオローグ、フョードル・ルキヤノフは米国が一極的覇権といった世界観を放棄し、米中ロからなる多極的世界観に移行したとむしろ歓迎している（Washington Post/24/1/18）。従来の対テロ戦争での協調よりも大国間の利害対立を率直に認めるという意味で、米国の最近の世界観が現実主義に近接化してきたとロシア側もみている。もっとも現実には米国政府は２０１７年末に対戦車用兵器をウクライナへの軍事支援として提供するなど、米ロ関係は冷戦後最悪のままである。

第三に、「中国の特徴を持った社会主義」を標榜する２０１７年10月の第19回共産党大会を乗り切った中国の習近平政権との戦略的な関係はますます深まった。中国は一帯一路戦略で地経学的なユーラシアへの関与を、アジア・インフラ銀行（ＡＩＩＢ）などを通してますます強めているが、ロシアもまた中国同様、世界の多極化という国際認識を深めた。こうして中国は習近平のもとで、ユーラシアでのインフラ整備などを通じて拡大する「中国の夢」を実現しようとしている。他方ロシアもユーラシア経済連合（ＥＥＵ）などを通じ「大ユーラシア・パートナーシップ」の比重を高めた。多極化を呼号する中ロ両国ともリベラルな国際秩序から距離を置いた。こうして中ロ間には16年からはユーラシア・レベルにおける協力を強めてきている。しかもその中ロの経済的な相互依存は、単に従来型のエネルギーレベルでのそれにとどまらず、むしろパリ協定を見越した脱炭素エネルギー、人工知能やインターネット・マネーといった新しい技術産業での革命といった性格も帯びてきている。もっとも、中国の地経学的企画である「一帯一路」政策に対しては、ロシアは実は懐疑的な姿勢も示している。世界はますます多中心化している。

米中ロ関係の複雑な対抗のなか、ロシアがその文明的緊切さを求めるヨーロッパ状況もまたいっそう混迷を深めている。米国主導の中東政策に危機が生じ、移民・難民問題や、イスラム国といった対テロをめぐってＥＵは混乱し、ポピュリズムの波が台頭した。ロシアにはこの波に期待する動きもあった。危惧されたポピュリストによる政治権力獲得まではいかなかったものの、ドイツのメルケル政権のような人権でのグローバル・スタンダードを掲げた立場も後退、選挙結果後の社会民主党との大連立の成果も芳しくない。またロシア問題をめぐるEUでの対立の深化など変わっていない。ロシアはむしろフランスのマクロン政権との関係を重視している。

ロシア経済と外交の課題

２０１８年のプーチン続投にいたる背景にあるのは、比較的好調な経済情勢である。ロシア経済は周知のように、エネルギー部門と、その他の部門に分けて考える必要があることはいうまでもない。

なかでもプーチン企画のノバテク社はヤマル・ネネツでのＬＮＧ生産を拡大する方針を出したが、２０１８年１月北極海航路によるはじめてのＬＮＧ輸出の受け手となったのは、制裁下でしかも寒波襲来する米国であったのはやや皮肉な展開となった[54]。いずれにしても同年春にはこのＬＮＧはアジアにもはじめて到達することになる。もっとも日本へはやや遅れ20年７月ＬＮＧを積んだロシアの砕氷タンカーが入港した。

また、投資ビジネス環境が多少は改善された。このことは２０１８年１月のダボス会議でも着目されることになった。10年前後、世界１９０カ国中で１２０位前後に終始していたロシアは、２０１８年の世界銀行の調査結果では、ビジネス開始にかんする比較調査で34位と日本の次だった。19年には日本を抜いて31位になった。もっともこの統計には腐敗などの問題が反映されていないという疑点もある。

もっとも最大の課題は、エネルギー部門の比重低下と、経済の多角化である。とりわけ第四次産業革命の課題は待ったなしといえよう。ようやく経済制裁に対抗する輸入代替効果が表れ、農業や衣料などの輸出効果が出はじめている。実際ロシア市場で農産物は国産品が多くなり、ワインや牛肉、小麦などはいまやロシアが輸出国になっている。なかでもシベリア、極東は永久凍土が温暖化で溶けはじめており、中央シベリアの5~8割が、アクセスや自然破壊などの問題はあるとしても農地になるという予測もある。豊富な水資源など東方シフトを支えるアジア市場の可能性は無視できない。日本との間で冷凍技術や輸送など技術協力が課題となろう。

2017年のプーチン外交からみての成果といえるのは、先にもふれたシリア作戦である。アサド政権の保持に成功し、中東での最重要プレーヤーとしての地位を確保した。同時に米国やイスラエル、サウジアラビアなどとのバランスを考え、また中央アジアのアスタナ・プロセスで、エジプト、トルコ、イランといった国々との協調も成果を収めた。なかでもサウジアラビア国王のモスクワ訪問は史上はじめてで、OPECとの石油価格調整に奏功している。米国の失敗と対比すればロシアの成果は顕著といえる。

だが顕著な制約となる可能性はウクライナでの緊張の持続である。米国は2019年末ウクライナ支援を強化した。ミンスク合意は死文化している。国連を加味したロシアの和平工作はあまり成功していない。この鍵を握るのはミンスク合意の当事国である独仏である。ロシアはEU諸国との実務的な関係維持を図ることで、対米関係の硬直を修正することが不可能ではない。とりわけフランスのマクロン政権は、このような役割を担うことが期待された。また米国の制裁のなかでドイツやオーストリア政権などはロシアとの間で、新たなパイプライン、ノルドストリームⅡに熱心でもあるが、米欧摩擦も生じた。

第7章　2018年以降の課題

本書は、プーチン政治の20年を、国際環境としてのNATO東方拡大に伴う東西関係のなかの再緊張と東方シフトのなかでみると同時に、国内政治ではフランス型大統領制と民営化がもたらしたエリツィン体制からの脱却と安定化、中央・地方関係、オリガルフとの対応を含めたソフト権威主義の模索、という角度からみてきた。以上のようなトレンドのなか、第7章ではプーチン・ロシアの2018年以降の課題をここでは概括したい。より具体的な主題としては、第一に、本来は最終任期を迎えるはずだった18年3月大統領選挙前後のロシアの政治変容と世論状況、秋の知事選挙や地方政治、20年に浮かび上がった憲法改正、第二にその背景にある経済情勢の分析である。そして第三に、トランプ政権など西側との関係と中国など「東方シフト」、そして対日関係を含めたロシア外交と国際政治も一瞥したい。

第一に、2018年3月大統領選挙にいたるまでのロシア社会の変容と世論状況、秋の知事選挙後の情勢であるが、結論からいえばプーチン現職大統領の勝利という大方の予測を覆す根拠、要因はなった。この点で指摘できることは14年春の大統領のウクライナ危機をめぐる一連の選択が、反米的世論状況とも相まって「プーチン・コンセンサス」と呼ばれるような広範囲な愛国的世論の政府、特にプーチン個人への信頼の高まりに結実したことである。大国ロシアを印象づけたクリミア併合以降、一時は9割に迫る勢いのプーチン支持率は、8割以下に落ちたことは一度もなかった。17年末の現職大統領への支持率は83パーセントであった。この高支持にはもちろん国営メディアなどへの干渉とマスコミ対策、あるいは選挙での無関心などの要素はあるとしても、ロシア世論がプーチンの保守的で安心できる政策体系に、都市やインテリ層に不満はあるものの多くは好感を寄せていることがあげられる。

特に2017年はロシア革命100周年であったが、プーチン大統領府は、保守と安定を基調とするメッセージを送り続けた。ロシア革命自体には大統領は過去のこととの評価に終始し、むしろ「嘆きの壁」の前でのソ連体制犠牲者の追悼をおこなった。またロシア正教会との和解、特に350年間異端とされた正教古儀式派との間で、国家的な和解を促した。プーチンのこのような政策は保守主義者としての宗教の政治利用という批判もあるが、ロシアの安定を促したことは事実であろう。

もっとも2016年秋の下院議院選挙や十数名が改選された16年9月の知事選挙においても、投票率がいずれも5割以下に低下したことは、四選を目指すプーチン体制にとってはやや深刻な事態となった。大統領候補プーチンへの支持も7割を超えてはいるものの、問題は政治的無関心と「飽き」が警戒されだした。このため、投票率を7割程度に上げること、このためムスリム系共和国などへのテコ入れでの7割の確保、そしてそこでの7割以上のプーチンの得票を確保することは至上命題となってきた。

まずこのためには、大統領候補として、ソーシャルメディアなどを使って大都市の批判票を確保する可能性のあるナバリヌィ候補などを選挙から遠ざけるとともに、従来の複数政党の代表として固定票だけを得ることのできる人物（自民党のジリノフスキー、ヤブロコのヤブリンスキー）らを対抗候補とすること、またクリミア併合批判などで異端的にみえるが基本的には同根であるクセーニャ・ソプチャーク（1981―）等の候補を擁立させた。

　背景にあるのは、ロシア・エリートの固定化しつつある政治回路をいかに活性化するかである。一つには、盟友であるが経済発展の鈍化とともに世論の不信が高まったメドベージェフ首相人事を代えることで新しいイメージを作れるかであった。「実業のロシア」のボリス・チトフ（1960―）などはかつて2020年計画策定に名前があがったが、今回は首相候補より大統領候補として挑戦者となった。そうすると政治担当のキリエンコ大統領府第一副長官とも親しいクドリン前財相が新大統領プログラム2030年計画に参与したこともあり、首相候補として一部で期待値が高まった。だが首相人事を動かせば後継問題に直結するジレンマがあった。

　プーチン周辺の統治エリートを指して「政治局Ⅱ」と評したのは、先の政治学者ミンチェンコであるが、大統領体制を支えるこの支配エリートは、首相のほかにも軍産複合体のチェメゾフ、モスクワ市長のソビャーニン、国防相のショイグらを指すことが多い。なかでも2017年末の世論調査では、プーチンに次ぐ人気を誇るショイグ（18パーセント）は少数民族出身、ラブロフ外相がこれに次ぐ（12パーセント）。この17年版の評価では、ロスネフチのセーチンの比重が前経済相ウリュカエフとの対立等で立場が悪化しているといわれる。ほかに下院議長ビャチェスラフ・ボロジン、ロッテンベルク兄弟の比重もまた低下した[55]。

　さらには、2018年の大統領選挙の大統領任期は24年までであるが、真の争点は次の時代の指導層の世代交代をどう準備するかであった。なかでも新知事登用では、トゥーラ州知事デューミンやヤマル・ネネッツ知事ドミトリー・コブイルキンらが注目をあびた。コブイルキンは1971年生まれ、同地でのエネルギー開発を経て、2010年から知事となった。[56]

2018年大統領選挙

恒例の2018年新年メッセージで大統領は、ロシアを「誰も助けてくれない」と国内での結束を促した。対外面ではクリミア危機などで自ら引き金を引いたグローバル秩序に対するチャレンジがいまや世界大での混沌状況を招くなか、政権最終段階の仕上げをどうするかが問われてきた。

こうしたなかプーチンにとっては4回目にして最後となるはずだった18年大統領選挙が日程に迫った。もっともはじまる前から結果がわかっていたので、キャンペーンは低調であった。選挙の推薦人には小児がんセンターのアレクサンドル・ルミヤンツェフ博士など東日本大震災・福島原発事故で日本を援助した人物も入った。バイノ大統領府長官、キリエンコ第一副長官らクレムリンが意図した人口全体の7割の動員と同数の支持、つまり有権者の半数の動員はほぼ達成された。体制外野党と呼ばれたナバリヌィは立候補できなかった。

対抗馬には、共産党はパーベル・グルジーニン（1960―）（11・77パーセント）、自由民主党のジリノフスキー（5・65パーセント）、野党のヤブリンスキー、実業ロシアのボリス・チトフ、民族派のセルゲイ・バブーリン（1959―）、独立系のソプチャークらを相手として予想どおり圧勝した。対立候補はグルジーニンという農業部門で成功した実業家を、ジュガーノフに代えて出してきたことは共産党には新鮮といえたが、その他は万年反対派候補となったジリノフスキーらでしかなかった。クセニャ・ソプチャークというリベラル派のテレビ・キャスターは、実は恩師ソプチャークの娘であった。米国に行ってはクリミア併合反対を訴えた。チトフは、英国に30万人ともいわれるオフショアに流れたオリガルフを免責してロシアの金を取り戻すべきだと主張した。

この間東西関係は再度緊張した。一部で期待されたトランプが国益第一主義から対ロ協調に乗り出す可能性は消えた。むしろ米国政府は先の中ロを修正主義勢力と規定して策定した新核戦略に加えて、ウクライナでの殺戮兵器を提供し、ロシアを刺激した。なかでも選挙直前に英国で発覚した、元ソ連のスパイ、スクリパリ父子がロンドンで何者かに毒薬で暗殺されかかったことは英国の世論を刺激した。英米の一部メディアは反プーチン・キャンペーンを張った。真相は藪のなかであったが、このことは、かえって国内ではプーチン評を押し上げた。

2018年の大統領選挙ではプーチンは2月27日、大統領選挙キャンペーンを兼ねた教書演説を行い、そのなかで、世界の9割を占める米ロの核戦略兵器制限交渉ＳＴＡＲＴⅡが失効し、ＩＮＦ条約が19年8月に破棄される危険性を説いた。そのなかで強力な軍事的手段で米国の核での挑戦に対抗するという強硬な演説は、金正恩の「核兵器による非核化」構想を思い出させた。実際そのころ対米ブレーンのミグラニャンは「エスカレーションによるディ・エスカレーション」戦略との関係を想起させた。これは24年までの大統領公約のような性格を持った。

こうして2018年3月18日、つまり4年前のクリミア併合にあわせておこなわれた大統領選挙でプーチンは再選された。投票率は76・69パーセントであった。憲法上最後となる24年までの任期の大統領に5月7日に就任した。その直前に、非公式なブレーン、クドリンが宿敵だった首相メドベージェフに会ったが公約にはなかった年金問題が話題になったと思われる。5月の就任式以後は長年のパートナーであるメドベージェフ首相を含む新政府の組閣がおこなわれた。ショイグ国防相、ラブロフ外相など安全保障関係者は多くが留任、また経済担当の第一副首相には財相兼務でリベラル系のシルアノフがなった。メドベージェフに不人気な年金改革や付加価値税引き上げを実行させ、場合によっては解任する布石ともいわれた。オレシキンのような若手テクノクラートも台頭した。また11名の副首相中にタカ派のロゴージンの名がなかったことは注目された。彼は16年に創設された宇宙関係のロスコスモス総裁となった。

ショイグは、5月9日の軍事パレードで恒例となった十字を切った。この日、これまた恒例となりはじめた大祖国戦争記念の「不滅の連隊」では、モスクワで前年より30万人多い100万人が参加したのをはじめ、全国でも1040万人が戦中に犠牲となった家族の写真を持って参加したという。国家安全保障会議の書記であるパトルシェフや連邦保安庁長官のボルトニコフらも留任した。総じていえば金融など経済ブロックは穏健リベラル系、そして外交・安全保障部門ではシロビキ系がプーチン体制を支えるという政権の構図はこれまでと大きくは変わりなかった。大幅な財政カットや官僚削減の提言で一部には首相説もあった前財相のクドリンは結局会計検査院長になり、また中銀総裁はナビウリナが留任した。

プーチンは2017年末の国民対話や18年3月の大統領教書などで「柔軟な政治体制とデジタル経済」を課題として掲げたが、同年5月の24年までの大統領指令では、人口の増加、平均寿命の78歳への伸長など高齢化対策、貧困半減と5大経済大国を目標とした。もっともその実現は容易でなかった。12のナショナル・プロジェクトは、プーチンの目玉インフラ政策であった。原油価格の低下を見据えた輸入代替による製造業や農業の振興も課題となってきた。

人事面では、話題のデジタル経済担当のミハイル・アキモフに加え、農業担当副首相には農業省や農業党関係のアレクセイ・ゴルデーエフ（1955—）が就任、農相には先述したように、パトルシェフ安全保障担当書記の息子、30歳代のドミトリーが抜擢された。シロビキにもブレジネフ時代のようなネポティズム的世代交代がはじまっていた。非常事態相になったことで注目され出したエフゲニー・ジニチェフ（1966—2021）はレニングラード生まれ、プーチン警護からカリーニングラード州知事を経た。東方シフト政策で重点となった極東担当副首相にはトルトネフが留任したが、極東担当相はアムール州知事だったアレクサンドル・コズロフ（1981—）に代わった。ちなみに彼のもとでこの官庁は2019年から北極海も担当することになった。

7月にかけてロシアでおこなわれたFIFAワールドカップサッカーは外国人など500万の動員を簡素化されたビザの発効などで誘引、開かれたロシアを外国のサッカー・ファンに印象づけようとした。最終日の閉会式にはフランスのマクロン大統領などが参加した。それでもほぼ同時におこなわれたヘルシンキでの米ロ首脳会談では、最後の段階でトランプ大統領は、マスコミの質問にロシア重視を不用意に発言し、米ロの関係改善は事実上失敗した。欧米との和解からはほど遠かった。

他方、目標としている「柔軟な政治体制」の模索もまた容易ではなかった。テレグラムのような新世代用のメッセージ・アプリは反テロ対策で圧力がかかった（Sakwa19: 4）。自ら作り上げた高度に集権的な決定作成メカニズムが皮肉にも改革を妨げた。それどころか選挙公約になかった年金問題を政府が俎上に載せたことが、高齢層や労働組合を中心とした世論の広範な反発を夏から招きだした。このこともあり9月の知事選挙では極東などを中心に4知事など与党系は敗北した。政権党「統一ロシア」党の支持も1年間で37パーセントから28パーセント以下（8月）に低下した。[57]

なかでも重点地域となった沿海地方やハバロフスク知事選挙では12月にやり直し選挙となった。沿海地方では与党は候補を差し替え、サハリン知事から沿海地方知事代行だったオレグ・コジェミャコ（1962—）をようやく当選させたものの、与党のつまずきを象徴した。ハバロフスク地方でも10年近く現職だった統一ロシア党員、航空機製造の専門家ビャチェスラフ・シュポルト（1954—）知事が敗北、自民党系の議員だったセルゲイ・フルガルに交代した。極東管区の全権代表は2018年末にウラジオストクに拠点を移した。このこともあってか、フルガルが20年7月に過去の殺人容疑で逮捕されたときは、しばらく抗議デモが生じることになった。

リベラル系の戦略策定センターの政治学者ドミトリエフらによれば、いまや世論に転換が起きつつあった。2019年からの政治発展シナリオとしては、①愛国的な統合、②夏の年金問題のような「反エリート的ポピュリズム」、③国家の平和愛好的な外交、の三つの可能性が考えられると、彼はみた。[58]秋になされた世論動向調査では、これまでの「強い指導者」への飽きが目立つという。市民社会発展基金のコンスタンチン・コスチンやミンチェンコのような政治分析者も年金問題のような「反エリート的傾向」とか「反エリート反乱」の可能性も真剣な問題となると指摘しだした。[59]それでも18年9月に起きたウクライナとの海峡紛争でも対外高揚よりも、平和志向的な対外政策への支持の世論が顕著になった。というよりもウクライナ問題疲れであった。また西側的な法のもとの平等よりも、公正さを求める伝統的な価値観も目立つ。[60] プーチン大統領への支持率はレバダ・センターなどの調査によれば、14年前後から17年までの8割を超えた支持から、18年半ばには年金問題での人気低下により、66パーセント程度に下がり出した。

年金問題の直接の担当であったメドベージェフ首相の人気も当然低落した。というか、この避けて通ることのできない問題は、2018年のメドベージェフ首相再任の条件であったとみる専門家もいる。それと付加価値税を18パーセントから20パーセントに引き上げたことも彼の人気をより下げた。彼の支持率は33パーセントでこれまた低下した。[61] 18〜19年の地方選挙での統一ロシア党の人気低下は党首であったメドベージェフの評判にも当然つながった。プーチンが18年に提示した「ナショナル・プロジェクト」は、特にハイテク分野での未達成が目立った。

プーチン政治へのこのような世論状況を受けて、プーチンの政治体制でも改革が議論されだした。改革案の中心となっているのはグレフやクドリンなど体制内改革派である。大統領府などの権力中枢の「テクノクラシー化」の傾向を踏まえながら「市民のための国家」（シクリャルク）を目指している、とこの傾向の学者はいう。[62] なかでも2018年9月にクドリンは国家管理の改革を柱とする五つのテーゼで、経済の脱国家化などを柱とした議論を提起した。大統領の諮問機関である国家評議会は地方状況の調査をするセクションをもうけた。こうした政治改革の責任者キリエンコ第一副長官は、主導性や「自発性」の喚起を求めた。[63] プーチン大統領も18年末の憲法25周年演説で、生きた基本法が国政の基本となるということを強調した。これはいまから考えれば翌年の憲法改正提案への布石だった。

ロシア経済

このような一定の変化を求める潮流は、なによりもクリミア紛争後の制裁や、原油価格の低落でもたらされた低成長経済への危機感が背景にある。ロシア経済は2017年以降穏やかな回復期にある。いまやロシアの経済規模は世界で10番程度、またその成長率も2パーセント以下と、新興経済国のなかでも顕著とはいえない。中国やインドとの格差は拡大している。なかでもハイテクや人工知能といった第四次産業革命での革新は進捗していない。肝心のエネルギー部門でもいまや最大のエネルギー生産国となった米国が世界の市場価格形成に決定的となり、ロシアは、その分サウジアラビアやOPECとの協調を強めている。

デジタル経済への取り組みも、中国やインド経済の急成長との比較でも顕著とはいいがたい。人工知能や仮想通貨などについても指導層に関心はあるものの進捗しているとはいえない。脱エネルギーや輸入代替では、エネルギー価格の低落も手伝って農業部門で成功し、穀物輸出がいまや軍需産業のそれを凌駕する傾向もある。19世紀と同様農業大国としての復活ともいえる。

東方シフトの鍵は、依然として極東連邦管区での人口増が課題である。新極東経済相のコズロフは2050年までに現行の620万未満から650万人へと人口増を予測したが、実際その伸展規模は慎重でもある。極東での窓となるウラジオストクでの経済フォーラム（毎年9月開催）は、プーチン大統領の尽力で、18年9月に習近平主席と安倍総理大臣などが参加するという豪華な経済フォーラムに転化し、一大国際行事となった。もっともそれがガスパイプライン「シベリアの力」の完成などエネルギー案件だけでなく中国との関係改善にどの程度貢献するかが問われている。とりわけ米中貿易戦争が両超大国の経済と科学技術、そして政治面や軍事でも覇権争いになるなか、ロシアの立ち位置の微妙さを表している。またカリーニングラードやウラジオストクのルスキー島にオフショアを作り、租税回避地を創る構想も、英国から追放されたオリガルフの受け皿としてはじまった。これは大統領候補でプーチンと対抗したボリス・チトフの提案ともいわれる。

ウクライナ・クリミア問題

ロシアにとって、ウクライナ問題はクリミア併合の結果、ロシア内政と外交との接点となっている。2014年3月のクリミア併合により、ロシアはクリミアを自国領に併合して処理している。その結果として、ウクライナ自身の東西分裂、つまりよりカトリック的な西部と東部寄りのロシア語話者を中心とした対立が深刻化、またロシアは欧米諸国との間にますます大きな溝ができた。独仏などヨーロッパがロシアとの和解を図ろうとしたミンスク合意Ⅱも進捗しない状況が続いた。

トランプ政権で新たな突破を図ろうとしたモスクワとワシントンの一部の期待は、それどころか「ロシア・ゲート」の大波でかき消された。プーチン周辺では米国が軍産複合体と与野党、そしてメディアといった「影の国家」に支配されているという認識を持ったとすれば、ワシントンでもモスクワの関与がむしろトランプ大統領を生み出したという共謀の議論まで出てきた。実態はハーバード大学のコルトン教授らが強調した「誰も勝たなかった」ウクライナ紛争について、そしてその惨状について考え直すことが難しくなったということだった。

それどころか実際、2018年9月に起きたケルチ海峡でのロシア当局によるウクライナ漁船の拿捕事件ではポロシェンコ政権との関係改善に失敗したことが明るみに出た。またウクライナ正教会をめぐってロシア正教会と欧米寄りの正教会、特にコンスタンチノープル正教会総主教との分裂、対立が激化した。いずれも19年3月大統領選を前に支持率低下に悩むポロシェンコ政権がロシア批判を強めていることと関係した。

前者は、2012年にようやくまとまったケルチ海峡をめぐるウクライナとロシアの国境画定が、ロシアのクリミア併合後このような拿捕事件をきっかけとして再燃したものにほかならない。特にポロシェンコ政権がこれをきっかけに戒厳令を導入（11月解除）、漁船に海軍力まで随行させた文脈で起きた。当時キエフを訪れたボルトン米補佐官は劣勢なポロシェンコ大統領の再選キャンペーンとの関連をみたが、このことでブエノスアイレスでのG20での米ロ首脳会談はお流れとなった（Bolton: 449）[64]。

後者もまたモスクワ総主教がこれまで3世紀にわたって人事権を持っていたウクライナ正教会について、ポロシェンコ大統領が介入、トルコのコンスタンチノープル総主教の管轄に入ることを依頼したことからはじまる。18年10月にコンスタンチノープル総主教がこの主張を認めてウクライナ正教会の自立、つまりロシア正教会からの「独立」を認めた形となった。実質的にはコンスタンチノープル総主教というより、米国のギリシア正教会がウクライナ正教会の人事権を持ったことになるとロシアの評者は指摘する。[65] この結果がウクライナをめぐる正教史上最大の分裂劇となった。ウクライナ最大の正教会であった「モスクワ派」が、こうして人事権をコンスタンチノープル総主教に移した。19年1月5日、コンスタンチノープル総主教バーソロミュは、トモスと呼ばれるウクライナ正教会の公文書で自立宣言をおこなった。ロシア正教会のフィラレト府主教は批判した。ちなみに1月7日は正教でのクリスマスであったが、現職大統領のポロシェンコも、次期大統領となるゼレンスキーも海外に出かけ、教会自立問題が極度に政治化して、信徒同士の衝突に発展することを嫌った。

ロシアとウクライナの対立の影響でベラルーシや中央アジアなど旧ソ連諸国でも断層が走っている。プーチン補佐官のスルコフはロシアがいまやヨーロッパでもアジアからも孤立していることを認めた論文を書いた。これに伴ってソ連へのノスタルジアというべき連邦崩壊を残念がる世論も1年間で66パーセントとこの15年で最大となった。[66] 中央アジアなどでは中国の「一帯一路」政策の結果として中国の経済進出がいっそう顕著となっているが、これがロシアの安全保障利益に抵触するレベルになる危険性も識者によって指摘されている。

外交と安全保障

冷戦終焉から30年、ロシアは2014年のウクライナ危機を契機に世界が多極化したという認識を深くした。悪化する米中関係を含め新冷戦というよりも、英米を中心とする西側の指導力の低下、そしてインド・中国・ロシアなどユーラシア諸国の経済力の伸展を「多極化」という世界認識の中心に据えている。米国もまた同じく17年12月に出した「安全保障戦略」などの公式文書で中・ロを修正主義勢力と位置づけ、多極化する世界で対決姿勢を隠さない。

こうしてオバマ前米国大統領が語った「世界の警察官」の終焉と、「米国第一」を掲げるトランプ政権の登場とは、ロシアを囲む世界認識の大きな変化を示した。とりわけブッシュJr.政権にみられた「大中東」構想の挫折とオバマ政権の発言を経て、今度は米国トランプ政権の孤立主義が世界秩序を揺るがしている。同時に米国はシェール革命や原油生産で世界1位へと浮上した結果、エネルギー依存のロシアの地位を含め世界のエネルギー事情を変えてきた。他方ウクライナ危機以降、ロシアもまたヨーロッパとのキリスト教的なアイデンティティの共通性が弱まり、その分東方シフトを深めている。そのなかには地球温暖化に伴う北極海の重要性があるが、その先にはベーリング海から太平洋への関心を深めている。

対米関係

2018年に米ロ関係は改善しなかった。期待された米ロ首脳会談が7月ヘルシンキでトランプ大統領との間で開催されたものの、トランプが記者会見のなかで国内世論よりロシアを重視するという発言をしたことで、かえって米国国内の世論を敵に回す結果となった。米国での「ロシア・ゲート」事件の不透明な結果もあって、年末のG20での米ロ首脳会談も不発に終わった。この結果、①トランプ大統領時代は、米ロ関係の実質的進展は、仮にロシア・ゲート事件がなかったとしても期待薄となった。②そのロシア・ゲート事件は、米国エリートの厳しい対ロ認識を示した、③この原因であり結果となったのが3月大統領教書で示したような米ロ関係、特に核レベルでの不一致であった。実際に19年8月に米国は正式にINF条約を破棄した。こうして世界の核兵器の9割を握る米ロ両国だが、21年の新START条約の失効によりこれまでの米ロ中心となった軍備管理軍縮交渉は行き詰まった。他方そのINF条約撤廃は中国の中距離核兵器、北朝鮮などの進まない非核化など喫緊の核問題でも「多極化」する核をめぐる状況での対応とならざるをえない。

プーチンは2018年3月1日の年次教書演説の前半を核ミサイルなど対米戦略問題にあて、米中ロの間の戦略的安定問題を俎上に載せようとした。ちなみに後半はそのまま大統領選挙用であった。年末の次世代型超音速ミサイル・アバンガルドの実験成功は、米中ロ間でのますます激しくなる核ミサイル開発競争、特に米国のミサイル防衛網へのロシアの攻撃能力向上を意図している。米ロがその戦略的利益を争う領域は、そのほかにもNATOヨーロッパ正面、中近東、そして北極・東アジアなどがある。インド太平洋もそのような枠内に入りはじめた。

このうちウクライナ問題についてはふれた。東西関係の緊張は、18年10〜11月にNATOがバルト海で大規模軍事演習をおこなったことでいっそう高まった。

EUは難民問題や英国のブレグジットなどでますます分解の色を濃くしている。スクリパリ事件などで英国は反ロシア的傾向を強めている、とみるロシアだが、ブレグジットで英国経済の崩壊に向かえばロシアも無傷ではいられない。また2021年で引退となるドイツのメルケル政権も、国内での抵抗運動に悩むフランスのマクロン政権の現状をみても、独仏を中心とする新たな安全保障の枠組みを制度化する余裕はなさそうである。五つ星運動などポピュリズムの潮流が権力中枢を握りしめたイタリア、あるいは強硬な反移民派のハンガリー、オルバーン・ビクトル（1963―）政権など東欧などでもますます自己中心的ポピュリズムがはびこっている。

中東は、米国の関与政策の自壊もあってロシアが得点を重ねた分野となった。プーチン大統領は2015年9月の国連総会で演説し、「ヤルタⅡ」という名目で反テロ介入をシリアに対しておこなった。このことはロシアが旧ソ連以外の地域に冷戦後はじめて軍事介入した面で見逃せない。このこともあってIS（イスラム国）は敗北したが、そのことは「アラブの春」以降の欧米の批判や反政府勢力の台頭で追い込まれていたアサド政権の復権を促した。ロシアのこの面での盟友、シーア派のイランもまた協力した。アサド政権はこうして事実上内戦で勝利し、ロシアは中東で影響力を回復した。もっともシリアでは18年2月にはプーチンの友人エフゲニー・プリゴージン（1961―）の民間軍事組織を使って介入したが、敗北を喫したともいわれる。彼は米国の中間選挙に関与したともいわれる。それでもロシアがシリア和平プロセスに関与することにより立場は強まった。

なかでもサウジアラビアは、世界最大の産油国となった米国がますます価格決定力を持つ傾向に対し、対ロ関係を改善した。トルコのサウジアラビア総領事館内でジャーナリストのジャマル・カショギが殺害された事件に関連して、ロシアはサウジアラビアのムハンマド皇太子を擁護する姿勢を示したが、このことはプーチンが進めたヤマル・ネネツでのLNGプロジェクト「北極2」に対するサウジアラビアの関心を強めた。そのトルコのエルドアン政権もプーチン政権との関係は悪くない。イスラエルのネタニヤフ政権は、19年5月の対独戦勝記念日をロシアとともに祝う関係である。イスラエルの戦勝記念日もこの日だからである。１９４８年のイスラエル建国にはスターリンとチェコスロバキア共産党が関与したという歴史的経緯は知られていないが事実である。つまり、中東では従来の親米派も反米派もともにプーチン政権との関係改善を図っている。

対中関係もロシアの東方シフトを通じた関与が進んだ領域の一つであり、対米牽制もかねて重点が置かれた。ロシアは外貨準備での人民元の比重を２０１８年半ば以来高めており、ドル離れ経済を進めようとしている。もっとも中国が「一帯一路」でもって西側との覇権変動を求めることになるとロシアはその地位を懸念せざるをえなくなる。北極海ルートをめぐって中国のいう「氷のシルクロード」が争点ともなった。その事情がロシアの対日関係安定化への刺激となっている。またこのこともあってベトナムやインドなど中国周辺諸国との関係改善を同時に深めている。

特に欧米との関係の悪化、そして中国やインドの台頭という地政学的な多極化は、核を中心とする安全保障環境を難しい状況に置いている。特に２０１８年11月のブエノスアイレスのG20ではインド、中国とロシアとの３国首脳会談をプーチン大統領の提唱で作り、やや形骸化したＢＲＩＣＳに代わるメカニズムができた。もっとも１９９５年のプリマコフ構想のときと違って、ロシアの経済力は遥かに劣る。

もっとも北朝鮮との関係は、この間シンガポール宣言にみられる米朝関係の進展を踏まえたラブロフ外相の平壌訪問などを通じ、プーチン政権は金正恩委員長の訪ロを要請した結果、２０１９年4月にようやく極東訪問が実現した。この点は中国の習近平政権が3度にわたる金正恩の訪中を実現していることと著しい対照となっている。

なかでもプーチンが改善を期待しているアジアのフロンティアは、2019年の1月で25回目の会見を迎えた日本の安倍政権との関係であった。お互いの交流年であった18年、安倍総理大臣は平和条約交渉の進展に意欲を燃やし、5月のサンクトペテルブルク経済フォーラムで、北極海開発を軸とした日ロ新時代への期待を示した。お互い最後の任期がみえてきた9月には、プーチンは前提なき平和条約締結を東方経済フォーラムで、しかも習近平を間に挟んでやりとりした。安倍総理は11月のシンガポールで、1956年の日ソ共同宣言を交渉のベースとして扱うという政策転換をはかり、12月にはお互い両国外相を平和条約交渉の最高責任者とする交渉メカニズムを創出した。プーチンは2000年に1956年共同宣言での平和条約を示唆したが、こうして日ロ両者は19年かかってこの合意にこぎ着けたことになる。日ロ平和条約とは文字どおり連合国と日本との講和条約交渉の最終章である。しかし米ロ関係が冷戦後最悪の状況で日ロ関係だけが進展することはなかった。

政治改革の文脈

こうした事情もあって中心的課題となっているのは内政、2000年に発足し、08~12年のメドベージェフ大統領とのタンデム期を含め、通算20年を迎えたプーチン権力のこれまでの成果、そして20年に入ってにわかに本格化した政治改革の行方であろう。その中心にあるのは、19年末に大統領自身が提起した憲法改正であって、現行1993年憲法のもと、大統領権限をそれまで連続二期としていた条項を厳格に二期に限定する改正案を提起した、あるいは少なくとも当初そう思われた。[67]

大統領就任時プーチンは、それまでのエリツィン政治を支えてきた新興財閥（オリガルフ）やシロビキと呼ばれる治安関係者を含む政治勢力間の均衡に支えられて発足した。しかし、2003年のユーコス社のホドルコフスキー事件などを通じてその政治力を高め、特に12年3月の再選以降はプーチン個人のロシアの政治経済への影響力がいっそう増してきた。なかでも14年のクリミア併合後、一方で対外的にはG7から除名と制裁を課されたものの、国内ではプーチン人気が高まり、彼への「愛国的」支持が8割を超えた。もっとも18年5月から発足した第四期大統領のもとでは、原油価格の低落などもあって支持率の低下、年金改革や地方での抗議活動の活発化がみえはじめるなか、19年末の国民との対話で憲法改正に言及した。

これと同時に2008年以降大統領とのタンデム体制を支えてきたメドベージェフ首相は20年1月15日突如解任され、閣僚会議（内閣）は総辞職に追い込まれた。メドベージェフ自身は、首相のいない米国大統領制をモデルにした改革案を提案したという説もあるが、前日まで自己の運命も知らなかったという（V/15/01/20）。もっとも18年に首相に再任されて以降のメドベージェフ内閣の記録は芳しいものではなかった。彼のいわばライバルでもある会計検査院のクドリンは、ナショナル・プロジェクトがわずか5割しか遂行しなかったと明らかにしている。[68] 経済成長は1・3パーセントに下がり、なによりも不評な年金改革と付加価値税増税で国民的不満の標的となっていた。ナバリヌィのような反対派は動画で彼の「腐敗」を暴露した。こうしたこともあって、メドベージェフとプーチンの逆タンデムを含む08年からの関係は12年続いたものの、20年はじめに終了した。メドベージェフには安全保障会議副議長という新しい職務があてがわれ、また依然として統一ロシア党の党首であるが、後継説は最終的に消えた。

こうして2024年の任期を遥か前にして、プーチンは、年末に示唆した大統領の任期を厳格に二期とするという考えを年明けの大統領教書演説（1月15日）でもって具体化した。同時に、メドベージェフに代わる新首相として、無名の税務官僚であったミハイル・ミシュスチン（1966―）を指名した。ミシュスチンは1966年モスクワ生まれ、機械製造大学を出て、コンピュータの仕事に就いたこともあるが、98年に国家租税局補佐官を経て2010年にこの租税部門のトップとなる。当時彼を監督していたのがクドリン副首相、現会計検査院長である。ソビャーニン首相説もあったといわれるが真偽は不明である。[69] ちなみにソビャーニンの政治的比重は、新型コロナウイルス危機での20年4月のモスクワのロックダウンもあり高まった。組閣を急ぐと同時に、また上院議会のアンドレイ・クリシャスら75名からなる憲法改正提案準備委員会を発足（1月15日）、憲法改正案を下院に提出（同20日）、と矢継ぎ早の動きに出た。

ちなみにこの提案はエリツィンによって制定されたフランス型の1993年憲法に代わる新憲法制定への動きではない。つまり現行憲法の序章や第1、2章といった基本原則の再検討（第135条2項）を含む転換ではなく、第136条にいう修正手続きによる枠内での改正であった。ただし前者の要件である全人民的投票をおこなったことで、またロシアの保守思想を盛り込んだことで内容的には新たな質を持つことになることは、後述する。

その当初の改正案の骨子は、

―大統領任期を厳格に二期に限定する。
―それまで諮問機関であった国家評議会を憲法で規定する。
―大統領は下院が承認した首相候補を任命する。
といった内容である。

この憲法改正の当初案は、大統領共和国としてのこれまでのロシア連邦の国制を、議院内閣制のような議会制に近づけるようにも思えた。しかしプーチンは「二重権力」は認めない、大統領を超える職務を作ることはないと大統領共和国の変更は意図していない、と答えている。[70] 興味深いのは、もともと帝政期に起源を有する国家評議会である。２０００年にプーチンが諮問機関として知事との政策協議に使ってきた機関を格上げし、憲法上にも明確化するという。

これがはたして彼が公言した２０２４年の任期を踏まえたポスト・プーチンをにらんだ動きなのか、それともより権力の個人化傾向を強めるようなプーチン権力の延命措置にすぎないのかが、いまや国内でも国際的にも議論の対象となっている。はたしてプーチン大統領は24年の大統領任期を前に、どのようなロシア政治の将来展望を描けるのかを考察する必要が出てきている。

いうまでもなくポスト・プーチンも絡む憲法改正問題は、単に政治家個人の命運にとどまらず、21世紀にロシアで形成された政治・経済の諸制度、特に権力と所有のあり方全体が絡む。つまり権力と所有との二つの現象が分離されている西側の社会とは異なって、ロシアでは両者の関係が最近まで交錯し、政治権力のあり方によって所有関係は大きく左右されてきた経緯があるからである。

このことはプーチン自身の個人史をたどるだけでもわかる。スターリン独裁の最晩年である１９５

2年生まれのプーチンはブレジネフ時代の75年にレニングラード大学法学部を卒業、KGBの情報将校として東独に勤務した。その当時の国営化された経済の担い手は実体面には共産党官僚であった。つまり政治権力と経済権力とは収斂《しゅうれん》し運営されてきた。85年以後のゴルバチョフ期になって共産党の改革と経済の自由化も絡みあって所有の多元化、つまり事実上の市場経済がはじまった。プーチンが恩師ソプチャーク市長のもとで国際担当副市長となったソ連崩壊後は、エリツィン大統領のもと国有資産の民営化が、中央権力の衰退と腐敗も相まって非合法、犯罪的な方法を含むやり方で遂行された。エネルギー企業など国有資産が「大安売り」され、不満を呼び起こした。国家が民営化の過程で作ったオリガルフという新興財閥がこの流れに乗じ、優良エネルギー企業などをしばしば私物化した。

プーチンは周知のように2000年大統領選挙において「主権」強化の名のもとに中央国家の権力の強化を訴え、実際市場経済における国家の役割を、エネルギーなど戦略的分野を中心に大きく強化したという経緯がある。なかでもプーチンの最初の権力掌握の課題は、エリツィン末期の政商（オリガルフ）の政界からの追放であった。プーチン擁立に貢献しながら英国に逃れたベレゾフスキー事件が有名である。なかでも03年、ホドルコフスキーが所有した民間エネルギー企業であるユーコス社を再国有化した事件の帰趨こそ、前期のプーチン内政と経済双方に関わる最大の事件となった。プーチン大統領はオリガルフの政界進出を禁じたが、ホドルコフスキーは政界進出による「強い首相」を目指した。このためプーチンとの衝突となった。この闘争で勝利した結果、プーチンやセルゲイ・イワノフのような治安機関出身者の指導者によって戦略的部門が再国有化された。解体されたユーコス社の子会社などはロスネフチ社に再編され、そのトップとなったのはKGB出身でプーチンの盟友といわれたセーチンであったことはプーチン政治のその後の軌跡を左右した。その意味でプーチン大統領の今回の憲法改正の動きは、したがって単に政治権力の再配分だけでなく、今後の所有と経済のあり方をも大きく左右する。

このことは同時にロシア政治の世代論とも重なる。ソ連崩壊以降に顕著となった政治・経済の主要な担い手は、1952年生まれでソ連崩壊時にほぼ40歳前後であったプーチンと同世代か、やや上の世代が多いからでもある。

実際政界ではロシア共産党のジュガーノフこそ2018年大統領選挙には出なかったものの依然として党首である。自由民主党ジリノフスキーや公正ロシア党のミローノフ、野党ヤブロコのヤブリンスキーたちは、プーチン政権以前どころか、ミローノフ以外はソ連末期から、しばしば30年以上も現職であり続けてきた。経済面でもオリガルフの指導層もすでに70歳前後に達し、その交代期が迫っている。悪名高かった「民営化」のチャンピオンの一人であったガスプロム社のアリシェル・ウスマノフ（1953―）やルクオイルのアレクペロフ、システマ社のエフトシェンコフ、軍需産業ロステフ社で今回の政治改革にも発言したチェメゾフらはいずれも70歳前後である。とりわけプーチン体制を直接支えるクレムリンのいわゆるシロビキ、つまり安全保障会議の中心的成員はFSBのボルトニコフ、パトルシェフ書記、あるいは外相ラブロフを含め戦後生まれであるが、彼らがソ連崩壊前後に作り上げた制度がはらむ問題が大きく絡む。

ちなみに次の世代への移行という意味では、パトルシェフの息子ニコライが早くも2018年から30代で農業大臣となっている。プーチンは19年大統領教書演説でも「40歳」以下への世代交代の重要性を強調、実際ミシュスチン新政府の経済閣僚は40歳以下が３名から７名に増えている（V/21/01/20）。ソ連期にもシィンキ（権力者の息子）といった伝統はブレジネフ期に顕著になりはじめたが、子弟の権力継承という新しい伝統がロシアでも出はじめたともいえる。

同時にプーチン体制は、その権威主義的性向と低い国家統治の統制の度合いもあって、政治経済エリートの理念や利害の対立を先鋭化させるよりも、和解と囲い込みを急いだ。「体制外野党」の指導者ナバリヌィをのぞけば、プーチンは反対派等をも抱え込むことで対立を回避する策をとってきたと政治学者のゲリマンは指摘している。[71] たしかにプーチン体制の政治犯だったホドルコフスキーをのぞけばプーチンは実は対オリガルフを含めソフトで「寛容」なのである。

プーチン大統領は政権発足時の「ミレニアム」論文などで21世紀ロシアの課題をあげた。それは20世紀末にロシアの当面していた「民主化と市場経済」の名のもとでの混乱と放埒《ほうらつ》に対し国家再建の必要、主権の回復を綱領とした。欧米の支援を背景としたエリツィン流の自由化はまた１９９８年の経済危機を伴った。事実ロシア連邦の人口は、ソ連崩壊時の92年に１億４８６６万人であったが、２０００年には１億４６３０万と２００万減となった。ロシアの外貨準備高は20世紀末には１２３億ドル程度、経済規模も米国の10分の１、そして急速に台頭する中国の５分の１程度に零落していた。

その意味ではプーチン体制発足時と比較して20年後のロシア連邦は、その後のエネルギー価格高騰にも支えられ、外貨準備高はいまや５４００億ドルを超え、[72] 人口も２００６年まで６００万近くも減少したものの、20年教書が誇示するように１億４７００万人とソ連崩壊時の水準に回復、平均寿命も20年間で73歳と８歳は伸びた。もっとも徴兵適齢期の人口はむしろ減少していることが軍などの不満を呼び起こしている。

中央権力はいまや過度なまでに地方や共和国を統制している。なかでもチェチェン独立派のカディロフ体制はいまやプーチン戦略の度を越した支援者として東ウクライナなどでクレムリンの尖兵を務めてきた。経済的にもこの間のリーマン・ショックやシェール革命などによる原油価格の低落などを考えてもその成果は明らかであろう。とりわけプーチン体制下でのリベラル派の顧問クドリンも指摘するように、変動激しい原油価格を国家安定化基金、２００８年からは福祉基金・準備基金にプールする形でその安定化を図ったことは、プーチンの功績となったといえよう。しかしそれは14年のウクライナ危機と原油価格の低下によって、20年には、新型コロナウイルス危機がなくとも１９９０年代の水準に逆戻りである。

憲法改正への底流

なかでもこのような微妙な立場のなかで一大転機となったのは２０１４年2月のウクライナ危機と翌月のクリミア併合である。このやや唐突な政治指導でロシアが支払った代価もまた明らかであろう。民主化は後退、リベラル的傾向から離れ、いっそう権威主義的で国家主義的となった。その傾向は翌年のシリアへの介入、オバマ政権との対立の激化によって加速され、保守愛国主義が強まった。その分西側からの投資は激減した。米国で17年に共和党のトランプ政権が生まれたが、結局米ロ関係は低迷が深まり、プーチン自身が18年に再選された後もこの傾向はより強化されている。この反面で特に

「東方シフト」、中国の習近平体制との接近が強化され、準同盟的関係にいたった。

このような傾向をイデオロギー的に正当化する傾向も強まった。プーチン体制のイデオローグだったスルコフは２０１９年の論文でロシアのヨーロッパ世界からの「百年の孤独」を指摘した(NG/11/02/19)。19年10月のバルダイ会議ではじめて西側参加者の多くを排して「東洋、非西欧」としてのロシアをめぐる会議が開催され、ロシアの東方シフトを印象づけた。この「非西欧(nezapad)」という言葉が学術面でも使われだした。政治分析家スタノバヤは、19年半ばプーチンが英国の『フィナンシャル・タイムズ』紙においておこなった「リベラルの考え」がいまや時代遅れになったという発言を20年代プーチン政治の方向提示とみている。[73] 事実、19年人権オンブズマンに責任ある「市民社会と人権」評議会議長には、リベラル派のミハイル・フェドトフ（１９４９―）に代わって、『エクスペルト』の編集長だったファデーエフ（１９６０―）を大統領補佐官兼務で任命した。[74] もっとも彼はメドベージェフに近かったジャーナリストである。コロナウイルス危機のさなかプーチンはロシアが独自の「文明」であるとも強調しだした。[75]

欧米政府からの制裁にもかかわらずウクライナ危機から4年ほどは、プーチンは対内的に8割を優に超える圧倒的愛国的支持を得た。もっともこのような「愛国」票は２０１８年3月の大統領選挙時までに消え、現在は6割程度の支持となっている。この選挙で投票率7割、支持率7割といった目標値を大統領府は狙ったが、おおむねこの枠内での支持を得た。その後年金問題の浮上や地方での抵抗票が一定程度出たことによって、プーチン大統領個人を含む政権への支持率は世論調査機関の性格にもよるが、おおむね6割程度に減退してきた。

このような変化を呼び起こした直接の理由は判然としないが、2018年の首長選挙では、極東を中心に与党が苦戦した。ウラジオストク、ハバロフスクでは現職が落選、代わって野党が知事を握った。19年秋の選挙では、もともと野党系が強いモスクワを中心に野党の善戦が目立った。サハリン州知事選挙では、ロスアトム系のバレリー・リマレンコ（1960―）支持のためメドベージェフ首相を国後に送って愛国選挙を試み、得票率56パーセントの結果で辛勝した。

また社会的プロテストも近年増加傾向にあった。2018年夏からの年金問題が注目をあびた。同年のエカテリンブルクの教会建設阻止運動やアストラハンでのモスクワのゴミ排出に対する抵抗運動、さらにはバイカルでの中国系ペットボトル工場阻止などがみられた。コミ共和国では極北乱開発に抗議する環境保護運動に当局は神経をとがらせる。19年の2～6月のモスクワのNPO調査によれば88地方のうちプロテストがなかったのはわずか2州であったという。[76] このような事情が政治体制の再編成を促す要因になったと考えられる。

さらに世論の反発に追い打ちをかけたのは2019年5月の独立ニュースサイト、メドゥーザのジャーナリスト、イワン・ゴルノフが麻薬密売容疑で逮捕された事例である。このときリベラル系の新聞、『コメルサント』、『ベドモスチ』、そしてRBK紙が6月11日の共同社説で抗議、この結果、ゴルノフが釈放されたことをきっかけに政治体制をめぐる議論が出てきた。プーチン側近の軍産部門「ロステフ」のチェメゾフらまでもが8月19日にモスクワの抗議集会後「人々は怒っている」と政治改革を主張した。このシロビキの急進派は1985年からプーチンの友人であることが注目を引いた。事実彼は「人間的にいえばプーチンは憲法上もそれ以上職にとどまれない、別の職に移りたがっている」とも語った（RBK/16/9/19）。実はチェメゾフはプーチン批判派の『ノーバヤ・ガゼータ』紙や独立系メディアとの関係も悪くはなかった。

ポスト・プーチンをめぐる議論の契機となったのは、エリツィン大統領の娘婿で大統領府長官を務めたユマシェフの11月発言であった可能性がある。このときエリツィンからプーチンへの権力移行について、実は大統領候補ともなったプリマコフがプーチンを2度FSB長官から解任しようとしたという内部情報を明らかにした[77]。その意味では、プーチンとはもともと「西側」とオリガルフが作った政治家でもある。四半世紀前のNATO東方拡大という国際危機とオリガルフという民営化の鬼っ子をめぐる国内危機とがプーチンという政治家を作ったことがあらためて想起された。

憲法改革

このことが憲法改革への動きを加速した。なかでも2019年12月19日、恒例となっている国民との対話の集会で、大統領はロシア連邦憲法の改正の必要性を問うことについて言及した。現行連邦憲法はエリツィン時代の1993年に制定されたが、プーチンが当初示唆したことは新憲法制定ではなく、大統領任期を連続二期と規定している条項を撤廃することであった。

このことは、内外で二様の反応を呼び起こした。一つは24年に任期が切れるプーチンがその権力の延命を望んでいるというもの、これに対しもう一つの解釈は、むしろプーチンは実際には任期延長を望んでおらず誰か別人にこれを譲るつもりであるというものであった。後者の解釈のなかには、プーチンは、たとえばカザフスタン大統領ヌルスルタン・ナザルバエフ（１９４０―）のように、大統領職を譲っても実際の権力を手放すことはないという解釈と、そうではなく、プーチンが実際にも24年の任期満了とともに権力を手放すつもりであるとみる解釈とがあった。実際にカザフスタンでは、ソ連崩壊前から大統領を務めてきたナザルバエフが19年6月の選挙で大統領職を外相や上院議長であったカシムジョマルト・トカエフ（１９５３―）に譲ったものの、代わりに国家安全保障会議の終身議長として、院政を敷く新たな統治体制をとった。

年明けの２０２０年1月15日、プーチン大統領は教書演説で憲法改正を正式に提起した。その改正案の骨子は、①大統領任期を厳格に二期に限定する、②それまで諮問機関であった国家評議会を憲法で規定する、③大統領は下院が承認した首相候補を任命するなどといった内容である。

この決定と同時に２００８年以降大統領とのタンデム体制を支えてきたメドベージェフ首相が同日解任されたことは先述した。閣僚会議（内閣）は総辞職した。その後ミハイル・ミシュスチン新首相の内閣が任命・承認された。ちなみにこの唐突な人事を知っていたのは、プーチン最側近のバイノ大統領府長官とナルィシキン対外諜報庁長官の二人であったといわれる[78]。プーチンとはホッケー仲間で、徴税畑のミシュスチンの政府では若返りが特徴となった。メドベージェフ内閣では40歳未満の大臣は3名であったが、新政府は7名が30歳代である。

その後の憲法改正委員会や議会の審議では、婚姻を両性の結合としてとらえることでＬＧＢＴを禁じる正教会保守派の圧力や、領土の割譲を禁じることで日本との平和条約交渉を縛るといった修正提案が続いた。２０２０年2月はじめの「政治学者のノート」で、政治学者のミグラニャンは、24年以降の憲法体制について論及し、持論である強い権力による「純大統領」制による改革を訴えた。そこでは議会と政府の役割強化を訴えながら、この間に紛争が生じた場合プーチンが関与する可能性について、どの職権につくかはふれてない（E/6/20）。この間国際女性デーを前にした3月7日、プーチンはイワノボを訪れた。この都市はナポレオン戦争後移住してきたモスクワの古儀式派が育てた繊維工業の中心であり、1905年の日露戦争時にソビエトが発祥した拠点である。そこでプーチンは、国家評議会（ソビエト）についてふれ、二重権力は好ましくないとも述べた。もっともその女工と「花嫁の町」でもある都市を訪れた理由は、3月11日のロシア上下院の審議で、女性宇宙飛行士だったテレシコワ議員の提案を容易にする目的があったようだ。この会議で、彼女が提案して現行大統領の任期はカウントしないという修正案が通った。当初4月22日に予定されたがその後7月1日におこなわれた国民投票でこの案が採択されたことで、プーチン大統領はさらに二期16年、つまり36年までの大統領も憲法上は可能になる。

習近平と長期政権を争うようなこの提案であるが、アイデア自体は「主権民主主義」論などプーチン前期政権の戦略家だったスルコフが、ウクライナ担当補佐官を辞任した2月25日一部マスコミにしゃべった考えがヒントになる。彼は大統領権力はその内容が変わっている以上、任期もまた新たにカウントし直すべきだ、と発言した。彼の認識ではいまのロシアは単なる大統領制ではなく、超大統領制の統治システムとなったとして、この現実に即して新たに法的に定礎すべきだと語った。[79]

プーチン大統領本人は3月11日の趣旨説明のなかで、現在世界が急速に変わっていることを任期撤廃の理由としてあげた。事情変更の理由としてプーチンが世界の変容をあげたとき、当時中国だけでなく、イランからヨーロッパにいたったコロナウイルス危機があったかはわからない。この危機で4月22日の国民投票は延期された。この大統領任期のリセットの考えについてペスコフ報道官は、この案を現実に採択するかは多くの要因、とりわけ対外的要因が影響しているとも指摘している（V/11/3/20）。本当にプーチンが２０２４年の大統領選挙に出るのかについて意見は分かれている。世論も3月10日時点のレバダ・センターの分析では24年辞任説が44パーセント、これに対しそれ以降の長期政権支持が45パーセントとなっている（MT/10/3/20）。

これがはたして彼が公言した２０２４年の任期を踏まえたポスト・プーチンをにらんだ動きなのか、それとも「永遠のプーチン」（ツァイト紙）、つまり個人化傾向を強めるプーチン権力の延命措置に動くのかは、いまや国内でも国際的にも議論の対象となっている。今後のプーチン政治を占う最大の里程標となるのは21年9月に予定される議会選挙のあり方であると考えられたが、今回の憲法改正の日程が内政上の最大の課題となった。

同時に国民投票がなされることになったことは、世俗憲法（19条）でありながら修正案で「神」を登場させ、婚姻を聖書にならって「両性の結合」と書いた修正により、フランスをモデルとした93年エリツィン憲法を、ロシア的プーチン憲法に実質的に変更することの可否を国民的コンセンサスに格上げする目的があった。コロナ危機のさなか5月の対独戦勝75周年記念日を6月24日に変更したのもそうである。この日赤の広場で国防相ショイグはこの5年ほどの伝統になったが十字を切ってパレードをおこなった。

プーチンの今後の外交・安全保障政策

外交面でもプーチンは主権強化をキーワードに、特に2001年の9・11事件以降は米国ブッシュ政権との反テロでの共闘も目指した。しかし07年のミュンヘン演説以来次第に反米色を強め、14年のクリミア併合を期にG8から追放され、むしろ西欧批判と東方シフト・対中提携を強化している。

とりわけ主要なフロント・ラインとなったのは同じ正教国であるウクライナをめぐる欧米の関与とこれをめぐる対抗であって、これが2014年のロシアのクリミア併合とG8追放にいたる。このような展開が07年から本格化していたロシアの東方シフトを加速化し、戦略的パートナーを公言する中ロ関係の接近を招いた。

とりわけ習近平政権が「一帯一路」政策でその超大国への国際的戦略を明確にすると、プーチンは「大ユーラシア・パートナーシップ」との連携戦略を、特にトランプ政権との改善が進まないなかで深化させていく。この背景にある中国と米国の経済貿易戦争ではファーウェイ社の5GなどAI、ITをめぐるグローバル覇権にまで対立は深刻化した。2018年秋にはペンス米副大統領がこの米中対立を新冷戦と呼んで警戒心をあらわにしたが、この間プーチン政権は米国との軍備管理軍縮交渉が停滞するなか、対中関係改善を安全保障での準同盟的水準にまで高めようとした。このような世界大での米・中ロ関係の悪化を指して、「新冷戦」とか「第二次冷戦」という表現も提示されている。筆者自身は、イェール大学の冷戦研究者オッド・ウェスタド（1960—）と同様、この言葉の多用は現代世界の複雑さを単純化する過誤があると考える。そもそも中国には同盟国はない。ソ連崩壊後対立がもっとも先鋭化し、複雑化していることに疑いはない[80]。

米ロ関係悪化の遠因にはＮＡＴＯ東方拡大がウクライナにまで及ぶことで、クリミア併合にまでいたったことがあげられている。これには米国政治の国内政治も関係し、民主党系大統領がポーランド系カトリック票に過度に依存したことがロシア＝ウクライナ関係の緊張を国際化したという因果関係もある。そうでなくともウクライナとはポーランドからみた「辺境」の意味がある。２０１７年からの共和党トランプの大統領のもとで対ロ緊張緩和も期待されたが、共和党ももともと反ロシア的傾向が強く、機会は生かされなかった。18年7月のヘルシンキでの米ロ首脳会談ではトランプ大統領の記者会見のミス発言で成果がなくなった。年末のブエノスアイレスでの会談も、ウクライナ危機で首脳会談は流れ、19年6月の大阪での米ロ首脳会談もまた成果は乏しかった。

その原因でもあり、また結果でもあったのが核抑止をめぐる対立、特に２０１９年8月のＩＮＦ条約の米国による破棄であり、これら米ロ関係の悪化が中ロ関係の改善につながった。同年6月習近平主席が訪ロしたとき、戦略的パートナー関係をさらに高次化すると述べた。事実中ロは共同パトロールを朝鮮半島周辺でおこなった。これをとらえて、モスクワの高等経済院の中国専門家アレクセイ・マスロフ（１９６４—）教授は「中ロ軍事同盟」への動きが活発化していることで共同通信に対し注意を促した[81]。習近平政権の進める「一帯一路」とプーチンの「大ユーラシア・パートナーシップ」との連携がますます加速されている。12月にはイラン海軍が中ロとの軍事合同演習をおこなった。

これらプーチン大統領の対中傾斜は10月のバルダイ会議発言でも開示された。ここでは同会議史上はじめて「西側」との関係ではなく、アジア・中東という東方問題の議論に終始した。中ロ関係での同盟という発言も以前はタブーであったもののはじめて論及された。もっとも年末の発言では大統領は「軍事同盟」は結ばないとくぎを刺している。実際中ロ関係をめぐってはバルダイ会議発言で、早期警戒装置を中国に提供するなど軍事情報共有への意欲を示した。ショイグ国防相が北京郊外の香山で、中国が主導する安全保障関連会議に出席した。

もっともロシアの東方シフトが、そのまま中ロ同盟に連結していくというのはロシア外交への誤解であろう。とくに2019年9月の東方経済フォーラムではほぼ常連となった安倍首相やモンゴルのバトトルガ大統領と並んで、初めてインドのモディ首相が参加した。北朝鮮（李龍男副首相）、ベトナム（チン副首相）らも参加しだしたが、北朝鮮の定期化と並んで中国の最高首脳の欠席が目を引いた。同フォーラムには中国の「覇権」とは歴史的に対立してきた諸国も参加している。ロシアの対中戦略はちょうどロシアのEUとドイツの関係にも似て、中国周辺の諸国ともバランスを持っているところに面白さがある。ちなみに20年に米中ロの三角戦略関係の将来、とくに米中対立の激化について問われた東方シフトのイデオローグであるカラガノフ教授は、「ロシアは中国との間に『溝を掘る』ことはしない」が、インド、日本、ベトナム、韓国をはじめ、イラン、トルコ、エジプト、サウジアラビア、ASEAN諸国との関係を深める、と言っている[82]。

最重要な問題は対CIS、特に2014年危機以降の対ウクライナ関係であることはいうまでもない。19年4月の大統領選挙で現職のポロシェンコに大勝したゼレンスキー大統領は、すかさず議会選挙を敢行、夏までに議会多数派を形成し、憲法改正にまで踏み込むことで地位を高めた。14年以降のドンバスでの内戦に倦《う》んだ世論がこの俳優出身者を支持した。この問題をめぐる米ロの関係悪化を懸念する欧州、特にフランス大統領マクロンが8月、ロシアとウクライナの和解を画策、9月には捕虜交換を進め、また拿捕船舶を返還するなど信頼強化につながった。プーチン政権とロシアも慎重ながらゼレンスキー政権との信頼醸成措置で応じた。これは19年12月のパリでの4カ国会談となったが、東ウクライナの自立を求め連邦制を志向するプーチン・ロシアと、単一国家ウクライナにこだわるゼレンスキーとの間の溝はうまらなかった。ウクライナ国内では東西戦略引き離しに6割近い支持があるが、民族右派が強力に抵抗したためである。ウクライナ経済はゼレンスキーのもとで自由化基調になりつつある。ウクライナ問題での強硬派スルコフの20年の解任（2月）は、親ウクライナ系の経済学者アンダース・オスランド（1952―）も指摘するが、プーチンの地政学的変針の前兆かもしれない。[83] 実際ウクライナ問題でのスルコフの「新ロシア」政策への反対者であるコザクが憲法改正と同時に大統領府副長官に抜擢されたことは、19年12月パリ協定問題でのスルコフの失敗への対応であり、ひいては14年以来の東ウクライナへの関与政策を軌道修正する可能性があろう。スルコフ本人は正教オリガルフのマラフェーエフらとともに「ドンバス義勇軍」運動といった民族主義運動に傾斜してきた。20年のプーチン外交が対欧米政策で積極的になる可能性を裏づける。もっともキッシンジャー・アソシエイトのグラハムの指摘に同感するが、これをもってロシア・ウクライナ関係、米ロ関係が全面的改善に向かうというには多くの問題がありすぎるだろう。[84] 事実、ゼレンスキー大統領の最近の人事では安保担当書記らの人事で迷走している。

プーチンが欧米との関係で紛争をもたらしたのは、ロシアだけが問題であったわけではなく、中東での深まる危機もある。とりわけ懸念されるシリア問題では、プーチンは2019年10月はじめの恒例のバルダイ会議演説で、反テロを基調としたシリア作戦がアサド政権の回復によって終わったとその成果を誇示した。これには20年1月米国に爆殺されることになったスレイマニ司令官率いるイラン革命防衛隊とロシア側との政策協調が背景にあった。もっとも対ISが前面に出た15年からの局面が去り、17年に登場したトランプ政権が欧州の警告をよそに親イスラエル、対イラン強硬策に転じたころから、中東危機はより複雑な問題が出ていることも事実である。

ロシアが特に関係改善を図ったエルドアン・トルコとの関係も新しい次元である。特にリビア問題ではロシアとトルコの立場は異なったが、そのことはエネルギーのトルコ・ストリームなどでの露土協調を妨げるものではなかった。トルコが難民問題でEUと、そしてクルド問題で混乱した対応をする米国と対立を深めるなか、プーチンとエルドアン政権との関係はリビア問題などでの両者の確執にもかかわらず、2020年1月の首脳会談で安定化した。

サウジアラビアとロシアとの関係改善も、プーチン政権の新しい次元である。サルマン国王が2017年10月に史上はじめてモスクワを訪れて以降、19年10月にはプーチン大統領が12年ぶりにリヤドを訪問しているが、当然エネルギー問題やイラン問題の激化など安全保障が共通の話題となった。もっとも20年の新型コルナウイルス問題で、世界の油価が下がったことでこの関係は微妙となりはじめた。ロシア側からすれば生産調整による油価の維持というOPECの戦略は、受け入れがたい。ロシアとすればこの際ノルドストリームⅡに対する米国政界からの牽制に対し、シェール石油価格を低落することができるからだ。しかしサウジアラビアはあまりに安い油価では膨大な王族による豪奢な統治コストを支えきれなくなる。旧ソ連後期からロシアはＯＰＥＣの事実上の参加者でもあるだけに、サウジアラビアだけでなく米国との関係もこうして微妙となった。いずれにしても今後の油価は米ロそしてサウジアラビアの３者の関係いかんである。ガスやイランとの協調でサウジと微妙なカタールも対ロ関係は改善方向にある。

２０２０年1月に入っての中東和平問題でイスラエルのネタニヤフ政権寄りに転じている米国トランプ政権との対比で、プーチン政権の中東政策は、よりバランスをとろうとしているかにみえる。しかしイランとサウジアラビアとの宿年の対立やリビアをめぐるトルコとの関係など、そのことによってジレンマを抱え込む結果も見逃せない。

この間、米国のトランプ政権は２０２０年2月29日、タリバンとアフガニスタンからの撤兵を約した合意文書に署名した。19年にわたった米軍主導のアフガニスタン戦争は、18年夏には厭戦気分のトランプ政権の意向もあり政治解決が模索された。実はこの数年、親米派とみられがちのハーミド・カルザイ（１９５７─）アフガニスタン大統領は、ロシアのバルダイ会議の定期的な参加者となっているが、彼は紛争に軍事的解決はないと主張した。18年11月ラブロフ外相は、米国とタリバンなどアフガニスタン各派の国際会議を主導した。もともとアフガニスタン戦争に１９７９年に介入したソ連は、2週間の予定が10年かかったものの親ソ派政権を作る計画は敗北に終わった経緯がある。その後ソ連自体が崩壊した。セルゲイ・イワノフは２００１年米軍のアフガン戦争に警告したが、米ロとも多くの犠牲を出しながら何も生み出さなかった40年の無益な戦争ははたして本当に終わるのか。

日ロ関係の展望

日ロ関係については、安倍―プーチンの両者の任期中に平和条約を結ぶと約した2018年11月のシンガポールでの発言があった。しかしその合意は19年1月以降空回りする。18年9月のウラジオストク東方経済フォーラムで、即座に無条件で平和条約を結ぼうというプーチン提案について、安倍首相がそれまでの「4島の領有を確認」という従来の方針を一転、11月14日のシンガポールでの首脳会談で「1956年共同宣言を基礎に」という交渉方針を固めた。そしてそれを具体化するメカニズムを構築するという12月ブエノスアイレスでの日ロ首脳の合意もできた。しかしその内容は両外相がそれぞれの代表となるというものであった。安倍首相側の方針転換を予想できなかったロシア側をあわてさせたという事情があろう。安倍政権は『外交白書』などを通じそれまでの条約交渉の基礎とされた「北方領土」という言葉すら使用することをやめた。それでも2019年2月の北方領土の日の挨拶で安倍首相は、領土問題を解決して平和条約を結ぶという従来の方針を、平和条約を結んで領土問題を解決する、と順序を変えた。

もっとも2019年1月はじめの河野・ラブロフ外相会談で正式の平和条約交渉が開始されたものの、その前後から、ロシア国内、特に首都と極東の街頭で引き渡し反対運動が起きた。背景にはロシアのかかえるもう一つの国境問題、ケルチ海峡でのウクライナ危機をめぐる米ロ関係の緊張とブエノスアイレスのG20時の首脳会談中止という文脈もあった（Bolton: 466）。どうやら18年11月の56年日ソ共同宣言重視という安倍政権の交渉方針転換には、従来どおりの強硬策で臨むという方針が12月末には内部でとられたようである。[85]ロシアマスコミでの討論でも世論への気遣いか、批判的論調が目立った。このこともあり1月末のモスクワでの首脳会談から6月末の大阪G20首脳会談時も含め、首脳間レベルでの平和条約問題の突破はなかった。

２０１９年9月のウラジオストク経済フォーラムでもインドのナレンドラ・モディ（１９５０—）首相と並んで安倍総理大臣は主賓扱いであったものの、日ロ関係は膠着したままであった。この間安倍政権は内閣改造で、外相を河野太郎から茂木敏充に、また安全保障局長を外務次官だった谷内正太郎から警察官僚出身の北村滋に代えた。12月には茂木訪ロがセットされたが、第28回目の首脳会談の日程を決められないまま越年するという段階を迎えた。もっとも２０１９年末国民との討論でプーチン大統領は12年に対日改善のため使った「引き分け」という表現も利用したが、20年の戦勝75周年に招待されていた安倍総理は新年の国会での施政方針演説でプーチン大統領との合意を中心に、特に18年11月のシンガポールでの「１９５６年共同宣言を基礎に」平和条約交渉の加速を訴えた。

もっともその行方は予断を許さなかった。日ロ関係が膠着した理由の一端は、国際情勢、とりわけ米ロ関係の極端な悪化にある。この間ラブロフ外相が河野、茂木両外相に伝えたメッセージは、日米安保との関連である。「引き渡し」た領土に米軍基地ができ、ミサイルが配備される可能性という日本側への明確な否定的コミットである。もちろん北海道にも存在しない米軍基地を米軍がたとえば色丹島に配備する可能性は皆無である。しかしこのことでの米国側との明確な合意を安倍総理が持っているわけではないことが、ロシア側の懸念を深めた。

２０１９年の政治日程のなか、とりわけ米ロ関係が最悪ななか、そして地域や年金問題、そして固有の時事基盤が民族保守層に依存している事情を先にあげた。また中ロ関係が準軍事同盟的な性格を持ちはじめたことも、日ロ関係を現在動かすことを妨げている事情となっている。このようなプーチン体制の対日政策に国内で議論が続いている。有力な国際関係専門家には、日本が１９５６年宣言に政策転換したことを評価、日ロの平和条約を結ぶべきという考え方も存在している。なかでもモスクワ・カーネギー・センターのトレーニンはプーチンが２０１２年の再選後の12月に１９５６年の日ソ共同宣言を基礎にした両国の妥協に基づく解決を主張した大型論文を執筆した論客である。彼はこれを受け入れたシンガポールの安倍提案（56年共同宣言を基礎に）を２０１９年１月に『ベドモスチ』紙で高く評価した（V/21/1/19）。また19年5月にも次の大統領の外交関係課題として核を中心とした軍備管理・軍縮交渉の進展と並んで、日ロ平和条約締結という対日関係改善をあげている。

２０１９年８月にラブロフ外相はロシアの若者を相手にした日ロ関係にかんする講話で、１９５６年宣言の有効性を実施することを義務であると主張した。このため国内では、60年のグロムイコ発言により日ロ関係には領土問題はもはや存在しなくなったという『今週の論議』編集長のウグラノフから批判をあびた（AN/9/19）。２０２０年11月の米大統領選挙を見越して、国際関係全般を見直すべきだという考えは欧米のロシア政策関係者からも出ている。

その意味では日ロ関係の改善は、米ロ関係の進展と並んで憲法改正問題に収斂しはじめた２０２０年春以降のロシアの政治事情次第となっている。その憲法改正委員会ではロシア領土の割譲禁止を盛り込むことで北方領土問題を棚上げしようとした修正（俳優マシコフ）が提案されたが、プーチンは

2月26日の作業グループの発言で、領土割譲禁止は賛成だが、外務省が将来国境画定をすることを妨げないと述べた。ビャチェスラフ・ボロジン下院議長も3月の修正で、日ロ間にはまだ国際的国境画定がなされていないとして問題はこれに該当しないと発言した。日ロ間に国際的に確定した国境線はなく、模索が続いているという意味では、プーチン、ラブロフ、ビャチェスラフ・ボロジンらロシア首脳の意見は一致している、といえよう。

終わりに——コロナウイルス危機と憲法改正の行方

2019年末からプーチンが本格的に憲法改正問題に取り組みはじめたころ、同時にもう一つの、よりグローバルな脅威が迫りはじめていた。中国の武漢で発生した新型コロナウイルス危機である。出発点が「一帯一路」というユーラシアのランドブリッジ（陸上交通）の中心武漢であったことが象徴的であった。世界経済の最先端にはそぐわない野生動物の市場に感染源が潜んでいた。超大国としての「中国の夢」が一転、「中国発の悪夢」になった。西はイタリア、イランから東は、韓国と日本へと感染し、20年7月はじめの時点で危機は文字どおり世界大に広がり、なかでも最大の被害者は米国となった。ロシアも感染者数は3位である。習近平指導部が当初このグローバルな問題を黙殺しかかって、それをもはや隠しきれなくなったときあわてて対応を強めたのは明らかであった。中国共産党当局は、コロナウイルスの危機を克服しつつあると誇示しているが、同時に習近平が中心の党と対策をとる国務院の李克強政府との間にも亀裂があるようだ。

2020年3月11日、WHOはパンデミックを宣言、この危機は世界政治を決定するパラメーターとなった。当初この現象を武漢ウイルスと称して中国や東アジア固有の現象と考えたのは間違っていた。世界の対応で面白いのは、この間の対中認識が厳しかった周辺の地域、たとえばベトナム、香港や台湾でいち早く危機対策をとったことである。いま米国をはじめ世界中で聞かれるのは「壁」と「自国第一主義」とに閉じ込めたいトランプ流の孤立主義の潮流、日常生活では買いだめか引きこもりだ。ボーダーレスと考えられた国境線は入国禁止のオンパレードになり出した。なかでも4月はじめの時点の犠牲者を数えるとこのコロナウイルス危機はイタリア、スペインといった南欧諸国を痛打、それどころかいまや英米を中心に最大の犠牲者を巻き込む危機となっている。

当然それはロシア政治をも新たな試練にかけていた。中国での危機から、はやばやと国境閉鎖を実施、罹患者をシベリアに隔離した。しかし4月はじめで感染者が9割近く集中したモスクワ市が大きな問題となりだした。プーチンは4月2日、65歳以上の自宅滞在を強いる同市の封鎖に踏み切った。なかでもこの責任者に首相ではなく、モスクワ市長でプーチンの後継者候補としても名前のあがったソビャーニンが入っているのが注目された。

そこには二つの安全保障危機が関連する。この感染症というパラメーター転換は、基本的にはロシアの地方政治という次元も絡む。都市封鎖は基本的に大都市対策がかなめである。プーチンはこの憲法改革の一つの要素に国家評議会という基本的には連邦―地方自治に絡む制度を追求してきた。これがコロナウイルス以前の問題であって、ソ連的だった連邦制の改革というペレストロイカ末期からの憲法改革の流れ、そしてプーチン流の垂直的統制をどう履行するかの問いと絡む。

国家評議会の制度は、ロシアではもともと2世紀前のスペランスキー改革時から存在し、20世紀はじめ日露戦争で復活したものの、ロシア革命後は存在しなかった。その後プーチンが連邦会議、上院改革に関わる制度として2000年9月になって提起したという意味では3度目の改革である。もっとも20年の憲法レベルでの改革案としてははじめてとなる。国家評議会は基本的には85名の大統領・地方知事が中心で、大統領全権代表、政党代表なども加わった諮問会議であった。ここでもモスクワ市長が国家評議会の最も重要な人物であったことは間違いない。現に政治分析者ミンチェンコが新たに作成した「国家評議会Ⅱ」のリストでも彼はトップの存在である[86]。新型コロナ危機という新たなパラメーター転換からも新たに注目されているのがソビャーニンである。プーチンが2020年1月に首相候補にあげたともいわれるが、実際には3〜4月のコロナ危機を通じて脚光をあびだした。首都モスクワのロックダウンの担い手として危機対応にあたった。医療、福祉、環境、といった要因に加え石油・ガスといった西シベリアでの州知事であった経験が今後の危機管理レジームでは重要となろう。

コロナウイルスの感染拡大の結果、世界経済全体が突如リーマン危機以上の経済後退を経験しつつある。なかでもロシアにとって想定外であったのは、エネルギー危機の再発である。2020年4月段階には1990年代同様の1バレル20ドル台にまで低落した。もっともロシア財政は1バレル42ルーブリを最低の基準と考えている。そうでなくともソ連期からロシアは、米国とサウジアラビアとが協調して原油価格を大きく下げる「結託の悪夢」に悩まされてきた。現実に85年、米国のレーガン政権はこのとき増産によって原油価格を下げる戦略に入った。このことは、チェルノブイリというもう一つのエネルギー危機とも相まって、ペレストロイカからソ連崩壊、そしてロシアの零落に関係した。このトラウマはロシア・エリートの最大の関心であった。実際、ソ連末期のチェチェン危機からユーゴスラビア崩壊とコソボ独立、そしてソチ五輪とウクライナ危機にいたる潮流の陰に米国とサウジアラビアの蜜月があったことは否定できない。21世紀に入って特に2003年のイラク危機以降、世界政治経済の専門家の最大の関心の一つは「大中東構想」が世界のエネルギー価格に及ぼす影響であった。しかもその後の米国のシェール革命の成功とオバマ政権期の「パクス・アメリカーナ」の終焉を経てトランプは「自国第一主義」に転じた。このこともサウジアラビアとロシアとの和解的流れが加速していた。オバマ政権のイランとの和解政策は、ウクライナ制裁と相まって油価低落をもたらした。「米国第一」を掲げたトランプ政権成立はこの危機を回避する可能性をロシアにも与えたが、現実には制裁解除どころか、ノルドストリームⅡを含め制裁レジームが強まった。

しかし近年はロシアとサウジアラビアとが協調体制をとってきた。むしろコロナウイルス危機をきっかけに、米国とロシア、サウジアラビア3国間の協調が4月に出はじめたことが注目できる。プーチンは当初、シェールつぶしとノルドストリームへの米国の制裁への武器に低価格政策をとってきた。米国のシェール革命以降、米国が独占して価格を決定してきたこともあってむしろサウジアラビアとロシアの協調が目立ったが、いまや米ロそしてサウジアラビアの3者の協調という局面が現れはじめたことにも注目したい。２０１６年9月のバルダイ会議では低落してきた石油価格を念頭に、クドリンは1バレル40~60ドルがロシアにとって望ましいと語ったことがある。それ以下であれば、ロシアもサウジアラビアもともに経済的財政的に持たないということもまた事実である。ＯＰＥＣプラスはこの組織的表現でもあった。

こうした文脈のなかで憲法改正では3月の「テレシコワ修正」によってこれまでの大統領任期はカウントしなくなった。プーチン大統領はさらに二期16年、つまり最長２０３６年までということも論理的には可能になっている。大統領本人は趣旨説明のなかで、現在世界が急速に変わっていることを理由としてあげた。もちろん背景にあるのは4月22日に設定された国民投票を7月1日に延期させた新型コロナウイルスのグローバルな影響もあろう。

なかでもロシアでの議論の中心課題となるのは、2008年から12年にかけてのメドベージェフとのタンデム期を含め、通算20年を迎えたプーチン権力の意味と成果を現在どう理解するかであろう。19年末以降大統領自身が記者会見で提起した憲法改正案では、いわばプーチン権力の制約を中心とした議論であった。「連続二期」という現行規定を撤廃することを暗示していた。この起源についてはすでに指摘したように19年9月、プーチン側近のチェメゾフが憲法改革を主張したことの延長であることに注目したい。

本書の一つの主張は、プーチン政権の現在を生み出す対外的なきっかけとなったのはクリントン政権の進めたNATO東方拡大だったということである。とりわけ2008年ジョージア危機と14年ウクライナ危機の直接の原因は、08年4月NATOブカレスト首脳会議でウクライナとジョージアの参加の方向を米国主導で決めたことだった（Bolton; W.Hill）。この結果、ウクライナとジョージアをはじめ、親欧米勢力と親ロ勢力との分極化が人為的に加速化された。「バラ」や「オレンジ」にはじまった「革命」の色彩は暗転しだした。冷戦終結のときの共存から統合へのベクトルの代わりに、同盟と自己利益を利用する内外の政治家、イデオローグ、マスコミが、双方で勢いを強めた。

この事情と並んで対内的な理由となったのは1990年代の経済民営化の過程で生まれ、エリツィン末期に専横的権力を恣《ほしいまま》にしたボリス・ベレゾフスキーらオリガルフへの国民的な反発、違和感であった。このことがロシア・エリートのなかでシロビキ、治安関係者を含む政治勢力を押し上げ、その均衡に支えられてプーチン大統領は発足した。プーチン自身最初はこの勢力のいわば借り物の権力者にすぎなかった。したがって政治体制をめぐる論争は両者間のバランスの最大の論点であった。「強い大統領と弱い大統領」の相剋である。ユーコス社のホドルコフスキーは、98年のプリマコフ首相にならって議会の多数派からなる強い首相職を目指し、大統領制を改革しようとしていた。大統領プーチンは、2003年のユーコス事件でこの動きを封じオリガルフの活動を経済に専念させることで自己の政治的な安定度を高めた。

エネルギーや軍需産業など「戦略分野」はシロビキ主導で大統領の「垂直的権力」、つまり国家の役割が強化された。もっともこのことはロシアの憲法体制を支える政府と議会、知事たちを含む上院と下院、そして政党制をめぐる政治改革論議を偏頗《へんぱ》なものとした。ソ連期からのブレーン、アルバトフが最後の著作で、ロシア議会、特に上院が外交での民主化に何の役割も果たしていないといったのは2008年であった（Arbatov）。特に自立的共和国や北部、極東に多いエネルギー生産地では知事たちと大統領との闘争が続いた。チェチェン紛争というものはこの構図の先端的な表れでもあった。エネルギー価格の高騰もあって06〜07年には憲法改正によるプーチン三選論も一部にあった。事実地方知事たちは自らのロールモデルを三選期のプーチンに置きかけた。しかしタンデム時代は、政治制度、特に「弱い」大統領と「強い」首相、議会との関係を再設定した。あまりに強大になり始めたエネルギー・セクターとシロビキの結合を分断するメカニズムでもあったことに注目したい。

しかしタンデムによって統治体制におけるチェック・アンド・バランスを構造化しようとした楽観は悲観に変わる。なかでもこのタンデム体制を壊した対外的一因が、米国の「口の軽い」（マクフォール大使）バイデン副大統領だったことは、現在の状況を理解する鍵かもしれない。というのも20

11年にリビアのカダフィ体制が核放棄に動いたとき、同国で内戦が勃発、この危機対応でタンデムは判断が分かれた。このときモスクワを訪れたバイデンは、NATO空爆に賛成したメドベージェフは二期目もやるべきだと発言した（McFaul）。米国がロシアの「主権」を無視して内政干渉したという批判があり、プーチンは大統領を再度目指した。ロシアはワシントンの指示に従う「党州委員会」ではない、という声がバルダイ会議でも聞かれた。

その後のシリア紛争から2014年のウクライナ紛争にいたった過程はすでに知られている。米ロ関係は冷戦後最低となった。この間プーチンとオバマの信頼関係はほとんどなかった。それでもボルトン回想によればオバマはクリミア併合だけだったらウクライナ紛争は解決する予定だった（Bolton: 131）。しかしオバマは理由はわからないが硬化した。クリミア併合後、ロシアはG7から除名と制裁を科されたが、国内では「クリミアを取り戻した」プーチン人気が逆に高まり、彼への「愛国的」支持が8割を超えた。

トランプ共和党政権になって一部で米ロ関係緩和の動きもなくはなかったが、いまはいっそう悪化している。2020年11月の大統領選挙を前に、米国の世論は一方で対ロ関係改善を図り危機感を深める米ロ間での核軍拡を押しとどめようとする傾向と、他方でNATO強化といった封じ込め的な性格が拮抗しているようにもみえる。R・ブラックウィル大使のようなキッシンジャー系論客が対中牽制もあってNATO拡大停止を主張すれば、民主党ネオコン系はヌーランド大使のように制裁解除はちらつかせながらもNATO西部国境にハイテク兵器の恒久基地配備を主張している（Foreign Affairs/07-08/20）。鍵となるのはウクライナ情勢であるが、ゼレンスキー大統領の人気はやや低下する一方、対ロ関係改善を図り、従来の路線を乗り越えようとする考えもみえ隠れする。こうして18年5月から発足した第四期プーチン大統領のもとでは、原油価格の低落などもあって支持率の低下、年金改革での抗議活動の活発化がみえはじめるなか、19年末の国民との対話で憲法改正に言及したことになる。

その国民投票はコロナ危機で遅れ2020年7月1日に実施された。実際には6月25日から期限前投票が実施され、5割以上が事前に投票を済ませた。またモスクワなど一部では電子投票も実施された。その結果は7月4日に公式に発表されたが、投票率69・97パーセント、賛成77・92パーセント、反対21・27パーセントと、18年のプーチン四選時を上回る支持率となった。モスクワの37・7パーセントのように大都市では反対票が4割近くあったところもあるし、ネネツ自治管区のように反対票のほうが多かった地域もあった。総じていえば地域紛争のあったコミや自立的なサハ共和国など東シベリア、極東で批判票が多かった。それでもチェチェンなどイスラム系共和国をはじめプーチン改正に「圧倒的な」支持が寄せられた。

この2020年憲法改正は形式的には1993年12月のフランス型大統領制をモデルにした現行憲法を基礎にした改正であるという意味では、プーチン憲法ということはできない。事実9章137条からなる93年憲法の前半部、つまり1章の憲法原則、2章の権利と自由ではまったく修正がない。修正は主として大統領の任期や権限、統治体制に関わる。そこではプーチン体制後期の保守的「コンセンサス」を色濃く反映するものとなった。

第一に、大統領の任期と権限にかんしてはすでに指摘されたが、現行大統領も含め続投が二期可能となった。これと引き換えに首相と議会との権限が拡大した。大統領は首相の任命には議会の同意が必要となった。この規定の背景には、「強い大統領」と「弱い大統領」、「強い首相（と議会）」と「弱い首相（と弱い議会）」をめぐるサイクルを繰り返してきた1993年憲法以来のロシア政治史のダイナミクスが反映されている。とりわけ98年8月危機のときにエリツィンがチェルノムィルジン首相再任を強行して失敗し、プリマコフ首相に代わったこと以来の権力の分立をめぐる、大統領と首相、オリガルフ、地方勢力といった政治過程を念頭に置いている、とみるべきである。プーチン時代を含めたロシア史は独裁と警察国家の歴史であるといった単純で歪曲された表象では、一部の真実はあるとしても、この複雑な動態は理解できない。

プーチンが再度大統領選に出ることを妨げないという規定について、憲法改正委員会のクリシャス委員長は、これを提案した3月11日の「テレシコワ修正」が政治体制の「安定」に必要であると指摘した。2020年1月15日にメドベージェフ首相解任で新方針がプーチンによって提起されたとき、大統領の権限が制約するものとして提起されたはずの今回の議論が、3月までの改正論議、特に「テレシコワ修正」によって、むしろ現職大統領の任期をカウントしないという案に変わった理由はまだ判然としない。この間この委員会に影響を与えうる論客はミグラニャンも、あるいは2月に公職を退いたスルコフも直接大統領の任期の延長論をいったことは事実であるが。

大統領の任期延長につながる議論として政治分析家のスタノバヤは、今回の国民投票とは現実の権力の「移行」の議論を先送りにしたという説を述べている（MT/1/07/20）。つまり、メドベージェフが後継たりうるというタンデム体制が終わり、ミシュスチンの首相任命や、この直後のコロナ危機でモスクワ市長ソビャーニンの評判が急に高まったことから、プーチン周辺のオリガルフや政界で「後継者」をめぐる動きがにわかに高まりはじめたことを冷やす効果を狙った、といっている。一見逆説的議論に思われるが、これはエリツィンがプーチンを後継指名するまでの過程を描いた本書第1章をお読みになった読者には納得いく議論であろう。どのような権力者も後継者論議を嫌うのは別に不思議ではないが、特に新旧のオリガルフ、各官庁などの勢力争いが絶えない21世紀ロシア政治ではありうる議論である。つまりプーチンは今回は「決めない」ことを決めたのである。

事実コロナ対策のチャンピオンだったソビャーニン市長をめぐって、経済優先のプーチンとの齟齬《そご》も報じられている（Mezuza/28/06/20）。もっともプーチンはコロナ後の２０２４年以降どうするかは何も決めていないと述べるのみである。従来上院との関係が不明確で規定のなかった国家評議会がはじめて規定されたが、もっともその内容は法で定めるとだけ決まった。

もっとも他方で、政治家や公務員の要件として、国内居住の履歴制限とか、海外口座開設の禁止といった条件は、「カラー革命」への恐れもあって、厳格にしたものである。市民は二重国籍は可能だが、公職にはロシア市民権保持者しかなれない。大統領候補になるには最低25年ロシアに住んでいることが条件になった。また今回の改正で上院である連邦院の規定が改正され、成立以来変化のあった地方主体の二人の立法と執行代表者という性格に加えて、新たに上院議員（セナートル）の規定ができ、これには終身上院議員の規定が入った。ジリノフスキーら野党の提案といわれるが、30名となる上院議員の例として大統領経験者も含まれることになった（95条）。したがってプーチン、メドベージェフは終身上院議員となることが可能である。ロシアの大統領は今後やめても再就職先は多いが、国家評議会同様、本格的な制度として定着するかは先の議論であろう。

第二に、この国民投票を通じてロシア保守主義的なコンセンサス作りが顕著である。1993年憲法の第14条では世俗国家ロシアという考えが規定されたが、今回は67条で「神（単数―筆者注）への信仰」が付加された。これは『エクスペルト』誌の分析ではキリル総主教の考えが反映されたという（E/26/20）。ちなみに憲法で神に言及している国には、ドイツ連邦やポーランド、カナダ、ウクライナなどの例がある。無神論国家だったソ連からロシアになり、「非世俗化」が進行していることが背景にある。同様に聖書の表現である「婚姻は男女の結合」が、下院議長ボロジンも賛成して72条に書き込まれた。欧米のLGBT支持派に対してキリスト教文明をロシアは守るというメッセージにつながるからでもある。またロシア語は「国語」というこれまでの表現に「国家形成民族」の言語という形容詞が入ったが（68条）、言語上での「社会的、人種的、民族的、宗教的、言語的」優位の宣伝の禁止という29条の規定との整合性は議論が出そうである。また年金や福祉、そしてなによりもコロナ問題で重要となっている「医療」といった問題をより前面に打ち出したことも重要であろう。

第三は、領土保全と関係して、改正委員会で付加された領土割譲の禁止（67条2・2・1）という人気俳優マシコフ委員による「愛国的議論」である。マシコフはこの提案時、極東やカリーニングラードを回ってこの自国の領土を譲り渡すことを禁ずる案を提起した。しかしこの案は修正段階で但し書きがつき、「近隣諸国との国境の分界、画定、再画定については例外」と規定した。実際ロシア外務省や議会の要人からは日本との関係をこの例外規定でみる証言が出てきた。1993年の国境法もそうであるが、実は日ロ間での国際法的に規定され合意された国境が存在しない以上、ロシアは「北方領土」を自国の領土であるとは対外的には一義的には主張できない。これは日本側も同様であるが。こうして依然として日ロは「国際国境線」をめぐる「平和条約」について長い論議を重ねているのである。なお8月28日、安倍総理の辞任がなされたが、31日のプーチン大統領との電話会談では「二人の間の合意」を含めた平和条約交渉の継続を確認したと日本側は発表した。ロシア大統領府ホームページは「善隣関係強化」と言っている。矛盾はないが、温度差は明らかだ。

もっともいまの段階で24年のプーチンとロシア政治を予想することは、新型コロナウイルス危機後の世界を想像するようなものであろう。先のスタノバヤの逆説的な表現を借りれば、プーチンは保守的にして安定志向の世論のコンセンサスを方向づけたうえで、後継者問題をいまは決めないということを決めたのである。「我々は後継者探しで時間を空費できない」と6月23日のテレビでプーチンは語った[87]。

本書を書き終えた時点でいえることは、①プーチンの「後継」問題は、前任者のエリツィンが1994年にネムツォフ知事と会って以降後継を内部でひそかに論じてから5年の月日を要した。このことを考えれば、コロナ危機とエネルギー価格の低下といった情勢のもとでポスト・プーチンをめぐる2024年以降36年までの予想をすることは不可能で、憶測でしかないこと、②ほかの政治社会とは異なって、ロシアでは20世紀の革命期からソ連崩壊を含め、「権力と所有」という問題は相互に絡みがちであること、したがってロシア政治の理解には単なる政治予測を超えた国家と社会、ことに経済の関係、「神」を含めた文明的な尺度の理解が求められること、であろう。

クレムリンを動かした主要な要因とは、1970年代から現在までは主として安全保障とエネルギーであったが、それ以前は核開発を含む工業化、そしてその原資となる農業と穀物調達をめぐる対立であった。80年代からは宗教や民主化も課題であった。政治家の課題も彼らの闘争もまたこのような時代の要請に応じた。20世紀にはしばしば極端な「非常措置」が収容所まで動員して繰り広げられてきた。ソ連共産党とは決して「政党」ではなく、国家と一体となった装置であった。党と国家との関係は、帝政期の国家と正教会のそれにむしろ似ていたのである。

何度も繰り返してきたが、ロシアはその歴史的地政学的特徴からして、経済超大国になったことは一度もないものの、好き嫌いは別として政治面では超一級のプレーヤーであることは間違いない。プーチンはコロナウイルス危機に際しロシアは「文明」であると強調した。この100年間に、革命的ロシア、独裁的ロシア、改革的ロシア、自由主義的ロシアと種々の相貌を持って現れたロシアは、21世紀のプーチンのもとではとくにクリミア紛争後、保守と安定とを求める心性にこたえてきたが、そのような体制を支える条件やパラメーターはこれからもまたたえず変化していくといって本書を締めくくりたい。

あとがき

1999年の大晦日、年越し蕎麦を愉《たの》しんでいた筆者は、当時客員で在籍した朝日新聞論説副主幹からの緊急電話で酔いが覚めた。エリツィン大統領辞任の報だった。正月2日誰もいない築地で「改革の第一幕」が下りたという社説の下書きを書いた。プーチンとその時代との20年余に及ぶ付き合いがはじまった。直接最初に会ったのは新聞社を辞したあと、日露賢人会議の一員として2004年春に訪れたクレムリンだったが、目の位置が小生と同じ高さだったのが印象に残る。本書はこの20年のプーチン体制の変容を政治史的にまとめたものである。

ゴルバチョフ期に始まり、エリツィン時代に高まった、ロシアでの民主化と国際関係の変容への期待は、2020年の今日、反対の構図をもって現れている。欧米の主要な政府、政治学者からメディアにいたるまで「新冷戦」とか、核戦争まであと100秒といった状況が現出している。冷戦の終焉、ソ連崩壊から30年、世界の政治経済は周知のように大変容をこうむったにもかかわらず、東西関係は1985年以前と比しても悪化しているかのようである。プーチン大統領はヒトラーか、あるいはそれ以上に英米の内政を操り、関与し、動かしている「悪魔」（マクフォール元米国大使）だと欧米の世論も政界もみはじめている。しかしこのようなロシア内政と国際関係の変容はどうしてこうなったのか。20年間のプーチン政権の動きを内外でみる機会を持った筆者にとって、避けて通れない問題であった。

合成の誤謬という言葉があるが、ロシアの現実と西側の理念とが結びつくとこうなるのか。それは西側に問題はないのか。単なる強奪を民営化と呼び、犯罪者まがいの人物を市場経済のチャンピオンと呼んだ。NATO不拡大の約束を主として米国内政上の理由で反故にした。この1990年代のねじれを理解しておかないと、いまのロシアを理解できないであろう。東西関係をはじめ、新型コルナウイルス危機と世界経済の後退、エネルギー危機がロシア政治をさらに動かしだしている。しかし2024年以後の世界政治を誰も予見できないのと同様、ロシア政治の予想は本書の課題を超えるが、重要な隣国の理解の一助になれば幸いである。

なお執筆に際し、宮田謙一元モスクワ支局長、増渕有編集長、小柳暁子さんをはじめ朝日新聞出版書籍編集部の皆さんにお世話になったことに謝辞を表したい。本書を、亡き両親に捧げる。

下斗米伸夫

2020年9月6日

人名索引

[ア]

[カ]

［サ］

［タ］

[ナ]

[ハ]

［マ］

[ヤ]

[ラ]

注

1. ユーコス社は1993年、ユガンスクネフチェガスとクイビシェフ(現在のサマラ)の国有石油企業が合併して統合型石油企業となり、ユーコスと名乗った。ちなみにクイビシェフは独ソ戦の41年以降、スターリンが臨時の首都とした地である。また90年代半ばの石油価格は16-25ドルであって、担保債権民営化のときの企業の総資産額は自明ではなかった(Sakwa09)。
2. Johnsons List, 20 Aug., 1999. クリャムキンらは、個々の政治家のポピュリスト志向だけでなく、全体としてもポピュリズムという議論がロシアでは1990年代には終わったと指摘する。
3. プーチンはFSB長官として1999年3月12日に、エリツィンがスクラトフに解任を言い渡すときに居合わせた4人の1人で、プリマコフ首相とともにクレムリンで、醜聞テープが本物であると証言したとスクラトフは証言する。プリマコフも直後の5月はじめ解任された。実際スクラトフはボルジュジャ書記とベレゾフキーとが盗聴して関与したとみた。同時にプーチン自身は当時スクラトフには同情的でもあったとも書いている(Skuratov: 64)。もっとも正式の解任は、議会でのルシコフら祖国派や共産党の抵抗で1年ほど長引いたまま、ウラジーミル・ウスチノフ(1953-)が代行となった。
4. https://www.vedomosti.ru/politics/news/2019/11/22/816971-yumashev-rasskazal-primakova
5. https://inosmi.ru/sngbaltia/20130326/207384730.html これは2013年のベレゾフスキー死後、ラジオ・リバティーのガリナ・プリゴラ記者が00年3月、ベレゾフスキーにおこなっていたインタビューのなかで明らかにされた。ベレゾフスキーはロシア大統領として、正確には国家連邦の大統領としてルカシェンコをロシアでも「真剣に考えた」と言った。プリマコフ、ルシコフへの反対派の彼は、ルカシェンコのほうがいいと考えたが、プーチン登場で可能性はなくなった。その後もルカシェンコはベレゾフスキーとの関係を保ち、10年の大統領選挙でベレゾフスキー系候補が出たのは、実は同国のアンドレイ・サニコフら民主派分断のためであったという。
6. https://www.gazeta.ru/politics/2013/03/25_a_5116417.shtml
7. https://kurer-sreda.ru/2019/12/27/493957-edinstvennaya-prosba-elcina-k-putinu-beregite-rossiyu
8. ちなみに政治風刺小説ウラジーミル・ソローキン(1955-)の『親衛隊士の日』(松下隆志訳、河出書房新社、2013)は2028年に仮託した小説だが2006年に出版された。
9. https://history.wikireading.ru/2579
10. https://www.znak.com/2018-12-12/hranitel_naslediya_avtora_konstitucii_rf_o_tom_chto_s_ney_ne_tak_k_25_letiyu_dokumenta
11. https://www.rbc.ru/opinions/economics/12/01/2016/5694b0229a79473841558e1f

12. この事件は2006年11月23日、元 FSB 職員でベレゾフスキーの護衛でもあったアレクサンドル・リトビネンコがロンドンの寿司バーで放射性物質でもって殺害されたことから世界的センセーションを巻き起こした。彼は英国亡命後プーチンが1999年のモスクワ・アパート爆破に責任があるという主張の出版をおこない、またリベラル派の女性ジャーナリスト、アンナ・ポリトコフスカヤ暗殺にFSBが関与していると英国で告発していた。『ロンドン・タイムズ』などがFSBの関与を翌日報じ、事件を担当したロンドンの担当判事までが犯人はおそらくクレムリンと言ったことで英露関係悪化の原因ともなった。その後も英米報道機関も「おそらく」プーチン大統領も承認したと報道した(BBC/22/01/16など)。

だがその後ベレゾフスキーとプーチン政権との対立に直接利害関係のない、あるいは内部情報を知る立場にあった人物の回想録や証言が出て、民営化をめぐるオリガルフの内部関係などの角度からの歴史的精査が必要になっている。第一は、99年にクレムリンの汚職捜査で失脚したスクラトフ検事総長の回想で、リトビネンコがFSB 職員でありながらベレゾフスキーの護衛をやっていたとき、エリツィンの警護隊長だったコルジャコフ解任のきっかけになったORT 社広告担当のセルゲイ・リソフスキーの逮捕(96年6月26日)に連座した疑いで検察に逮捕されたことを証言した(Skuratov: 79)。第二は、そのコルジャコフの最新版回想で、リトビネンコが当時属していたFSBの組織犯罪活動対策部がチェチェンで活動したことに、チェチェンとの関係が深かったベレゾフスキー(当時 CIS 執行書記)が脅威を感じていた。また98年リトビネンコを含めたFSB職員が、ベレゾフスキー暗殺の陰謀を告発したが、権力の全盛にあったベレゾフスキーがFSBを恐れる必要はなかった。このために同部が解散させられたと証言している(Korzhakov: 520)。第三には、ほかならぬベレゾフスキー夫人エレーナ・ゴルブノワの証言で、リトビネンコ暗殺の直接のきっかけになったといわれる97年のユーコス社結成に関わる、ベレゾフスキー、ホドルコフスキーと、これから排除されたロマン・アブラモビッチの関係をめぐる文書のことである。リトビネンコが当時の文書を引っ張り出して2006年に英国の裁判で公開することを尋ねたら、ベレゾフスキーが止めた。そのあとリトビネンコが暗殺された。彼女は「この文書がきっかけでリトビネンコが亡くなった」と感じた。そのときベレゾフスキーが「次は自分だ」と防衛を図ったと指摘する(Aven17: 367)。ちなみに07年1月9日にはホドルコフスキーが関与する以前からのユーコス社の創始者の一人で、同社幹部でユーコス売却交渉に関わり、ロシア検察から訴追されなかったユーリー・ゴルベフ(1944-2007)がロンドンの自宅で死んでいるのが見つかった(MT/11/1/07)。ロシア政府が望んだ死因調査では、ロシア検察とスコットランド・ヤードが協力、「リトビネンコ事件」への捜査協力で後者が謝意を表し、「ベレゾフスキー・ザカエフ」犯罪容疑での犯人引き渡し交渉を続けることになったという(ロシア各紙)。どうやらリトビネンコ暗殺の背景にはユーコス社創設をめぐるオリガルフの相互関係とクレムリンの関係があったようである。
13. https://republic.ru/posts/31576 オーストラリアのロシア専門家、ステフェン・フォ

ーテスキューや英国のサクワ教授は間違ってベルコフスキーは「シロビキ系」と書いているが(Fortescue: 110；Sakwa09)、実はベレゾフスキーに近い評論家であった。もっともこのときベレゾフスキー本人は「国家とオリガルフ」レポートの公表に不満で、オレンジ革命まで1年近く二人の関係は悪化したという(Aven17: 326)。

14. 1988年にホドルコフスキーの護衛となったスルコフはメナテプ銀行名をテレビで宣伝したPR要員だった。99年に彼がクレムリン入りしたこともホドルコフスキーは「自派の」人間が権力にあるとして悩まなかったという。ホドルコフスキーの逮捕を事前に知らせることはなかったが、しかし逮捕後も悪口を言ったりすることはなく、2010年の裁判後も家族の幼稚園入園を支援したという(Khodorkovskii: 142)。彼らが逮捕されたあとの03年12月選挙でも、ユーコス社は20名の推薦候補者をスルコフと協議、合意していた(299)。
15. ベレゾフスキーは、シブネフチの代金でテレビ局をウクライナで買い、テレビ・キャスターのドレンコを送り、大統領は「メリニチェンコ」にしようと宣伝した、と歴史家で仲間だったフェリシチンスキーは語った(Aven17: 357)。
16. 1970年代の異論派で2000年代にベレゾフスキーの「市民自由財団」関係だったアレクサンドル・ゴリドブラフ(1947-)によれば、欧米政権がプーチン政権を打倒するので早期にモスクワに戻れるとベレゾフスキーは思っていたという。しかしユーコス事件後はその可能性はなくなった。その後はロンドンを拠点に反プーチン活動に集中するが、関係者は1999年にプーチン候補を支持し、プリマコフ、ルシコフ反対派を支持しなかったことを悔いるようになったという。ゴリドブラフによれば、ベラルーシとロシアの関係を離間させようと図った(Aven17: 347)。しかし次第に政治的リアリズムを失ったとベレゾフスキーの側近もみていた。目的のためには手段を選ばず、オレンジ革命後はプーチン政権に接近したティモシェンコ首相を殺害することを画策したと、ウクライナ検察情報だとしながら、2004年のユシチェンコ選挙対策本部にも関与した政治評論家ベルコフスキーも回想している(Aven17: 429)。
17. ORTで活躍したドレンコの著作はプーチンが道教など中国との関係に関心があるということだったが、プーチンの後継はTinという中国系だという小話まで当時あった。このころ書かれた小説『親衛隊士の日』でも未来のロシア・エリートの中国趣味が示されている。
18. https://www.newsru.com/russia/01jun2007/sevengroups.html
19. Putevoditel' po vyboram: politicheskaya Rossiya-2007, M., p.393.
20. 「主権民主主義の党」と自己規定した統一ロシア党のサイト(www.edinros.ru/news.html?id=114545)
21. Novaya Gazeta, No/9, 2008.
22. www.businessneweurope.eu 22 January, 2008
23. http://www.russiaotherpointsofview.com/2008/09/ambassador-jack.html
24. https://facta.co.jp/article/200810038.html

25. 背景には、盟友のバルドリ・パタルカツィシビリとともにロンドンから拠点をジョージアに移そうとしたベレゾフスキーの意向も働いた。このため出入国に利用した英国のプラトン・エレーニン名義のパスポートは、ジョージアの国境警備隊長の進退問題に発展した。もっともサーカシビリとベレゾフスキーとの関係は、ロゴバズ社のパタルカツィシビリの2008年大統領選立候補も絡んでうまくいかなかった(https://www.gazeta.ru/politics/2013/03/25_a_5116417.shtml)。
26. http://nvspb.ru/tops/euroameroameuro
27. http://edition.cnn.com/2010/WORLD/europe/04/21/russia.ukraine/index.html?hpt=T2
28. http://carnegie.ru/?lang=en#slide_3906_russia-s-breakout-from-post-cold-war-system-drivers-of-putin-s-course
29. https://minchenko.ru/netcat_files/userfiles/2/Dokumenty/Politbyuro_i_bolshoe_pravitelstvo-2-2.pdf
30. http://www.ronpaulinstitute.org/archives/peace-and-prosperity/2015/february/02/obama-admits-us-role-in-ukraine-overthrow/
31. http://actualcomment.ru/surkov-mne-interesno-deystvovat-protiv-realnosti-2002260855.html
32. https://www.youtube.com/watch?v=ZZa4W-9W16o&sns=em&app=desktop
33. Johnsons List, No. 20, 2016. https://www.obozrevatel.com/abroad/25416-uhod-putina-ne-prineset-ukraine-nichego-horoshego-smi.htm
34. 2016年2月はじめにヘンリー・キッシンジャーがプーチン大統領と会った。4日にはプリマコフを追悼するゴルチャコフ財団の会議で演説していた。http://gorchakovfund.ru (2 Feb., 2016)
35. グリズロフ元下院議長は、米国の制裁リストには入っていないが、EUのそれには入っている。この米欧の相違の例は、ほかにアレクサンドル・ボルトニコフFSB長官のほか、フラトコフ元首相、ゲラシモフ国防次官、ヌルガリエフ安全保障会議副書記、そしてパトルシェフ書記がいる。米国はイワノフ以外のシロビキを意図的に除外したといえよう。なお2015年末、ミンスク合意のロシア代表にグリズロフがコザク(彼は米国リストに入る)とともになったとき、このことを確認してウクライナに入国した。http://www.riskadvisory.net/pdfrepository/Sanctions_individuals_Russia_Ukraine_YS.pdf
36. この点で興味深いのは最近話題のボルトン回想録である。プーチンとの和解論を唱えていたトランプ大統領が本格的首脳会談をおこなったのは2018年7月のヘルシンキ会談であるが、そこでプーチンは、オバマ大統領は14年にロシアがクリミア半島で踏みとどまればウクライナ問題を解決すると言ったが、その後オバマは意見を変えたために現在の米ロ関係の袋小路に入り込んだとトランプ大統領に説明していた。このプーチンの説明は、プーチンがなぜ14年4月以降「新ロシア」を言わなくなったのかを説明する(Bolton: 131)。
37. https://topwar.ru/151792-sssr-2-kurginjana-i-glavnyj-vopros-revoljucii.html
38. Marius Laurinavičius, DELFI EN, September 17, 2014

39. www.russia-direct.org (October 23, 2015)
40. http://www.themoscowtimes.com/news/article/peskov-says-us-running-putin-smear-campaign-before-2018-elections/557538.html
41. http://www.minchenko.ru/netcat_files/File/Politburo%20October%202014.pdf
42. http://www.minchenko.ru/netcat_files/File/Politburo%20October%202014.pdf
43. http://kremlin.ru/events/president/news/51170（Komsomolskaya Pravda, 10 Feb., 2010）
44. http://kremlin.ru/events/president/news/51279
45. 「エホ・モスクヴィ」のジャーナリスト、ベネディクトフの、日本の学者・報道関係者のインタビュー（2014年9月20日、モスクワ）。トルコでも当時は親ロ的とみなされたエルドアン大統領が黙認した可能性は高等経済学院の学者オレグ・マトベイチュクも指摘する(下斗米16)。『ロシア・東欧研究』2015年、拙稿。
46. https://carnegie.ru/2020/02/27/ru-pub-81158
47. National Interest, 4, Jan, 2017 http://kremlin.ru/acts/news/copy/53384
48. http://carnegie.ru/commentary/?fa=66454
49. Julian Cooper, Russia's State Armament Programme to 2020: A Qualitative Assessment of implementation 2011-15, FOI, March 2016.
50. 米国の3機関が出したAssessing Russian Activities and Intentions in Recent US Electionsは、プーチン大統領が直接指示して、クリントン候補の落選と米国の政治体制への信頼を傷つける目的を持ったとしているが、ほとんど証拠らしい証拠を出すことはない。そもそもRussia TodayやSputnikといったロシアの宣伝雑誌は専門家以外米国では存在すら知られていない。
51. http://www.finmarket.ru/main/article/4197711
52. 2016年9月15日ミハルコフ監督はハバロフスク奪取にはじまる中ロ戦争映画のシナリオをテレビで喋った(https://www.dvnovosti.ru/khab/2016/06/15/51741)。
53. https://www.whitehouse.gov/briefings-statements/president-donald-j-trump-announces-national-security-strategy-advance-americas-interests/
54. https://www.reuters.com/article/usa-russia-yamal-lng/u-s-could-get-first-lng-import-from-russia-despite-sanctions-idUSL1N1P4156
55. http://www.bbc.com/russian/news-41018653
56. http://politcom.ru/22847.html 政治分析家アレクセイ・マカルキン論文。デューミンが注目をあびたのは2016年11月のモスコフスキー・コムソモレツ新聞における政治学者ソロベイの論及以来である。翌年9月にもソロベイは論及したが、20年9月14日の日ロオンライン会見で可能性はなくなったと発言した。
57. https://carnegie.ru/commentary/77925 政治分析家タチアナ・スタノバヤの指摘
58. https://news.rambler.ru/person/dmitriev-mihail/
59. http://www.minchenko.ru/analitika/analitika_77.html その際、自民党や共産党はそのような反エリートの受け皿というよりもプーチンのもとで体制化した存在となっているといわれる。
60. https://www.kommersant.ru/doc/3841709

61. http://www.levada.ru/en/ratings/
62. http://politcom.ru/22889.html
63. https://www.gazeta.ru/tags/person/sergei_kirienko.shtml
64. ポロシェンコは、政敵ティモシェンコとゼレンスキーの背後にいるオリガルフのコロモイスキーを米国が制裁することを求めた(Bolton: 446)。米国務省とウクライナ大使館も、ティモシェンコの「ロシア寄り」の姿勢を嫌いボルトンの単独会見を警戒した。ウクライナ政界の分裂と米国政界の党派対立が連動して、トランプのゼレンスキーへの対応と、バイデン親子の醜聞情報と武器売却の取り引きというウクライナ・スキャンダルが出てくることになる。
65. https://www.rt.com/news/441323-russian-orthodox-church-ukraine/
66. https://www.levada.ru/en/2019/01/14/the-collapse-of-the-ussr/print/
67. 憲法改正という文脈でいえば、今回の改正は1977年のソ連期におけるブレジネフ政権後期における憲法制定を想起させる。そのときのソ連憲法は党権力を「指導的役割」として国家の基本法に位置づけたことにより、党支配の正統性の問題を提起した。党支配を最後に担保するのは国家となったことにより、国家の権威が高まることになった。それから10年後にはゴルバチョフ書記長のもとで、「全権力をソビエトへ」と、実際はソビエトを議会改革に近づけた。しかしさらにその強化を図る観点から89年の大統領制導入の引き金になった。これがルキヤノフ最高会議(ソビエト)議長とゴルバチョフ大統領との対立につながり、91年8月クーデターの原因ともなった。この対立は93年のエリツィン大統領と最高会議との衝突や10月、会議派の立てこもる白亜館への大統領の砲撃事件にいたった。その制圧に成功したエリツィンは、年末の93年憲法制定に進んだ。今回のプーチンの改正論もこの文脈のなかで起きていることは想起されなければならない。
68. https://argumenti.ru/society/2020/02/649902
69. https://svpressa.ru/politic/article/254656/
70. https://www.vedomosti.ru/politics/news/2020/01/22/821241-putin-zayavil-o-dvoevlastiya
71. https://www.svoboda.org/a/30358297.html
72. https://jp.tradingeconomics.com/russia/foreign-exchange-reserves
73. https://www.ridl.io/en/putinism-in-2020/
74. http://kremlin.ru/events/president/news/62285 ファデーエフはウクライナ危機に際し保守色を鮮明にした。事実、オンブズマンとも呼ばれる人権全権代表は、リベラル系の活動家セルゲイ・コバリョフ(1930-)やのちに中央選管委員長に転じたエラ・パンフィーロバ(1953-)が務めたが、2016年から内務省出身の法律家タチアナ・モスカルコバ(1955-)が務める。
75. https://ria.ru/20200517/1571580444.html
76. https://www.themoscowtimes.com/2019/12/23/after-a-turbulent-year-in-russian-domestic-politics-what-does-2020-hold-in-store-a68631
77. https://www.vedomosti.ru/politics/news/2019/11/22/816971-yumashev-rasskazal-

primakova
78. https://argumenti.ru/politics/2020/01/646615
79. http://actualcomment.ru/surkov-mne-interesno-deystvovat-protiv-realnosti-2002260855.html
80. https://www.foreignaffairs.com/articles/china/2018-03-27/has-new-cold-war-really-begun?fa_anthology=1122086
81. https://this.kiji.is/561816845832127585 マスロフ教授の発言は管見の限り2019年9月12日に日本の報道学術関係者とのインタビューで最初に表明された。
82. https://eng.globalaffairs.ru/articles/future-big-triangle/ 非西欧(Nezapad)という新学術用語までロシアの国際政治専門家の間で提唱されはじめた。http://intertrends.ru/rubrics/dvoe-russkih-tri-mneniya/journals/strategii-miroupravleniya/articles/nezapad-v-sovremennyh-kontseptsiyah-miroustroystva
83. https://atlanticcouncil.org/blogs/ukrainealert/is-putin-preparing-a-new-ukraine-strategy
84. https://www.cfr.org/blog/top-conflicts-watch-2020-crisis-between-russia-and-ukraine
85. 日ロ関係筋への筆者のインタビュー(2019年6月10日)。
86. https://47channel.ru/event/Eksperti_prokommentirovali_doklad_Gossovet_2_0_Minchenko/
87. Japan Times/4/08/20. ユーコス事件時にセーチンらとともにプーチンを支持したものの、その後英国に居を移した銀行家セルゲイ・プガチョフは、ロイターに対し、2007年のメドベージェフとのタンデムの考えは、三選では憲法違反になるし、またシロビキでライバルのセルゲイ・イワノフとなった場合にはプーチンが権力を取り戻せないことから決めたという。そのメドベージェフは二期があると期待したが、11年9月24日の党大会の朝、大統領警護隊が引き揚げたことからプーチン大統領復帰の提案に踏み切った、とプガチョフは言う。本書の主張とおおむね合致する。

参考文献

Adamsky, D., *Russian Nuclear Orthodoxy, Religion, Politics and Strategy*, Stanford Univ. Press, 2019.

Arbatov, G., *Delo: yastreby i golubi kholodnoi voiny*, Algritm. M., 2009.

Allison, G., *Destined for War: Can America and China Escape Thycydides's Trap?*, Houghton Mifflin Harcort, 2017.

Aven, P. & Kox, A., *Revolyutsia Gaidara*, M., 2013.

——, *Vremya Berezovskogo*, M., 2017.

Bacevich, A., *America's War for the Greater Middle East: A Military History*, Random

House, 2016.
Belkovskii, S., *Sushchinost rezhima Putina*, M., Algoritm, 2012.
Blackwill, R. & Harris, J., *War by other Means: Geoeconomics and Statecraft*, Harvard, 2016.
Blotskii, O., *Vladimir Putin: istoriya zhizni*, Mezhdunarodnye otnosheniia, 2001.
——, *Vladimir Putin: Doroga k vlasti*, Osmos, 2002.
Bolton, J., *The Room where it happened; A White House Memoir*, Simon & Schuster, 2020.（ジョン・ボルトン、梅原季哉監訳、関根光宏・三宅康雄他訳『ジョン・ボルトン回顧録　トランプ大統領との453日』朝日新聞出版、2020年）
Bordyukov, G. A. (ed.), *Vladimir Putin.. Rano podvodit itogi*, Ast, M., 2007.
Browder, B., *Red Notice: How I Became Putin's No. 1 Enemy*, Transworld Publishers, 2015.（ビル・ブラウダー、山田美明他訳『国際指名手配　私はプーチンに追われている』集英社、2015年）
Bugai, N. F., *Chechenskaya Respublika*, M., 2006.
Carr, E. H., *The Twenty Years' Crisis, 1919-1939: An Introduction to the Study of International Relations*, Palgrave Macmillan, 2001.（E. H. カー、原彬久訳『危機の二十年　理想と現実』岩波文庫、2011年）
Chaadaev, A., *Putin. ego ideologiya*, M., 2006.
Cherkasov, P., *IMEMO ocherk istorii*, Ves'mir, M., 2016.
Chernikov, G.& Chernikova, D., *Kto Vladeet Rossiiei*, Chentropoligraf, M., 1998.
Cohen, S., *War with Russia?: From Putin & Ukraine to Trump & Russiagate*, Hot Books, 2019.
Coll, S., *Private Empire: Exxon mobil and American Power*, Penguin Books, 2013.（スティーブ・コール、森義雅訳『石油の帝国』、ダイヤモンド社、2014年）
Colton, T., *Yeltsin: A Life*, Basic Books, 2008.
——With Charap, S., *Everyone Loses: Tke Ukrainian Crisis and the Rouinous Content for Post-Soviet Eurasia*, Routledge, 2017.
Custine, Marquis de., *Empire of the Czar*, Anchor, 1990.
Danilin, P., *Vragi Putina*, Evropa, M., 2007.
Dnevnik, E., *Revolyutsia glazami zhurnalistov*, (Reportera), KN. i, Noya-Oek, 2013, Kiev, 2014.
Dugin, A., *Putin protiv Putina, Byvshii budushichii president*, M., 2012.
Fortescue, S., *Russia's Oil Barons and Metal Magnates, Oligarchs and the State in transition*, Palgrave, 2006.
Freeland, C., *Sale of the Century: Russia's Wild Ride from Communistm to Capitalism*, Crown Business, 2000.（クライスティア・フリーランド、角田安正他訳『世紀の売却　第二のロシア革命の内幕』新評論、2005年）
Genscher, H-D., *Rebuilding A House Divided: A Memory by the Archtect of Germany's Reunification*, Broadway Books, 1998.

Gessen, M., *The Man without A Face: The unlikely Rise of Vladimir Putin*, Riverhead Books, 2012.

Gorbachev, M., *Mikhail Gorbachev: V menyayushemsya mire*, Ast, M., 2018.（ミハイル・ゴルバチョフ、副島英樹訳『ミハイル・ゴルバチョフ　変わりゆく世界の中で』朝日新聞出版、2020年）

Gustafson, T., *Capitalism Russian - Style*, Cambridge Univ. Press, 1999.

Haass, R., *A World in Disarray: American Foreign Policy and the Crisis of the Old Order*, Penguin Press, 2017.

Hahn, G. M., *Russia's Islamic Threat*, Yale University Press, 2007.

Helmer, J., *The Man who knows too much about Russia*, 2018.

Hill, F. & Gaddy, C. G., *Mr. Putin, Operative in the Kremlin*, Brookings Institution Press, 2015.（フィオナ・ヒル、クリフォード・ガディ、濱野大道・千葉敏生訳、畔蒜泰助監修『プーチンの世界　「皇帝」になった工作員』新潮社、2016年）

Hill, W., *No Place for Russia: European Security Institutions Since 1989*, Columbia Univ. Press, 2018.

Hollingsworth, M. & Lanslay, S., *Londongrad: From Russia with Cash: The Insidestory of the Oligarchs,* Fourth Estate, 2009.

Huang, J. & Korolev, A., *The Political Economy of Pacific Russia: Regional Developments in East Asia*, Palgrave Macmillan, 2016.

Hutchins, C. with Korobko, A., *Putin*, Matador, 2012.

Ivanov, V., *Putin i regiony*, Evropa, M., 2006.

Kagan, R., *Of Paradise and Power: America and Europe in the New World Order*, Alfred and Knopf, 2003.

Kampfner, J., *Blair's Wars*, Free Press, 2003.

Khasbulatov, R., *Poluraspad SSSR, Kak razvalili sverkhderzhavu*, Yauza - Press, M., 2011.

Khodorkovskii, M. & Gevorkyan, N., *Tyur'ma i volya*, Howard Roark, 2012.

Klebnikov, P., *Godfather of The Kremlin: Boris Berezovsky and the looting of Russia*, Harcourt, 2000.

Kolesnikov, A., *Ubidet' Putina i umeret'*, Eskimo, 2005.

Korzhakov, A., *Besy 2. 0*, M., 2018.

Kovalevskii, M., *Ocherki po istorii politicheskikh uchrezhdenii Rossii*, M., 2007.

Kryshtanovskaya, O., *Anatomiya Rossiiskoi Elity*, M., 2005.

Kupchan, C., *The End of the American Era: U.S. Foreign Policy and the Geopolitics of the Twenty - first Century*, Alfred Knopf, 2002.

Legvold, R., *Return to Cold War*, Polity, 2016.

Lloyd, J., *Reengaging Russia*, The Foreign policy Centre, 2000.

Matveichev, O. & Belyakov, A., *Krymskaya vesna*., M. 2014.

Matvienko, V. I. (eds.), *The Unknown Primakov: Memoirs*, Publishing house TPP RF, 2016.

McFaul, M., *From Cold War to Hot Peace: An American Ambassador in Putin's Russia*,

Houghton Miflin Harcourt, 2018.
Medvedev, D., *Natsionalihye prioritety*, M., 2008.
Medvedev, R., *Vladimir Putin: Chetyre goda v Kremle*, Vremya, 2005.
——,*Vladimir Putin: tretego sroka ne bidet?*, M., 2007.
Mickiewicz, E., *Television, Power, and the Public in Russia*, Cambridge University Press, 2008.
Migranyan, A., *Rossiya v poiskakh identitinosti*, Mezhdunarodnaya Otnosheniya, M., 1997.
——, *Rossiya. Ot khaosa k poryadku?(1995-2000)*, Moskovskii Obshchestvennyi Nauchunyi Fond, M., 2001.
Mikhailov, A., *Portret Ministra v kontekste smutnogo vremeni: Sergei Stepashin*, Olma Press, 2001.
Mir vzrode pruzhna pazzhimaetcta, Valdai, M., 2015.
Mlechin, L., *Formula Vlasti: Ot Eltsina k Putinu*, Tsentrpoligrag, 2000.
Morozov, O., *Pochemu "postavili" imenno Putina*, Algoritm, 2013.
Mukhin, A., *Kto est Mister Putin i .kto Cnum prishel?*, M., 2002.
——, *Novie pravila igry dla bolshogo biznesa*, Argoritm, 2004.
——, *Kremlevskie vertikali Neftegazovyi control'*, M., 2006.
Nikonov, V., (ed.), *Sovremennaya Rossiskaya politika*, Olma, 2003.
Nye Jr, J., *Is the American Century over?*, Polity Press, 2015.
Pechenev, V., *Vladimir Putin-poslednii shans Rossii?: Zametki politicheskogo sovetnika trekh generalnykh sekretarei i odnogo prezidenta*, Infra-M., 2001.
Peredel sobctvennosti v Rossii: osnovnye riska, Tsentr politicheskoi konyuktury Rossii, 2005.
Petro, N.,(ed.), *Ukraine in crisis*, Routledge, 2017.
Polikarpov, M., *Igor Strelkov-uzhas banderovskoi: Oborona Donbassa*, Knizhnyi mir, 2014.
Pravda, A., (ed.), *Leading Russia - Putin in perspective: Essays in honor of Archie Brown*, Oxford Univ. Press, 2005.
Pribylovskii, V., *Koopeative "Ozero" i drugie proekty Vladimira Putina*, Algoritm, 2012.
Primakov, E., *Gody v Bolshoi Politike*, Kollektsiia Sovershenno sekretno, 1999.
Rossiya. Politicheckie vyzovy XX I veka, Rosspen, 2002.
Putin, A., *Rod presidenta V. Putina*, M., 2013.
Putin, V., *Ot pervogo litsa: Razgovory s Vladimirom Putinym*, Vagrius, 2000.（高橋則明訳『プーチン、自らを語る』扶桑社、2000年）
Pyzhkov, A., *Korni Stalinskogo Bolishevisima: uzlovoi nerv russkoi istorii*, Kontseptual, 2016.
Rice, C., *No Higher Honor: A Memoir of My Years in Washington*, Crown, 2011.（コンドリーザ・ライス、福井昌子他訳『ライス回顧録　ホワイトハウス激動の2920日』集英社、2013年）
Ross, C, (ed.), *Russian Politics under Putin*, Manchester Univ. Press, 2004.
Sakwa, R., *Putin: Russia's Choice*, Routledge, 2004.

——, *The Quality of Freedom: Khodorkovsky, Putin and the Yukos Affair*, Oxford Univ. Press, 2009.

——, *Frontline Ukraine: Crisis in the Borderlands*, I. B. Tauris, 2015.

——, *Russia against the Rest: The Post-Cold War Crisis of World Order*, Cambridge Univ. Press, 2017.

——, *Russia's Futures*, Polity, 2019.

Seldon, A., *Blair*, Free Press, 2004

Shelokhaev, V. V. *Liberalism v Rossii v nachale XX veka*, Rosspen, 2019

Shevtsova, L., *Rezhim Borisa Yeltsina*, Rosspen, M., 1999.

——, *Putin's Russia*, M., 2003.

——, *Lost in Transition*, Carnegie, 2010a.

——, *Lonely Power: Why Russia has failed to become the West and the West is Weary of Russia,* Carnegie, 2010b.

Shimotomai, N., *Popular but not necessary populist leadership: Putinism in a post-transitional regime comparison*, Unpublished paper, presented to 2004 JPSA conference at Sapporo Univ.

Skuratov, I., *Putin-ispolnitel'zloi voli*, Algoritm, 2012.

Snyder, T., *The Road to Unfreedom Russia, Europe, America*, Tim Duggan Books, 2018.（ティモシー・スナイダー、池田年穂訳『自由なき世界』(上下)慶応義塾大学出版会、2020年）

Solnick, S., *Stealing the State: Control and Collapse in Soviet Institutions*, Harvard Univ. Press, 1998.

Sovremennaya politicheskaya istoriya Rossii, Litsa Rossii, t.2, M., 1999.

Stent, A., *Putin's World: Russia agaist the West and with the Rest*, Twelve, 2019.

Surkov, V., *Osnovnye tendentsii i perspektivy razvitiia sovremennoi Rossii*, Sovremennaia gumanitarnaia akademiia, 2008.

Talbott, S., *The Russian Hand: A Memoir of Presidential Diplomacy*, Random House, 2002.

Thurston, R. W., *Liberal City, Conservative State: Moscow and Russia's Urban Crisis. 1906-1914*, Oxford Univ. Press, 1989.

Trechakov, V., *Nuzhen li nam Putin posle 2008 goda?: Sbornik Statei*, Rossiiskaia gazeta, 2005.

Treisman, D., *The Return: Russia's journey from Gorbachev to Medvedev*, Free Press, 2011.

Tsipko. A.,(ed.), *Spory epokhi Putina, kruglye stoly*, Lit. gaze, M., 2004.

Tsipko, A., *Pochemu z ne 'demokrat'*, M., 2005.

——, *Perestroika kak russkii proekt*, M., 2014.

——, *Russkaya apatiya*, M., 2017.

Vorontsov, V., *V koridorakh bezvlastiya, Premiery Yeltsina*, Akademicheskii proekt, 2006.

Wilson, A., *The Ukrainians: Unexpected Nation*, Yale Univ. Press, 2000.

Wood, T., *Russia without Putin: Money, Power and the Myths of the New Cold War*, Verso,

2018.
Woodward, B., *Bush at War*, Simon & Schuster, 2002.
Yeltsin, B., *Presidentskii marafon*, Act, M., 2000.
Zenkovich, N., *Putinskya Entsiklopediya*, Olma-Press, 2006.
——, *Dmitrii Medvedev, tretii president Entsiklopediya*, Olma-Press, M., 2009.
Zygar, M., *All the Kremlin's men: Inside the court of Vladimir Putin*, PublicAffairs, 2016.
——, *Voina i mif*, Ast, M., 2017.

日本語参考文献

朝日新聞国際報道部『プーチンの実像　孤高の「皇帝」の知られざる真実』朝日文庫、2019年
安達祐子『現代ロシア経済　資源・国家・企業統治』名古屋大学出版会、2016年
油本真理『現代ロシアの政治変容と地方　「与党の不在」から圧倒的一党優位へ』東京大学出版会、2015年
栢俊彦『株式会社ロシア　渾沌から甦るビジネスシステム』日本経済新聞出版、2007年
木村汎『プーチン　外交的考察』藤原書店、2018年
小泉悠『軍事大国ロシア　新たな世界戦略と行動原理』作品社、2016年
駒木明義『安倍vs.プーチン　日ロ交渉はなぜ行き詰まったのか？』筑摩書房、2020年
佐藤親賢『プーチンの思考　「強いロシア」への選択』岩波書店、2012年
——『プーチンとG8の終焉』岩波新書、2016年
下斗米伸夫『ロシア現代政治』東京大学出版会、1997年
——『ロシア世界』筑摩書房、1999年
——『プーチンはアジアをめざす　激変する国際政治』NHK出版新書、2014年
——『宗教・地政学から読むロシア　「第三のローマ」をめざすプーチン』日本経済新聞出版、2016年
杉田弘毅『アメリカの制裁外交』岩波新書、2020年
服部文昭『古代スラヴ語の世界史』白水社、2020年
廣瀬陽子『未承認国家と覇権なき世界』NHK出版、2014年
伏田寛範「ロシアにおける軍需産業政策と政策決定メカニズムの研究」京都大学学位申請論文、2014年
真野森作『ルポ・プーチンの戦争　「皇帝」はなぜウクライナを狙ったのか』筑摩書房、2018年
溝口修平『ロシア連邦憲法体制の成立』北海道大学出版会、2016年

ロシア政治年表

年	月	日	
1991	6	12	エリツィン大統領当選
	8	19-22	クーデター
	12	25	ソ連崩壊
1992	1		価格自由化
	12	14	チェルノムィルジン首相就任
1993	9	21	憲法改正の大統領令1400、最高会議解散
	12	12	ロシア連邦憲法制定
1994	12	11	チェチェン紛争
1995	3	31	担保債権民営化
	12	17	下院選挙
1996	1	10	プリマコフ外相就任
	2	1	オリガルフの大統領選挙関与
	7	2	エリツィン大統領再選
1998	4	24	キリエンコ内閣成立
	8	23	金融危機
	9	11	プリマコフ首相就任
1999	5	19	ステパーシン首相就任
	8	9	プーチン首相代行就任
	12	31	エリツィン辞任、プーチン大統領代行就任
2000	3	26	プーチン大統領当選
	7	8	大統領教書
2001	7		オリガルフとの社会契約
2003	10	25	ユーコス事件でホドルコフスキー逮捕
2004	3	14	大統領選挙(5日、フラトコフ首相)
	8	31	ベスラン事件(9月13日、演説)

2006	7	15	G8首脳会議(サンクトペテルブルク)
2007	2	10	ミュンヘンで米国批判
	12	2	下院議院選挙
2008	3	2	メドベージェフ大統領当選
	5	7	プーチン首相とのタンデム体制
	8	7	ジョージア戦争
2011	9	24	プーチン、大統領復帰を声明
2012	3	4	プーチン大統領当選
2014	2	22	ウクライナのマイダン革命
	3	18	クリミア併合、G8追放
	7	17	マレーシア航空機撃墜事件
	9	5	ミンスク合意
2015	2	15	ミンスク合意Ⅱ
	9	28	プーチン、国連演説でシリア介入を表明
2016	11	8	米トランプ大統領選挙勝利
2018	5	7	プーチン通算四期目大統領就任
2020	1	15	メドベージェフ首相解任、後任ミシュスチン、憲法改正
	7	1	憲法改正で国民投票

主要政治人事

年	大統領	首相	大統領府長官
1996	エリツィン二期	チェルノムィルジン	チュバイス(96/7 - 97/3)
1998	同	キリエンコ(98/3 - 98/8)	ユマシェフ(97/3 - 98/12)
1998	同	プリマコフ(98/9 - 99/5)	ボルジュジャ(98/12 - 99/3)
1999	同	ステパーシン(99/5 - 99/8)	ボローシン(99/3 - 03/10)
	同	プーチン(99/8 - 99/12)	同
2000	プーチン	カシヤノフ(00/5 - 04/2)	メドベージェフ(03/10 - 05/11)
2004	プーチン二期	フラトコフ(04/3 - 07/9)	ソビャーニン(05/11 - 08/5)
	同	ズプコフ(07/9 - 08/5)	同
2008	メドベージェフ	プーチン(08/5 - 12/5)	ナルィシキン(08/05 - 11/12)
2012	プーチン三期	メドベージェフ(12/5 - 20/1)	S・イワノフ(11/12 - 16/8)
2018	プーチン四期	同	バイノ(16/8 -)
2020	同	ミシュスチン(20/1 -)	同

	国防相	安全保障会議書記	外相
	ロジオーノフ	ルイプキン	プリマコフ
	セルゲーエフ	ココーシン	同
	同	ボルジュジャ	I・イワノフ(98/11-)
	同	プーチン	同
	同	S・イワノフ(99/11-)	同
	同	ルシャイロ(01/3-)	同
	S・イワノフ(01-)	I・イワノフ(04/3-)	ラブロフ(04/3-)
	同	同	同
	セルジュコフ(07-)	パトルシェフ(08/5-)	同
	同	同	同
	ショイグ(12-)	同	同
	同	同	同

ロシア政治人物略評

セルゲイ・イワノフ(1953-)
ロシアの政治家。レニングラード大学文学部からKGBで英国担当。1999年、プーチンの後の安全保障担当書記。2001年、文民初の国防相。06年、第一副首相。大統領府長官(2011-16)。その後安全保障会議。

ボリス・エリツィン(1931-2007)
ウラル出身のソ連政治家から初代ロシア大統領としてソ連崩壊を促進。宿命のライバル、ミハイル・ゴルバチョフを追放する。若手改革派を使って市場改革をおこなうものの、オリガルフの台頭を促し、民営化は国民の批判をあびる。また最高会議を1993年秋に解体、憲法改正をおこなうが、翌年チェチェン紛争をはじめ、95年末の議会選挙で世論の支持は低下。オリガルフの情報・金融力で96年7月に再選されたものの、後半はほとんど家族やオリガルフの言いなりだった。98年、金融危機でエリツィン改革は終わり、プリマコフ首相が安定化を図るが、この勢力への対抗としてプーチン首相を後継に指名。99年末辞任、2007年死去。

ゲンナジー・ジュガーノフ(1944-)
ペレストロイカ末期からの改革批判派。その後ロシア共産党の党首として1996年にはエリツィンの対抗馬だった。プーチン政権では体制内野党。

セルゲイ・ショイグ(1955-)
ブリャート・モンゴル系トゥバ人の非常事態相。1999年にプーチン支持の統一党指導者。その後モスクワ州知事を経て、2012年末からロシア国防相。

ウラジーミル・ジリノフスキー (1946-)
中東研究者からソ連末期に自由民主党を立ち上げ党首。しばしば奇矯な言説で知られるが、基本的政策はクレムリンに同調する。

ウラジスラフ・スルコフ(1964-)
ユダヤ系チェチェン人。主権民主主義で知られる初期プーチン体制のイデオローグ。ホドルコフスキーの護衛から公共放送ORT政治部長を経て、プーチン期に大統領府入り。2005年の「主権民主主義」で著名となる。13年副首相を辞すが、大統領補佐官として14年のウクライナ紛争で「新ロシア」介入を促進。20年辞任。

イーゴリ・セーチン(1960-)
レニングラード大学卒。KGB関連のモザンビーク勤務から戻り、プーチン副市長の秘書から2000年、大統領府副長官となり、ユーコス事件で同社を事実上国有化。そ

の後ロスネフチ社会長。

アナトリー・ソプチャーク(1937-2000)
レニングラード大学法学部卒業後法学者。同大学法学部長から、野党のソ連最高会議議員。1991年、サンクトペテルブルク市長。プーチンの恩師。96年選挙はプーチン、クドリンの支援でも敗北。2018年、大統領選挙に出たプーチンの対立候補クセニャ・ソプチャークは娘。

セルゲイ・チェメゾフ(1952-)
KGB出身、東独ドレスデン以来のプーチンの同僚で友人。ロシアの政治家。ロステフ(軍産複合体)の経営者。

アレクセイ・ナバリヌィ (1976-)
モスクワ近郊生まれの反体制活動家。民族友好大学法学部1998年卒で弁護士。金融大学でも学び、一時ヤブロコ党に属した。ブロガーとして、プーチン政権やメドベージェフ首相の不正を追及。2012年大統領選挙では、街頭で反プーチン行動で拘束された。18年、大統領選挙に出ようとするが、選挙管理委員会に拒否され、選挙ボイコット活動をおこなった。20年8月にトムスクで何者かによる毒物中毒でドイツに搬送された。

ボリス・ネムツォフ(1959-2015)
ニジニ・ノブゴロドの民主化活動家から同州知事をへて、1997年にオリガルフ系の第一副首相となる。プーチン体制下でウクライナ介入への反対派だったが、2015年2月27日クレムリン近くで暗殺された。

ウラジーミル・ウラジーミロビッチ・プーチン(1952-)
ロシア政治家、大統領。レニングラード生まれ。レニングラード大学法学部を経て1976年、KGB将校。東独ドレスデン滞在。90年、帰国後サンクトペテルブルク副市長を経て96年から大統領府勤務。99年8月から首相。年末、大統領代行を経て2000年から大統領。08年から12年まで首相。12年5月大統領として復帰。18年、再選で現職。

エフゲニー・マクシモビッチ・プリマコフ(1929-2015)
ソ連からロシアにかけての政治家。外相、首相として活躍。学者、ジャーナリスト。中東専門家としてソ連時代、東洋学研究所長から政治局委員。ソ連崩壊後は対外諜報庁長官から1996年よりロシア外相。98年、首相。大統領候補にも擬せられる。商工会議所会頭。

ボリス・ベレゾフスキー (1946-2013)
ロシアのオリガルフ。数学者から自動車販売のロゴバズ社を足掛かりに政商として

公共放送ORTとシブネフチを格安で入手。1996年、エリツィン再選に貢献。安全保障担当次長、CIS執行会議書記として、プーチン政権のキングメーカーとなろうとするが、プーチンに退けられ、ロンドンで反プーチンの組織者だったが死去。

ミハイル・ホドルコフスキー（1963-）
ロシアのオリガルフ。コムソモル若手として「メナテプ」グループから石油企業ユーコス社を育てる。同社を基礎に政界進出を図ろうと海外との提携を試みるが、2003年にプーチン政権と対立、10月に逮捕、政治犯となり13年、恩赦。ドイツ在住。

ビャチェスラフ・ボロジン(1964-)
サラトフ出身の憲法学者、政治家。祖国派からプーチン与党となる統一ロシア党を作り、2005年、同党書記。11年、大統領府副長官で政務担当。その後16年から国家下院議長。プーチンの保守的ブレーン。

バレンチナ・マトビエンコ(1949-)
ロシアの女性政治家。西ウクライナ生まれで、レニングラードの共産党から1989年、人民代議員、外交活動を経て、2003年、サンクトペテルブルク市長。11年、上院に転じ、上院議長。

セルゲイ・ミローノフ(1953-)
レニングラード生まれの政治家。プーチンと古くから知り合い、サンクトペテルブルク議会から2001年、ロシア上院議長。06年には建設的野党、公正党党首。

ドミトリー・メドベージェフ(1965-)
レニングラードで学者の家に生まれ、レニングラード大学法学部で恩師ソプチャークのもと経済法を学ぶ。プーチンとともに恩師の選挙対策に参加。クレムリンでプーチン大統領の大統領府副長官、長官とガスプロム会長。2006年、第一副首相から08年には大統領としてプーチン首相とコンビ(タンデム)を組む。12年、首相となるが20年1月、タンデムは解消された。

ユーリー・ルシコフ(1936-2019)
1980年代後半、エリツィン・モスクワ第一書記のもとで副市長として台頭。92年からモスクワ市長として富と権力を握り、また民族派として名をあげ、99年後半はプリマコフと組んで、一時はプーチンのライバルでもあった。2008年秋失脚。

下斗米伸夫（しもとまい・のぶお）
1948年、北海道札幌市生まれ。法政大学法学部名誉教授。神奈川大学特別招聘教授。東京大学大学院法学政治学研究科修了（法学博士）。朝日新聞客員論説委員（1999-2002）、日露賢人会議成員（2004-2006）。主な著書に『ゴルバチョフの時代』（岩波新書）、『「ペレストロイカ」を越えて　ゴルバチョフの革命』（朝日選書）、『ソビエト連邦史　1917-1991』（講談社学術文庫）、『宗教・地政学から読むロシア「第三のローマ」をめざすプーチン』（日本経済新聞出版）、『神と革命　ロシア革命の知られざる真実』（筑摩選書）ほか。

朝日選書 1014

新危機の20年
プーチン政治史

2020年10月25日　第1刷発行
2022年 6 月30日　第2刷発行

著者　下斗米伸夫

発行者　三宮博信

発行所　朝日新聞出版
〒104-8011　東京都中央区築地 5-3-2
電話　03-5541-8832（編集）
　　　03-5540-7793（販売）

印刷所　大日本印刷株式会社

ISBN978-4-02-263101-5
定価はカバーに表示してあります。

落丁・乱丁の場合は弊社業務部（電話 03-5540-7800）へご連絡ください。
送料弊社負担にてお取り替えいたします。